D1727947

Digitalisierung Made in China

Wie China mit KI und Co. Wirtschaft, Handel und Marketing transformiert.

ExpertInneninterviews / Beispiele / Praxistipps

Digitalisierung Made in China

Wie China mit KI und Co. Wirtschaft, Handel und Marketing transformiert.

ExpertInneninterviews / Beispiele / Praxistipps

AutorInnen:

Alexandra Stefanov

Prof. Dr. Claudia Bünte

Till-Hendrik Schubert

Titeldesign:
Carina Schmidt, Tinkerbelle GmbH

Impressum

Bibliografische Information der Deutschen Nationalbibliothek: Die Deutsche Nationalbibliothek verzeichnet diese Publikation in der Deutschen Nationalbibliografie; detaillierte bibliografische Daten sind im Internet über http://dnb.dnb.de abrufbar.

© 2021 Stefanov, Alexandra; Bünte, Claudia; Schubert, Till-Hendrik

Weitere Mitwirkende: Carina Schmidt, Oliver Oest, Tinkerbelle GmbH
Herstellung und Verlag: BoD – Books on Demand, Norderstedt
ISBN: 978-3-75340579-7

Inhaltsverzeichnis

Inhaltsverzeichnis

1. Vorwort

Woran denken Sie, wenn Sie „Digitalisierung Made in China" lesen? Immer wenn wir mit unseren Freunden und Bekannten über China reden, erhalten wir Reaktionen wie:

- „China ist ein guter Standort für Outsourcing, denn dort sitzen die billigen Arbeitskräfte."
- „Made in China – das sind günstige Produkte von mäßiger Qualität."
- „Die Chinesen kopieren alles aus dem Westen und sind überhaupt nicht innovativ."

Ertappen Sie sich vielleicht selbst manchmal dabei, wie Sie (bewusst oder unbewusst) solche Glaubenssätze haben?

Unser westliches Bild von China ist von eher negativen Schlagzeilen und Klischees geprägt und wir haben noch viel Halbwissen, wenn es um das Reich der Mitte geht. Wir bemerken oft nicht, wie dort mit großen Schritten die Zukunft der Digitalisierung entsteht: Mit dem Bezahlen über Gesichtserkennung, mit KI-basierten virtuellen ÄrztInnen in sogenannten „One-Minute-Clinics", mit Schnellladestationen für Smartphones in fast jedem Restaurant in den chinesischen Metropolen, mit QR-Codes im Supermarkt, über die zu jedem Produkt Zusatzinformationen (z.B. zur Lieferkette oder Herkunft der Ware) aufgerufen werden können – um nur einige Beispiele zu nennen.

Mit dem Ziel, mehr Verständnis für diese Digitalisierung „Made in China" zu schaffen, haben wir mit über 20 ExpertInnen aus den Bereichen Digitalisierung, Chinawissenschaften, Unternehmensberatung, PR- und Marketing, Start-up-Gründung und Innovationsforschung gesprochen, die in diesem Buch ihr Wissen, ihre Erfahrungen und ihre wertvollen Learnings aus Chinas Digitalwelt mit Ihnen teilen.

Unsere Absicht mit dem vorliegenden Buch ist nicht, China zu idealisieren, sondern aufzuzeigen, welche Entwicklungen sich dort in der Digitalisierung vollziehen. Entwicklungen, denen wir im Westen wenig Beachtung schenken, während China dabei ist, auch unsere digitale Zukunft mitzubestimmen und zu prägen. Es geht uns nicht darum, Angst vor China zu schüren. Vielmehr möchten wir unsere LeserInnen für das Thema chinesische Digitalisierung sensibilisieren und zum Nachdenken anregen.

China ist ein riesiges, facettenreiches Land mit einer Bevölkerung von 1,4 Milliarden Menschen, einer jahrtausendealten Geschichte und Kultur und einer wachsenden, starken Wirtschaft. Auf den folgenden Seiten wird es unmöglich sein, mehr als nur einen kleinen Teil dieser Aspekte abzudecken. Auch die chinesische Digitalisierung ist derart komplex, dass wir davon lediglich einige wichtige Themen aufgreifen und behandeln können. Wir fokussieren uns hier besonders auf die wirtschaftlichen Aspekte und hoffen, einen Beitrag dazu leisten zu können, Ihnen einen Einblick in die aktuellen Entwicklungen zu geben und Sie zu inspirieren, sich weiter mit den Fortschritten in China zu beschäftigen, um am Puls der Zeit zu bleiben und sich auf die digitale Zukunft vorzubereiten. Wir möchten Ihnen anhand von konkreten Beispielen und Praxistipps aus Wirtschaft, Handel und Marketing aufzeigen, was Sie von der Digitalisierung in China für sich, für Ihre Unternehmen und für die Märkte in Europa lernen können.

Alexandra Stefanov, Prof. Dr. Claudia Bünte, Till-Hendrik Schubert

April 2021

2. Die Digitalisierung bestimmt unsere Wirtschaftswelt

Digitalisierung ist ein relevanter Wirtschaftsfaktor

Digitalisierung und digitale Transformation entwickeln sich weltweit zu einem relevanten Wirtschaftsfaktor. Besonders der aktuell neusten Technologie innerhalb der digitalen Werkzeuge, der Künstlichen Intelligenz, wird vorhergesagt, die Wirtschaft, das globale Mächteverhältnis, die Art und Weise, wie wir in Zukunft arbeiten werden und die Gesellschaft zu verändern.

Digitalisierung und KI sind richtige „Game Changer"

Das McKinsey Global Institute (MGI) berechnet global bis 2030 einen durchschnittlichen Anstieg des Bruttoinlandsprodukts (BIP) um 1,2 Prozentpunkte pro Jahr allein durch Künstliche Intelligenz - ein beeindruckender Einfluss einer einzigen Technologie auf das BIP: Die Dampfmaschine hatte einen Anstieg der Auswirkungen auf das BIP von 0,3 Prozentpunkte, Industrieroboter von 0,4 Prozentpunkte und Informations- und Kommunikationstechnologien von 0,6 Prozentpunkte (McKinsey & Company, 2018, S. 23). Bereits vor der Corona-Krise wurde geschätzt, dass der globale KI-Markt bis 2025 einen Wert von etwa 90 Milliarden US-Dollar haben wird, davon 43 Milliarden in den USA und weitere 20 Milliarden in Europa und im asiatisch-pazifischen Raum. Das wäre eine Verachtfachung von 2019 bis 2025, von 2016 bis 2025 sogar eine Verachtundzwanzigfachung (Brand, 2018). China schätzt den Umsatz bis 2025 in seinem aktuellen Fünfjahresplan allein für das eigene Land auf 52 Milliarden Euro (Webster, Creemers, Triolo, & Kania, Full Translation: China's 'New Generation Artificial Intelligence Development Plan', 2017). Diese Entwicklung wird auch in Nordeuropa und damit für Deutschland vorhergesagt: Laut einer Studie von PwC dürfte bis zum Jahr 2030 das deutsche BIP allein dank KI um 9,9 Prozent steigen (PwC, 2017, S. 7). Alle Quellen gehen also von einer hohen Wachstumsrate der Wirtschaft durch Künstliche Intelligenz aus.

Diese Digitalisierung verändert sogar bisher relevante Wirtschaftstreiber

Waren über weite Teile des 19. und 20. Jahrhunderts Öl und seine Derivate wie Kerosin und Benzin die Treibriemen der weltweiten Wirtschaft, sind es nun Daten: Die drei weltweit größten Unternehmen nach Marktkapitalisierung fußten noch im ersten Quartal 2008 ihre Angebote hauptsächlich auf Öl: Exxon Mobil (Platz 1) und Petrochina (Platz 2) fokussierten klar auf Öl, General Electrics (Platz 3) deckte Öl-basierte Segmente wie Energie, Öl und Gas, Luftfahrt, Gesundheit, Transport und Licht ab (Financial Times, 2018). Nur zehn Jahre später hatte sich das Bild komplett gewandelt. 2018 waren Apple, Alphabet (der Mutterkonzern von Google) und Microsoft die weltweiten Top-3-Unternehmen (Financial Times, 2018). Deren Portfolios fußten bereits fast ausschließlich auf Daten – Kundendaten, Bilddaten, Bewegungsdaten, Kaufdaten, Suchdaten, etc. Deshalb wird allgemein gesagt, dass Daten das neue Öl des 21. Jahrhunderts seien. Die folgende Abbildung zeigt denselben Trend mit noch aktuelleren Daten: Unter den acht größten Unternehmen 2020 findet sich mit Saudi Aramco nur noch ein Unternehmen, das nicht hauptsächlich von Software, Daten und Consumer Insights lebt (siehe Abbildung 1).

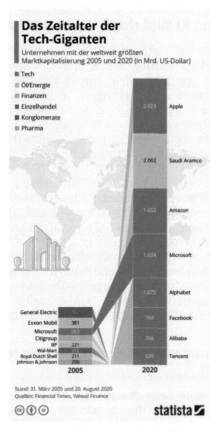

Abbildung 1: Unternehmen mit der größten Marktkapitalisierung 2005 vs. 2020 (Bocksch, 2020)

Neue Unternehmen und neue Geschäftsmodelle generieren also scheinbar plötzlich Mehrwert für KundInnen und alte Industrien verlieren an Bedeutung, wobei aber insgesamt der Wert der Unternehmen steigt. Dieser Trend zeigt sich in allen Regionen weltweit.

Nicht alle Branchen nutzen zeitgleich die Möglichkeiten der Digitalisierung

McKinsey untersuchte 2019 die Geschwindigkeit, mit der verschiedene Branchen eine Digitalisierung erfahren, ihr Fokus waren dabei USA, China und Europa und solche Industrien, die ICT-Technologie nutzen, also „Information and Communication Technologies" (siehe Abbildung 2).

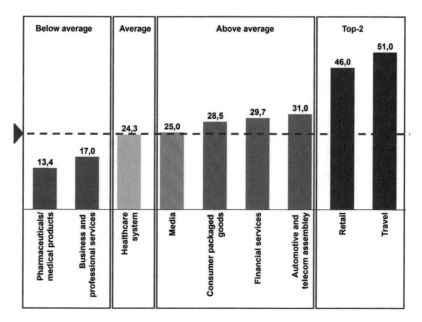

Abbildung 2: Adaption von digitalen Werkzeugen nach Branchen (Eigene Darstellung in Anlehnung an (McKinsey Global Institut, 2019, S. 2))

Dabei definierten die Berater, welche Digitalisierungsleistungen eine Branche durchführen sollte, um 100 % zu erreichen. Bei den untersuchten Branchen lagen Reise und Handel weit vorne – allerdings erreichten sie mit 51 % und 46 % gerade mal die Hälfte des definierten Digitalisierungsoptimums - gefolgt von Automobil- und Telekommunikationsmontage, Finanzdienstleistungen, Fast

Moving Consumer Goods (FMCG) und Medienangebote. Das Gesundheitswesen liegt dieser Analyse zufolge genau in der Mitte der Digitalisierungsfortschritte. Geschäftliche und professionelle Dienstleistungen sowie Arzneimittel und Medizinprodukte liegen dagegen weit unter dem Durchschnitt. Es lohnt sich also, gerade im Bereich der digital weiter fortgeschrittenen Branchen zu lernen, welche Vor- und Nachteile eine Digitalisierung haben kann und welche Elemente daraus „Best Practice" für die eigenen Anwendungen sind. Außerdem sollte mit einberechnet werden, dass selbst weit fortgeschrittene Branchen immer noch „Luft nach oben" haben.

MANAGEMENT SUMMARY

- Digitalisierung ist ein relevanter Wirtschaftsfaktor
- Digitalisierung und KI sind richtige „Game Changer", KI verändert die Wirtschaft stärker als seinerzeit die Dampfmaschine oder Industrieroboter
- Diese Digitalisierung verändert sogar bisher relevante Wirtschaftstreiber, die Wichtigkeit von Öl wird durch Daten abgelöst
- Aber nicht alle Branchen nutzen zeitgleich die Möglichkeiten der Digitalisierung und keine Branche nutzt bisher das volle Potenzial

3. Künstliche Intelligenz: Die nächste S-Kurve in der Digitalisierung

Die Digitalisierung hat verschiedene Entwicklungsstufen, die jüngste ist Künstliche Intelligenz

Blickt man mit der Linse „Industrialisierung" auf die wirtschaftliche Entwicklung, gibt es vereinfacht gesagt vier große Entwicklungsphasen, einige nennen sie auch „vier industrielle Revolutionen" (Abbildung 3): Mit „Industrie 1.0" wird dabei die oben bereits erwähnte Phase bezeichnet, die durch die Dampfkraft ab 1750 einsetzte, mit „Industrie 2.0" ist die Nutzung und Verbreitung von elektrischer Energie ab ca. 1890 gemeint, die u.a. Massenproduktion an Montagebändern nach sich zog. „Industrie 3.0" meint die anschließende Entwicklung der Automatisierung über Roboter und den Einsatz von Computern (ab ca. 1970). In der „Industrie 4.0", in deren Phase wir uns heute befinden, steht die Digitalisierung im Vordergrund. Diese Phase wiederum spaltet sich auf in eine „frühe Phase", das Internet, und eine aktuelle Phase, die Künstliche Intelligenz. Im aktuellen Entwicklungsstadium hat die Künstliche Intelligenz einen Reifegrad erreicht, der es ermöglicht, aus unstrukturierten Daten Erkenntnisse, also Insights zu generieren und darauf aufbauend das eigene Angebot effektiver und effizienter zu gestalten. Aber was ist Künstliche Intelligenz eigentlich?

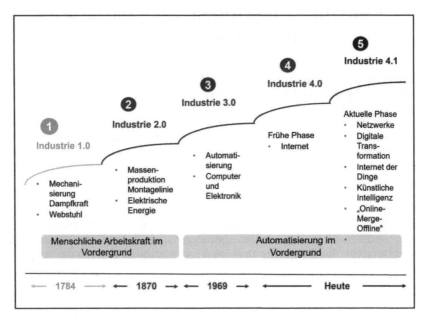

Abbildung 3: Industrie 4.0 (Eigene Darstellung in Anlehnung an (Inray Industrie Software, 2020))

Künstliche Intelligenz ist, wenn ein System Aufgaben erledigen kann, die normalerweise menschliche Intelligenz benötigen

Künstliche Intelligenz ist eine Teildisziplin der Informatik. In bisherigen Computerprogrammen wurden Daten durch einen vorher programmierten Rechenablauf analysiert - so entstand ein Ergebnis (siehe Abbildung 4). Da Computerprogramme diesen Rechenablauf deutlich schneller als Menschen absolvieren können, ergab sich seit den 1970er-Jahren ein deutlicher wirtschaftlicher Vorteil für Firmen, Computer anzuschaffen und zu nutzen.

Künstliche Intelligenz analysiert ebenfalls Daten, allerdings ist sie in der Lage, mit einer Hypothese für eine Verbesserung des eigenen Rechencodes die Daten mehrfach, wie in einer Schleife, zu analysieren. Statt statischem Code entsteht so ein Algorithmus, der über Zeit „lernt". Wenn beispielsweise in den Daten andere, zusätzliche Infos enthalten sind, die ein starrer Code nicht erkennen könnte, könnte eine KI über die Analyse dieser Informationen und einer selbstständigen Anpassung des Algorithmus zu einem ggf. besseren Ergebnis kommen als ein starrer Code, der sich nicht verändert. Vereinfacht gesagt hat man immer eine Künstliche Intelligenz vor sich, wenn diese selbstständig lernfähig ist (Bünte, Künstliche Intelligenz - die Zukunft des Marketing, 2018, S. 6), unabhängig davon, ob Menschen in diesem Lernprozess involviert sind oder nicht. Allerdings ist das vorherige Handeln von Menschen notwendig, damit die Software eigenständig lernen und Lösungen finden kann. Denn die Systeme müssen zunächst mit den für das Lernen relevanten Daten und Algorithmen versorgt werden. Außerdem sind Regeln für die Analyse des Datenbestands und das Erkennen der Muster aufzustellen. KI bezieht sich dabei insgesamt auf ein sehr großes Forschungsgebiet, das eine Reihe von Techniken umfasst, mit denen Computer lernen und Probleme lösen sollen.

Dieses selbstständige Lernen wiederum ist ein neuer Quantensprung für die Effektivität und Effizienz, denn einmal aufgesetzt, muss jetzt theoretisch nicht mal mehr ein Mensch dabeisitzen, wenn eine KI lernt und sich weiterentwickelt UND die Entwicklung kann ggf. besser sein als ein Mensch dies programmieren könnte. Das ist das große Potenzial, das in KI gesehen wird.

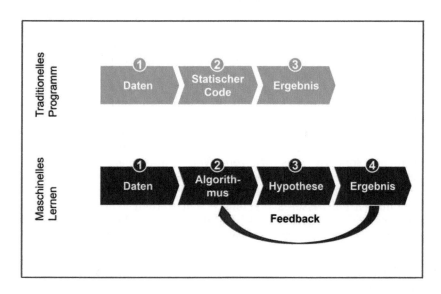

Abbildung 4: Traditionelles Computerprogramm vs. künstlich-intelligentes Lernen (eigene Abbildung in Anlehnung an (Hilse, 2019))

Der Begriff Künstliche Intelligenz wird mit vielen anderen fälschlicherweise gleichgesetzt

KI, AI, Machine Learning, Deep Learning ... häufig werden diese Begriffe synonym verwendet, obwohl diese Gleichsetzung nicht ganz richtig ist. KI oder Künstliche Intelligenz ist dasselbe wie AI, also Artificial Intelligence.

Machine Learning (ML) dagegen ist NICHT dasselbe wie KI. Machine Learning ist ein Teilbereich von KI. Genauso wie jeder Dackel ein Hund ist, aber nicht jeder Hund ein Dackel, so ist jedes Machine Learning eine KI, aber nicht jede KI ist Machine Learning. Mithilfe von ML werden IT-Systeme befähigt, auf Basis vorhandener Daten und vorgegebenen ersten Algorithmen Muster und Gesetzmäßigkeiten zu erkennen und eigenständig Lösungen zu entwickeln. Maschinelles Lernen beschäftigt sich mit dem selbstständigen Erschließen von Zusammenhängen auf Basis von Beispieldaten.

Die aus den Daten gewonnenen Erkenntnisse lassen sich verallgemeinern und auf neue Probleme oder für die Analyse bisher unbekannter Daten verwenden. Mit den passenden Daten und definierten Regeln können Systeme durch maschinelles Lernen u.a. folgendes tun:
- Relevante Daten suchen, finden, aussortieren und zusammenfassen
- Vorhersagen treffen auf Basis dieser Daten
- Wahrscheinlichkeiten berechnen für bestimmte Ereignisse
- Ihren Algorithmus selbständig an die Ergebnisse anpassen
- Prozesse optimieren

Deep Lerning wiederum ist ein Teilbereich von maschinellem Lernen. Deep Learning ist eine Variante zu lernen, nämlich über künstliche neuronale Netze, ähnlich wie das menschliche Gehirn aufgebaut ist. Sehr vereinfacht gesagt besteht ein solches Netzwerk nicht aus linear miteinander verknüpften Annahmen, sondern aus Netzen von Annahmen. Mittels eines Probedatensatzes und eines vorher definierten Ergebnisses prüft nun die KI, ob die Verknüpfungen richtig gesetzt sind oder ob durch Anpassungen der Verknüpfungen ein besseres Ergebnis erzielt werden kann. Mithilfe dieser Anpassungen lernt das System. Es heißt deshalb „deep learning", also „tiefes Lernen", weil die Verbindungen der Daten stark, also „tief", verknüpft sind.

Künstliche Intelligenz erlaubt eine effektive und effiziente Analyse von Daten

KI ist gegenüber menschlichen Analyse- und Lernfähigkeiten deutlich effektiver und effizienter. Dort, wo ausreichend Daten vorhanden sind, kann ein KI-gestütztes System Prozesse optimieren, repetitive Aufgaben übernehmen, Ressourcen gezielter und nachhaltiger einsetzen, Zeit sparen und

Verschwendung minimieren. Ein sehr typisches Beispiel ist die Analyse von Röntgenbildern. Eine Röntgenärztin sieht in ihrem Berufsleben vielleicht 10.000 Bilder – so wächst ihre Erfahrung im Erkennen von Krebszellen über Zeit und sie lernt aus ihrer Erfahrung, Krebszellen auch zu erkennen, wenn sich bestimmte Muster wiederholen. Eine KI kann über Computervision, eine Art von Künstlicher Intelligenz, die Deep Learning verwendet, ebenfalls visuelle Daten analysieren. Allerdings ist die Kapazität einer KI, Röntgenbilder zu erfassen, um ein Vielfaches größer als die eines Röntgenarztes. Außerdem ist die Geschwindigkeit, aus dem „gesehenen" Muster neue Krebsmuster zu erkennen, deutlich höher. In diesem Beispiel ist eine KI, die mit Röntgenbildern trainiert wurde, Krebs zu erkennen, also effektiver und effizienter als ein Mensch.

KI wird häufig in der Entwicklungsgeschwindigkeit unterschätzt

KI wird in vielen Bereichen, die Menschen beherrschen, entwickelt. Künstliche Intelligenz kann heute schon sehen, riechen, anfassen, schmecken, lesen, schreiben, rechnen, sprechen – die Liste ist lang. Anders als ein Mensch lernt Künstliche Intelligenz diese Teilfähigkeiten aber nicht gleichzeitig, sondern in getrennten Systemen. Computer Vision sieht z.B. in der Regel „nur", aber spricht nicht gleichzeitig. Diese Trennung ist zu Beginn der praktischen Anwendung von KI vor einigen Jahren nötig gewesen, damit ein Computer überhaupt in der Lage ist, EINE dieser menschlichen Fähigkeiten im Laufe der Zeit zu erlernen. Daher spricht man auch von „schwacher" KI, also der Fähigkeit, eine Funktion menschlicher Leistungen nachzubilden. Die sogenannte „starke" KI, also eine KI, die mehrere Systeme gleichzeitig kombiniert, kann etwas sprechen, sehen und anfassen. Wann der Tag da ist, an dem eine Maschine alle Fähigkeiten, die ein Mensch hat, nachbilden kann, ist noch nicht klar, aber es gibt schon einen Begriff dafür – die sogenannte Singularität. Interessant ist nun, dass viele der o.g. Anwendungen erst in den 2000er-Jahren programmiert wurden und auch erst vor ein paar wenigen Jahren für eine breite Öffentlichkeit erste Erfolge sichtbar wurden. Diese Erfolge - etwa, dass ein Computer einen Hund von einem Muffin unterscheiden kann - wirkten zunächst noch sehr fehlerhaft und ungenau. Aber, anders als ein Mensch, lernt KI exponentiell. D.h. es beginnt gefühlt sehr langsam, die Lernerfahrung wird aber immer schneller, und zum Schluss überholt eine KI die menschlichen Fähigkeiten nicht nur rasant schnell (exponentiell), sondern schlägt sie auch um Längen. Menschen neigen dazu, exponentielles Wachstum zu unterschätzen. Der Tag der Singularität könnte also schneller kommen, als sich das der Eine oder Andere heute vorstellen kann (Siehe Abbildung 5, Abbildung 6).

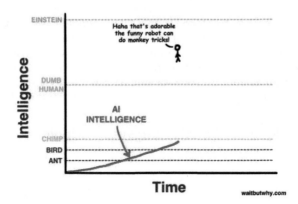

Abbildung 5: Gefühltes versus tatsächliches Wachstum von KI – Grafik 1 (Urban, 2015)

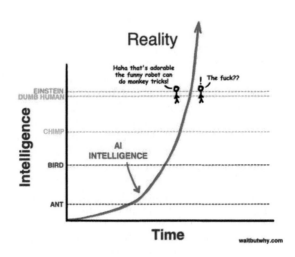

Abbildung 6: Gefühltes versus tatsächliches Wachstum von KI – Grafik 2 (Urban, 2015)

KI versucht heute schon, menschliche Fähigkeiten nachzubilden und ist erstaunlich weit

Wie oben bereits erwähnt, gibt es bereits Anstrengungen, alle Fähigkeiten des Menschen über KI nachzubilden. Das umfasst das Sprechen und Hören (kennt jeder von z.B. Siri und Alexa), das Schreiben und Lesen (z.B. DeepL oder Roboterjournalismus-Angebote wie z.B. von Retresco), das Sehen und Bilder verarbeiten (z.B. von Intel), sich bewegen und das Umfeld verstehen (autonome Fahrversuche von z.B. Google) und das Lernen (jede KI). Auch riechen können KI-gestützte Anwendungen, nur nicht über Riechzellen, wie die menschliche Nase. Vielmehr analysiert die KI von z.B. Symrise die Bestandteile z.B. eines Parfums, sie weiß, wie diese Kombination für Menschen riecht und trifft Annahmen darüber, wie eine andere Kombination der Inhaltsstoffe eines Duftes dann vermutlich riechen wird.

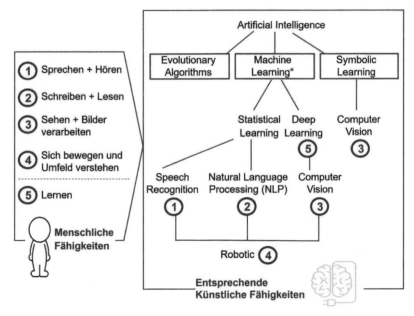

* In den drei Ausprägungen: Überwachtes Lernen, unüberwachtes Lernen, verstärkendes Lernen

Abbildung 7: Menschliche Fähigkeiten und ihre Entsprechungen innerhalb der KI (Bünte, Die chinesische KI-Revolution: Konsumverhalten, Marketing und Handel; Wie China mit künstlicher Intelligenz die Wirtschaftswelt verändert, 2020, S. 57)

Alle Wirtschaftsnationen haben die Bedeutung und die Rolle der KI als nächste S-Kurve der Digitalisierung erkannt

Das enorme Potenzial von KI für die Wirtschaft wurde bereits weiter oben dargelegt. Daher hinterlegen alle großen Wirtschaftsländer ihre KI-Entwicklung mit eigenen Zielen, Strategiepapieren und Budgets.

Bei KI handelt es sich noch um Grundlagenforschung, daher investieren Staaten viel

Gewisse rechtliche Rahmenbedingungen für KI müssen erst geschaffen werden – denken wir etwa an die zu ändernden Straßenverkehrsordnungen im Zuge des Autonomen Fahrens. Daher ist die intensive Unterstützung der jeweiligen Regierung eines Landes notwendig.

Das Bundeswirtschaftsministerium hat dazu eine inhaltliche „Strategie Künstliche Intelligenz" veröffentlicht (Bundesministerium für Wirtschaft, 2018), die als Handlungsrahmen und Prozess der Bundesregierung zu verstehen sei, deren Fortschritt regelmäßig auf der Internetseite www.ki-strategie-deutschland.de dokumentiert wird (Bundesministerium für Wirtschaft, 2018, S. 3). Darin steht folgende Absichtserklärung: „Wir wollen Deutschland und Europa zu einem führenden KI-Standort machen und so zur Sicherung der künftigen Wettbewerbsfähigkeit Deutschlands beitragen." (Bundesministerium für Wirtschaft, 2018, S. 8). „Artificial Intelligence (AI) made in Germany" solle „zum weltweit anerkannten Gütesiegel werden" (Die Bundesregierung, 2020). Auf der genannten Internetseite werden rund 100 Initiativen genannt, die im ersten Jahr der Strategie initiiert worden sind und jetzt unterstützt werden. Im Vergleich zum chinesischen Fünf-Jahresplan zu Künstlicher Intelligenz (Webster, Creemers, Triolo, & Kani, Full Translation: China's 'New Generation Artificial Intelligence Development Plan', 2017) wirkt die deutsche Strategie zwar deutlich weniger detailliert ausgearbeitet – das ist vor dem Hintergrund der sich ständig und schnell wandelnden Materie „Künstliche Intelligenz" aber kein Nachteil, denn eine Strategie muss sich an die sich verändernden Rahmenbedingungen anpassen können. Aber es kommt auch auf die konsequente Umsetzung der Absichtserklärung in der Strategie an.

Die Einparteienregierung in China hat einen expliziten und sehr detaillierten KI-Fünf-Jahresplan ausgearbeitet mit dem Ziel, bis 2030 weltführend bei KI zu sein (Webster, Creemers, Triolo, & Kania, Full Translation: China's 'New Generation Artificial Intelligence Development Plan', 2017). Dieser Plan geht bis auf Stadtverordnetenebene und den Lehrplan von Schulen und Universitäten herunter ins Detail. Dass die Regierung auch in der Lage ist, den Plan in die Tat umzusetzen, sieht man am Beispiel von Shenzhen. In der 11 Millionen-Nachbarstadt von Hongkong bestimmte die Stadtverwaltung 2010, dass alle

Stadtbusse und (privaten) Taxis auf E-Fahrzeuge umzurüsten seien. 2016 fuhren dann auch schon über 16.000 Busse elektrisch. Shenzhen belegt damit einen Weltrekord (Ingenieur.de, 2018). Eine Durchgriffskraft, die in einem europäischen demokratischen Staat kaum vorstellbar ist. Zum Vergleich: Die Bundesregierung setzte 2010 das Ziel, bis 2020 sollten auf deutschen Straßen 1 Million Elektroautos fahren (Bundesregierung, 2011, S. 10). Stand September 2020 sind es aber maximal 245.000 Fahrzeuge – und das auch nur, wenn man alle seit 2003 zugelassenen Fahrzeuge zusammenzählt (KBA, 2020).

Die KI-Entwicklung ist Grundlagenforschung und kostet Geld

Allein auf Unternehmensseite wurden daher in den USA z.B. im Jahr 2016 schätzungsweise 26 bis 39 Milliarden US-Dollar investiert, der Großteil davon durch Tech-Giganten (McKinsey Global Institute, 2017, S. 5). Die Stanford University hat ein jährliches KI-Budget von 6,3 Milliarden US-Dollar (Wolff & Yogeshwar, 2019) und China investiert 1,76 Milliarden US-Dollar in nur einen einzigen Technologiepark (Neuerer, 2018). Dem eigenen Ziel, bis 2030 weltführend bei KI zu sein, stellt man in China offenbar hohe staatliche Investitionen entgegen. Das IDA Science and Technology Policy Institute berechnet aus zwei Veröffentlichungen ein Gesamtinvest von sechs Milliarden US-Dollar in 2018. Das sind 4,27 US-Dollar pro Kopf und Jahr (Colvin, Liu, Babou, & Wong, 2020, S. 27).

Dagegen wirken die 3,3 Milliarden US-Dollar (Bundesministerium für Wirtschaft, 2018, S. 5), die die deutsche Regierung bis 2025 in KI investieren will, vergleichsweise gering. Denn das sind über die acht Jahre von 2018 bis 2025 verteilt pro Jahr rund 41,3 Millionen Dollar – also gerade mal 0,50 US-Dollar pro Einwohner pro Jahr.

Die USA wollen in den nächsten Jahren eine Milliarde pro Jahr in die KI-Grundlagenforschung stecken (Kratsios & Liddell, 2020). Das sind vergleichsweise magere 0,62 US-Dollar pro Einwohner im Jahr. China gibt pro Kopf und Jahr rund 4,27 US-Dollar aus (Colvin, Liu, Babou, & Wong, 2020, S. 27). Die Auswirkungen dieses Fokus in China kann man heute schon in der Wirtschaft ablesen. Davon handeln die nächsten Kapitel.

MANAGEMENT SUMMARY

- Die Digitalisierung hat verschiedene Entwicklungsstufen, die jüngste ist Künstliche Intelligenz

- Künstliche Intelligenz ist, wenn ein System Aufgaben erledigen kann, die normalerweise menschliche Intelligenz benötigen

- Der Begriff Künstliche Intelligenz wird mit vielen anderen fälschlicherweise gleichgesetzt

- Künstliche Intelligenz erlaubt eine effektive und effiziente Analyse von Daten

- KI wird häufig in der Entwicklungsgeschwindigkeit unterschätzt

- KI versucht heute schon, menschliche Fähigkeiten nachzubilden und ist erstaunlich weit

- Alle Wirtschaftsnationen haben die Rolle der KI als nächste S-Kurve der Digitalisierung erkannt

- Bei KI handelt es sich noch um Grundlagenforschung, daher investieren Staaten viel Geld in Strategien, allen voran China

4.   Mythen und Wirklichkeit zu KI

Es wird viel diskutiert über KI – und viel kolportiert. Doch welche Aussagen stimmen wirklich bei KI? Werden wir alle vom Terminator abgeholt? Ist KI schon besser als ein Mensch? Wie werden wir in Zukunft arbeiten und klaut uns KI den Arbeitsplatz? In diesem Kapitel geht es um die wichtigsten Mythen rund um Künstliche Intelligenz und wie sie in die Wirklichkeit passen.

Mythos 1: KI ist schon Alltag? Bei mir bestimmt nicht

Weit gefehlt. Die KI ist schon da, um zu bleiben. Häufig unbemerkt, bauen viele Unternehmen Künstliche Intelligenz in ihre Tools und Angebote ein. Ohne Anspruch auf Vollständigkeit hier mal ein paar Beispiele:

Internetsuche

Google setzt KI bereits seit mehreren Jahren ein, denn je besser die Antworten der Suche sind, umso öfter kommen NutzerInnen zurück und nutzen Google. Und je mehr NutzerInnen, je mehr Werbeeinnahmen. Der Suchalgorithmus von Google, „RankBrain", ist KI-basiert. RankBrain versucht, bei bisher unbekannten Suchanfragen vermutlich gewünschte Suchergebnisse anzuzeigen, indem der Algorithmus die Suchanfrage mit bereits bekannten, bedeutungsähnlichen Suchanfragen verknüpft. Die Ergebnisse der Suche zeichnet Google auf und nutzt sie fürs Training von RankBrain. Das merkt der Nutzende nicht in der Oberfläche von Google, aber die Ergebnisse werden besser (Schreiner, 2020).

Sagen Sie „Cheese"!

Nutzen Sie ein Smartphone? Mit Kamera? Dann nutzen Sie mit großer Wahrscheinlichkeit Künstliche Intelligenz. Die Kamera erkennt z.B. Lichtverhältnisse und optimiert automatisch die Belichtung. Einige Kameras sind schon in der Lage, z.B. bei Texten auf einer Wandtafel im schiefen Winkel die Visualisierung automatisch zu optimieren und die Verzerrung zu korrigieren. Dazu muss die Kamera-KI zunächst erkennen, dass das Motiv ein Text ist, und mit optimalen Textdarstellungen vergleichen, um korrekt anpassen zu können (Prophoto, 2021). Dieselben Kameras glätten Wangen, Stirn und Kinn bei Selfies, erlauben verschiedene Lichtsetzungen bei Portraitfotos und sagen vorher, wo sich ein sich bewegendes Motiv in der Millisekunde befindet, in der auf den Auslöser gedrückt wird. Bei Wind oder sich unvorhergesehen bewegenden Motiven wie etwa laufenden Kindern ein Schärfevorteil.

Putzperle unter Strom

Was braucht man, um gründlich putzen zu können? Genau: Gute Augen. Und die werden bei Staubsaugerrobotern immer besser. Sie kartographieren Wohnungen selbständig und umfahren Hindernisse, die bei der ersten Kartographierung gar nicht im Weg waren, mühelos. Fast 170.000 Patente für maschinelles Sehen wurden bis Anfang 2019 registriert, das ist fast die Hälfte aller KI-Patente (Schreiner, 2020).

Mal das mal auf!

Google bietet mit „Quickdraw" eine spielerische Möglichkeit für NutzerInnen, die Bilderkennung von Google zu trainieren (Google, 2021). Denn Bilderkennung von Fotos klappt mittlerweile schon recht gut, aber handschriftliche Zeichnungen werden bisher noch schlecht erkannt. Bei Quickdraw gibt der Computer einen Begriff vor, z.B. „Hose". NutzerInnen haben dann 19 Sekunden Zeit, per Maus ein Bild einer Hose zu malen. Die KI versucht, die Zeichnung zu erkennen. Die dabei generierten Daten werden in einer Datenbank gespeichert. Über Zeit lernt die KI, wie Menschen zeichnen.

Was gucke ich denn mal heute Abend

„Menschen, die das gekauft haben, haben auch das gekauft". Was bei Amazon zu Beginn des Jahrhunderts noch als einfacher Vergleich begann, läuft heute mittels KI. Nicht nur bei Amazon und Google, auch bei Streamingprogrammen im Internet, wie z.B. Netflix. Netflix sammelt Nutzungsdaten ihrer KundInnen, die in den KI-Algorithmus fließen. Also was geschaut wird, in welcher Reihenfolge, wann, wie lange, usw. Mit dieser Kenntnis der Vorlieben eines individuellen Nutzungsprofils wählt der Algorithmus dann passende Inhalte aus UND optimiert sogar die Präsentation – die Vorschaubilder. Und Netflix ist nicht alleine, auch YouTube, Spotify, Facebook, Twitter oder Instagram nutzen diese Varianten des Deep Learning (Schreiner, 2020).

Diese Beispiele haben alle einen Punkt gemeinsam: NutzerInnen merken gar nicht, dass eine KI aktiv ist. Die Anwendung wird einfacher, besser, individuell passender – also bequemer. Und: Man kann sie auch nicht ausstellen. So schleicht sich langsam, aber sicher KI in unser Leben, ohne dass wir es notwendigerweise merken oder ändern können.

> „Die Zukunft war früher auch besser!"
> Karl Valentin

Mythos 2: KI – da drückt man auf einen Knopf und dann kommt die Antwort raus

N ein. KI ist genau wie alles andere, was Menschen erfinden, erst mal ein Ding, das Hilfe braucht und NICHTS alleine kann. Ein Mensch muss den Computer zusammenbauen, den Stecker in die Steckdose stecken, einen ersten Algorithmus anlegen und diesen mit Daten füttern. Ab dann kann KI einiges selbständig oder zusammen mit Menschen tun, nämlich lernen – und das schneller als manche Menschen. DAS macht KI so interessant für die Wirtschaft. Aber wie lernt eine KI eigentlich?

KI sind vereinfacht ausgedrückt adaptive Systeme. Sie lernen, sich anzupassen, während sie arbeiten (Bünte, Die chinesische KI-Revolution: Konsumverhalten, Marketing und Handel: Wie China mit Künstlicher Intelligenz die Wirtschaftswelt verändert, 2020, S. 69). Dabei werden grob drei Arten des Computerlernens unterschieden (Abbildung 8):

- Das Überwachte Lernen, bei dem der Computer Daten und die Antworten zu einer Aufgabe erhält und daraus lernt.
- Das Unüberwachte Lernen, bei dem der Computer Daten ohne Antworten erhält und selbständig Muster in den Daten erkennen muss.
- Das sogenannte Verstärkende Lernen, bei dem der Computer Daten erhält sowie das Ziel, das er beim Lernen erreichen soll.

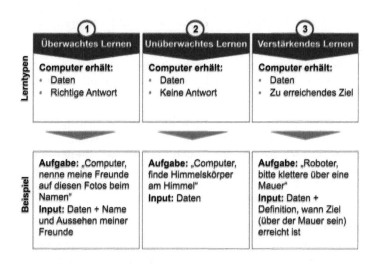

Abbildung 8: Lernarten Künstlicher Intelligenz (Bünte, Die chinesische KI-Revolution: Konsumverhalten, Marketing und Handel: Wie China mit Künstlicher Intelligenz die Wirtschaftswelt verändert, 2020, S. 69)

Besonders bekannt ist das Beispiel aus der frühen Trainingsphase einer Bilderkennungs-KI. Hier sollte ein Algorithmus erkennen, ob ein vorgegebenes Foto ein Blaubeermuffin oder ein Hundegesicht ist. Hat die Maschine erst einmal erkannt, dass der wesentliche Unterschied zwischen Hundegesicht und Gebäck in der Symmetrie liegt, entwickelt sie daraus einen Algorithmus. Je mehr Daten ihr dabei zur Verfügung stehen, desto mehr kann sie dieses Muster verfeinern. Theoretisch kann ein Algorithmus hier „unsupervised" arbeiten, also ohne, dass ein Mensch korrigierend in die Ergebnisse des Computers eingreift. Diese Lernmethode dauert in der Regel länger, führt aber auch zu Ergebnissen. An dieser Stelle müssen wir als Gesellschaft entscheiden, wie unabhängig ein Algorithmus arbeiten soll. Das Kapitel „Diskriminierung" zeigt, dass ein aktives Eingreifen von Menschen in die Entwicklung einer KI wichtig ist. Sonst ist KI, wenn nicht „supervised", irgendwann tatsächlich eine Black Box.

„Denken macht intelligent – Leben klug"
Peter Tille

Mythos 3: KI ist diskriminierend

Nein. KI ist eben nicht diskriminierend. Das zeigen viele Studien. Wer nämlich wirklich diskriminiert, ist der Mensch, der die Maschine steuert. Häufig, ohne es zu wissen oder zu wollen. Aber eben dennoch. Wer diskriminiert wird? Z.B. Frauen oder People of Colour. Hier die Fakten:

Tatsächlich gibt es zahlreiche Studien, die feststellen, dass Künstliche Intelligenz diskriminieren kann. Und das sehr breit, vor allem nach Geschlecht (Männer positiver als Frauen) und ethnischer Herkunft (hellerer Hauttyp positiver als dunklerer Hauttyp).

Zu einer möglichen Bevorzugung nach Alter finden sich dagegen weniger Belege. Entweder, weil hier weniger Diskriminierung vorkommt, oder, weil dieser Bereich für Forschende noch nicht so interessant ist wie Diskriminierungen nach Geschlecht und Hautfarbe. Die nachgewiesenen Diskriminierungen finden in allen wichtigen KI-Bereichen statt, so etwa in der Bilderkennung und in der Textverarbeitung.

Bilderkennung

Google musste erst im April öffentlich lernen, dass ihre Vision Cloud dunkle Hauttypen offenbar negativer besetzt. Ein Foto (siehe Abbildung 9), das eine weiße Hand mit einem Corona-Fiebermessgerät zeigt, wurde von Google als „elektrisches Gerät" erkannt, dasselbe Foto mit einer dunkelhäutigen Hand wurde als „Waffe" gelabelt. Google entschuldigte sich und korrigierte den Algorithmus.

Abbildung 9: Bilderkennung von Fiebermessgeräten (Ben-Aharon, 2019)

Die Forscherin Buolamwini untersuchte bereits 2015 IBM, Microsoft und Facebook bezüglich deren Fähigkeiten, Gesichter zu erkennen und stellte fest, dass alle drei Firmen besser darin waren, Männer zu erkennen als Frauen, und Menschen mit hellerem Hauttyp besser als Menschen mit dunklerem Hauttyp. Die schlechteste Gesichtserkennung zeigten alle drei Algorithmen bei dunkelhäutigen Frauen (Ben-Aharon, 2019).

In Asien sind Gesichtserkennungs-KIs deutlich besser und schneller darin, asiatische Menschen zu erkennen und beispielsweise ihr Alter korrekt zu schätzen als europäisch aussehende Menschen. Der Grund liegt auf der Hand: Die Trainingsdaten für KI von asiatischen Anbietern sind zum überwiegenden Teil asiatische Gesichter.

Auch im Innovationsbereich selbstfahrender Autos diskriminieren Algorithmen bei der Bilderkennung. Sie erkennen dunkle Hautfarben von FußgängerInnen schlechter, mit potenziellen Auswirkungen auf die Gesundheit dieser im Falle eines Unfalls (Cuthbertson, 2019).

Texterkennung

Linzer Forscher zeigen aktuell, dass Ergebnisse von Suchmaschinen, die Deep Learning nutzen, besonders verzerrt in Bezug auf das Geschlecht sind. Bei Fragen wie etwa nach dem Einkommen einer Pflegekraft oder nach einem

Synonym für „schön" warfen die getesteten Suchmaschinen vor allem Antworten im Zusammenhang mit Frauen aus, Männer kamen erst weit hinten vor. Umgekehrt lieferte etwa die Suche nach „CEO", oder „Programmierer" überwiegend männlich konnotierte Antworten. Den Grund für die besondere Verzerrung von Deep Learning-Algorithmen sehen die Forschenden darin, dass diese potenteren Algorithmen nicht nur den Begriff an sich, sondern auch verwandte Begriffe suchen. Und da „Pflegekraft" häufig im Zusammenhang mit „Oberschwester" gebraucht wird, kommt der Algorithmus nach dem Gesetz der Wahrscheinlichkeit zum Schluss, „Pflegekraft" müsse weiblich sein (Science@ORF.at, 2020).

2018 verwarf Amazon sein von Machine Learning gestütztes Bewertungstool, das das Unternehmen zur automatischen Auswahl von BewerberInnen nutzen wollte. Der Grund: Der Algorithmus hatte sexistische Tendenzen und bewertete Männer grundsätzlich mit einer höheren Punktzahl als Frauen. Das Machine Learning-System habe sich dieses Fehlverhalten selbst beigebracht und das Attribut, männlich zu sein, sehr hoch gewichtet. Das System sollte BewerberInnen auf einer Skala von eins bis fünf Sternen einsortieren (Nickel, 2018).

Auch eine aktuelle Studie der HTW Berlin untersuchte KI-Lösungen, die in Personalabteilungen automatisch Zeugnisse von BewerberInnen analysiert. Geprüft wurden die Lösungen von Google Natural Language API, Amazon Web Service Comprehend, IBM Watson Natural Language Understanding und Microsoft Azure Cognitive Service. Ziel war es, zu testen, ob Arbeitszeugnissätze bei einer Änderung des Geschlechts oder des Nachnamens der ProbandInnen unterschiedlich bewertet werden. Die Formulierung „stets zu unserer vollsten Zufriedenheit" steht z.B. eigentlich immer für die Note eins. Im Test stellte sich heraus, dass bei allen KI-Anbietern Zeugnisse von Männern positiver zusammengefasst wurden als die von Frauen, obwohl in den Zeugnissen immer vergleichbare Einschätzungen enthalten waren. Keine der Lösungen war dagegen negativer gegenüber ausländisch klingenden Namen oder deutlich positiver gegenüber akademischen Titeln eingestellt. Die ForscherInnen der Studie raten deshalb auch dazu, „keine der getesteten Dienstleistungen in einem HR-Kontext zu nutzen, da alle vier die Notwendigkeit eines Fairnessbewusstseins vernachlässigen. Arbeitgeber, die diese Dienstleistungen integrieren, würden systematisch geschlechtsspezifische Prozesse mit ethischen Risiken einführen." (Folkerts, Schreck, Riazy, & Simbeck, 2019).

Der Schaden für die Wirtschaft, wenn diese Bevorzugung bzw. Benachteiligung unbemerkt oder unbehoben bliebe, kann groß werden. Studien kommen regelmäßig zum Ergebnis, dass Unternehmen mit einer diversen Belegschaft nach Alter, Geschlecht und Herkunft erfolgreicher sind als einseitig zusammengestellte Belegschaften. Und: Eine Gesellschaft, die z. B. erst viel Geld ausgibt, um Mädchen und Jungen gleichermaßen zu schulen und später auszubilden, um dann einen großen Teil des Potenzials der Frauen nicht einzusetzen, verbrennt unnötig Ressourcen.

Aber warum ist Künstliche Intelligenz tendenziell diskriminierend? Grundsätzlich ist richtig, dass Künstliche Intelligenz neutral ist. Sie ist nicht per se gegen Frauen, Schwarze oder Alte. Dass sie im Ergebnis dennoch diskriminieren kann, hat zwei Gründe:

Faktor 1: Datenqualität

Erstens ist relevant, WIE eine KI lernt. Sie lernt über Daten. Dabei stützt sie sich auf Muster, die in den Trainingsdaten relevant sind. Untersuchungen haben z. B. gezeigt, dass eine Computer Vision Hunde als Wölfe kennzeichnete, sobald sie vor einem verschneiten Hintergrund fotografiert wurden. Denn dann war die Wahrscheinlichkeit höher, dass ein Wolf auf dem Foto abgebildet ist. Auch Kühe wurden als Hunde gekennzeichnet, wenn sie an Stränden standen – denn (fotografierte und im Internet veröffentlichte) Kühe stehen seltener am Strand als Hunde. Sind die Daten voreingenommen, ist es automatisch auch die KI, wenn kein Mensch in der Trainingsphase des Algorithmus gegensteuert.

Faktor 2: Stellenwert von Diversität im Team

Zweitens ist wichtig, WIE die IT-Teams, die einen Algorithmus trainieren, selbst zusammengesetzt sind. In Europa und den USA sind diese Teams überwiegend weiß und männlich, was es unwahrscheinlich macht, dass Ergebnisse, die andere Gruppen diskriminieren, in der Entwicklungsphase überhaupt gesucht, geschweige denn gefunden und angegangen werden. Wenn die Menschen, die die KI trainieren, selbst einen „blinden" Fleck haben, fällt ihnen nicht auf, wenn eine andere Gruppe nicht neutral genug behandelt wird. Wie schnell das geht, konnte man zuletzt bei VW erleben. Dem deutschen und wahrscheinlich hauptsächlich hellhäutigen Marketingteam war nicht aufgefallen, dass ein Werbespot auf dunkelhäutige Menschen diskriminierend wirkte. Jürgen Stackmann, hochrangiger Manager bei VW, stoppte deren Verbreitung (Slavik, 2020).

Zusammengefasst kann man sagen: Diskriminiert der Mensch, diskriminiert die KI – und das schadet letztendlich der Wirtschaft und löst richtigerweise ethische Diskussionen aus. Unternehmen, die KI entwickeln, sollten deshalb anfangen, formelle Prozesse einzurichten, um diese Art von Fehlern schon bei der Entwicklung dieser Systeme zu testen, zu identifizieren und zu melden.

Aktuell fällt erst auf, dass etwas nicht stimmt, wenn Externe, Betroffene sich melden. Aber zu dem Zeitpunkt, zu dem sich jemand beschwert, sind viele bereits unverhältnismäßig stark von der verzerrten Leistung des Modells betroffen – und das Unternehmen selbst in der Kritik, diskriminierend zu sein.

Unternehmen, die zugekaufte KI-Lösungen einsetzen, müssen sich und ihre Dienstleister fragen, wie neutral die Ergebnisse sind, statt weiter ethisch grenzwertige Black Box-Lösungen zu nutzen.

„Künstliche Intelligenz hat keine Chance gegen natürliche Dummheit"
Ohne Namen

Mythos 4: KI mit Super-Fähigkeiten? Das dauert noch!

Nein. KI kann heute schon sehen, sprechen, tasten, riechen und schmecken. Ja, wirklich (Bünte, Die chinesische KI-Revolution: Konsumverhalten, Marketing und Handel: Wie China mit Künstlicher Intelligenz die Wirtschaftswelt verändert, 2020, S. 197 ff). Nur eben noch nicht alles gleichzeitig, so wie ein Mensch. Bei all den genannten Fähigkeiten einzeln ist die künstlich-intelligente Anwendung aber fast immer schon besser als der Mensch. Oder können Sie 10.000 Röntgenbilder in einer Minute analysieren, zusammenfassen und eine Diagnose stellen? Oder 30 Körbe empfindliche Erdbeeren vom Feld pflücken, in nur drei Minuten? KI kann das – heute schon. Hier mal die wichtigsten menschlichen Sinne und Fähigkeiten, ausgeführt von KI:

Sehen

KI kann heute schon schneller und besser bestimmte Bilder erkennen und analysieren als Menschen. Diese KI unterstützt z.B. eine Röntgenärztin bei der Diagnose einer Krankheit, hilft Werbeagenturen dabei, das passende Stockfotomotiv zu suchen, ohne mühsam in Bildbänden zu blättern, und unterstützt mittels Gesichtserkennung die Polizei, bestimmte Personen in einer Menge wiederzuerkennen, die gesucht werden. Die zeitliche Verteilung der Aufgaben für den Menschen wird sich ändern: Weniger Schauen, Lesen, Diagnostizieren – mehr Planen der nächsten Schritte und Besprechen und Betreuen der betroffenen PatientInnen für die Röntgenärztin. In Werbeagenturen heißt das, weniger Bilder suchen, dafür mehr Ideen zur Strategie und Kreativität beitragen. Bei der Polizei weniger Streife laufen und mehr interne Tätigkeiten, um z.B. TäterInnen zu identifizieren bzw. zu verhaften.

Hören und sprechen

Der aktuelle Stand dieser KI ist am besten abzulesen an den Fähigkeiten der Sprachassistenten wie „Alexa" von Amazon, „Google Home" von Google, „Siri" von Apple, „Tmall Genie" von Alibaba und „Xiaowei" für WeChat von Tencent. Die KI dieser Systeme sind in der Lage, natürliche Sprache zu hören, den Kontext der Sprache zu verstehen, in ihren angeschlossenen Systemen nach einer sinnvollen Antwort zu suchen und diese in gesprochener Sprache wieder auszugeben. Dass das noch nicht völlig ausgereift ist, hört man am besten, wenn man Alexa bittet, einen Witz zu erzählen. Alexa ist zwar in der Lage, einen Witz vorzulesen, allerdings schafft sie es noch nicht, die für die Pointe nötige Pause einzulegen, um dem Witz den letzten nötigen Pfiff zu geben.

Auf der anderen Seite stellte Google mit „Duplex" schon auf der Entwicklerkonferenz 2018 einen Sprachassistenten vor, den man von einem echten Menschen nicht mehr unterscheiden kann (Grubb, 2018). Die von Alan Turing postulierte Singularität scheint zumindest in diesem „Narrow Skill" der Sprache erfüllt. Insbesondere der Anruf des KI-Assistenten in einem Restaurant, um einen Tisch zu reservieren, ist nicht mehr von einem Menschen unterscheidbar. Dies liegt daran, dass die KI das menschliche Verhalten in einem solchen Gespräch kopiert, obwohl sie dieses Verhalten eigentlich nicht selber braucht: Die KI plant Pausen ein, bevor sie auf die Fragen der Restaurantmitarbeiterin antwortet, um so zu suggerieren, dass sie vor der Antwort überlegt. Außerdem baut sie für Menschen typische Brummtöne ein wie „äh" oder „hm". Dadurch erscheinen Stimme und Verhalten natürlich und menschlich.

Google hat Duplex 2019 in den USA eingeführt, zunächst testweise und nur, um Tischreservierungen in Restaurants vorzunehmen. Seitdem ist Google Duplex live in 48 von 50 Staaten, in Neuseeland, UK, Canada und Australien. Im Moment kann man mit Duplex eine Reservierung in einem Restaurant vornehmen, Kinokarten online kaufen oder einen Termin für einen Haarschnitt vereinbaren. In Zukunft könnte der KI-basierte Sprachdienst noch viel mehr leisten - beispielsweise einen Termin beim Arzt reservieren oder andere, aufwändigere Verabredungen treffen (Callaham, 2020).

Künftig werden Bots auch in der Lage sein, die Stimmung einer Stimme zu verstehen und zu „wissen", ob jemand gut oder schlecht gelaunt, traurig, glücklich oder erkältet ist. In diesem Stadium lassen sich dann mit dem Bot Gespräche wie mit einem guten Bekannten führen. Der Bot ist dann keine Maschine mehr, die nur auf den Inhalt der Kommunikation reagiert, sondern er lernt den Menschen kennen. Bots lernen dann, Gefühlslagen zu erkennen und entsprechend zu reagieren (Kannan & Karacan, 2018).

Es ist damit auch absehbar, dass bestimmte menschliche Assistenz- und Sekretariatsaufgaben zunehmend wegfallen. Da auch sprechende Chatbots in diesen Bereich fallen, werden auch die Aufgaben in Callcentern, die einfacher Antwortnatur sind, zunehmend wegfallen.

Lesen und schreiben

Künstliche Intelligenz kann lesen und Text als geschriebene Worte ausgeben. Alle Textbot-Anwendungen fallen unter diesen Bereich. Wenn Sie auf einer Homepage einer Firma eine Frage haben und mit einem Chatbot kommunizieren, werden diese KI-Skills genutzt. Chatbots sind kleine Skripte, die textbasierte Dialoge mit einem Nutzer führen können. Häufig sind solche Chatbots noch eher „gescriptet", d.h., die Firma stellt zunächst die Use Cases zusammen, die am häufigsten vorkommen, geben dem Chatbot dann geschriebene Antworttextbausteine vor und der Chatbot gibt dann, mehr oder weniger passend zur Frage, diese Textbestandteile als Antwort aus. Damit können zwar kaum mehr sinnvolle Antworten für den User gegeben werden als mit einer auch üblichen, getexteten „Frage und Antwort"-Sektion auf der Homepage. Allerdings überbrückt diese neue Kommunikationsmethode die Hürde, die UserInnen haben mögen, sich selbst durch die Text-Q&A zu suchen. Und es ersetzt die Anrufe im Callcenter, die eigentlich einfache Fragen und einfache Standardantworten beinhalteten. Zunehmend sind Chatbots aber auch besser in der Lage, in Echtzeit und durch eine KI-unterstützte Suche, ohne ein Skript, auf Fragen zu antworten. Aufgaben dieser Art fallen in Callcentern damit zunehmend weg und das Callcenter kann sich entweder intensiver mit den tatsächlichen Anrufern beschäftigen, also effektiver werden, oder eben die freiwerdenden Kapazitäten nicht mehr besetzen. Das ist effizienter, kostet aber auch Arbeitsplätze.

Künstliche Intelligenz unterstützt inzwischen auch die schreibende Zunft, also JournalistInnen und WerberInnen. So erstellt beispielsweise die KI von Retresco automatisch Fußballergebnisberichte, ohne dass JournalistInnen sich die Spiele selber anschauen müssen, Wetter- oder Verkehrsnachrichtentexte als Vorlage für RadiosprecherInnen und automatisch generierte Texte für Unternehmen, die viel mit Textbeschreibungen arbeiten, deren KonsumentInnen aber Laien beim Texten sind, wie beispielsweise die Beschreibungstexte von Wohnungsannoncen bei Immobilienscout24. Auch in diesem Bereich können laut Tests Menschen nicht mehr sicher sagen, welcher Text von einem Menschen und welcher von einer Maschine automatisch generiert wurde (Cebulla, 2019).

Aber noch macht die KI Fehler, selbst wenn sie nicht immer Verursacher des Fehlers ist. Wenn beispielsweise der Schiedsrichter nach Spielende das Ergebnis falsch in die Ligatabelle einträgt, und sich die KI für den neuen Text aus dieser Quelle bedient, ist der Text falsch. JournalistInnen, die das Spiel persönlich gesehen hätten, hätten diesen Fehler nicht gemacht. Allerdings neigen auch Menschen zu Fehlern, die eine KI nicht macht – Schreibfehler beispielsweise.

Nach wie vor werden die wichtigen Bundesligaspiele von echten SportreporterInnen gesehen und beschrieben – aber bei den unwichtigeren regionalen Spielen, die bisher menschliche Textaufmerksamkeit hatten, wird diese Arbeit für Menschen wegfallen.

In diesen Bereich fallen auch alle Übersetzungsleistungen. KI ist heute schon in der Lage, geschriebene Sprache zu übersetzen. Sei es Google oder „DeepL", eine deutsche Entwicklung – die Übersetzungsprogramme sind bereits gut genug, gängige Sprachen (Englisch, Französisch und Spanisch) von einer in die andere Sprache per Text zu übersetzen. Zwar mangelt es noch an Feinheiten im Verständnis von Redewendungen und kulturspezifischem Wissen, sodass die Übersetzungen inhaltlich richtig, aber nicht immer genau genug sind. Aber für den täglichen Gebrauch von Nicht-DiplomatInnen, die den Inhalt eines Textes einer gängigen anderen Sprache verstehen wollen, sind die Systeme bereits gut genug. Vietnamesisch-Deutsch ist dabei aber längst nicht so gut wie etwa Englisch-Deutsch.

Google arbeitet derzeit an einem simultanen Sprachübersetzungsassistenten, der gesprochene Sprache in Echtzeit in eine andere Sprache übersetzt und sie verbal und nicht als Text ausgibt (Google, 2021). Damit verbindet Google Skills wie Lesen, Schreiben und Sprechen zu einer optimierten Anwendung. Dies passiert in vielen Bereichen, nicht nur beim Übersetzen, und zeigt, wie langsam, aber sicher aus Narrow AI eine General AI wird.

Tasten

Hier würde man annehmen, dass es noch keine funktionsfähigen KI-Systeme gibt. Tatsächlich gibt es aber bereits Anwendungen, die KI-basiert im Bereich „Anfassen und Berühren" arbeiten. Die Firma Traptic Inc. USA beispielsweise pilotiert Ernteroboter, die empfindliche Früchte wie z.B. Erdbeeren ernten können (Traptic, 2021). Dafür muss die KI in der Lage sein, eine Erdbeere an der Pflanze zu identifizieren (also zu sehen) und zu erkennen, ob sie reif und damit pflückbar ist. PflückerInnen würden dazu die Erdbeere vorsichtig anfassen, drehen und wenn sie reif ist, vorsichtig und ohne sie zu quetschen vom Strunk ziehen. Genau so macht es der erwähnte Pflückroboter.

Riechen

Auch in diesem Bereich wird mit KI experimentiert. „Philyra" hilft ProfiparfümeurInnen, neue Rezepte für Parfüms zusammenzustellen. Philyra ist eine Kooperation zwischen Symrise und IBM Research. Philyra nutzt dazu eine Datenbank mit knapp 1,7 Millionen Parfüms und dem Wissen darüber, in welchem Land welche Altersgruppe welchen Geschlechts welche Düfte kauft. Das ist zwar nicht „Riechen" im menschlichen Sinn, liefert aber offenbar sehr passable Resultate. Das erste Parfüm von Philyra kam auf den Markt und wurde offenbar ein Verkaufsschlager. (Wiesner, 2020). „Koniku" geht noch weiter, hat die Versuchsphase beendet und 2021 ein Produkt auf den Markt gebracht, das unter dem Claim „read the air" Luftanalysen für Flughäfen, öffentliche Verkehrsmittel und Schulen anbietet (Koniku, 2021). In diesem Start-up wird KI um menschliche Riechzellen erweitert mit der Idee, den Computer „richtig", also situationsbedingt und nicht algorithmusbasiert, riechen zu lassen. Dabei werden Riechzellen in einer Nährstofflösung am Leben erhalten. (Scheuer, 2019).

Schmecken

Die Künstliche Intelligenz, die aktuell schon schmecken kann, wird auf dieselbe Weise trainiert wie Philyra: Sie schmeckt nicht im eigentlichen menschlichen Sinn, sondern kombiniert mithilfe von Daten, Wissen und Sensoren beispielsweise die verschiedenen Sudansätze für Bier bei Carlsberg. Der Brauer erforscht mit Microsoft gemeinsam, wie man die Entwicklungszeiten neuer Sude verkürzen kann. Mithilfe vom KI-Algorithmen und Microsoft Cloud werden die Sensorendaten analysiert und daraus Rückschlüsse auf Geschmack und Aromen gezogen. Das System kann schon einige Pilsener und Lager unterscheiden. Das Ziel ist, eine Art geschmacklichen Fingerabdruck für jeden Sud zu haben, und so den Entwicklungsprozess für neue Biere erheblich zu verkürzen. Start-ups wie IntelligentX Brewing stellen Biere passend zu den Feedbacks der KonsumentInnen mittels KI zusammen (Briegleb, 2018).

Es gibt also schon für fast alle Sinne eine entsprechende mehr oder weniger ausgereifte Anwendung, die mit KI arbeitet. Es ist also nicht die Frage, OB KI menschliche Fähigkeiten auf dem Niveau erreicht wie ein Mensch, sondern nur WANN. Dabei unterschätzen wir die Fähigkeit von KI, exponentiell zu wachsen. Wir glauben, der Punkt, an dem die Maschine genauso gut ist wie der Mensch, liege noch weit in der Zukunft. Und wir müssen aufpassen, dass wir nicht eines Tages dumm dastehen.

„Weisheit stellt sich nicht immer mit dem Alter ein. Manchmal kommt das Alter auch alleine"
Jeanne Moreau

Mythos 5: Deutschland ist bei der KI-Entwicklung auf Weltniveau

Leider nicht. Das Rennen um die beste KI wird gerade zwischen den USA und China ausgetragen. Und China hat die Nase vorne. Deutschland ist im internationalen Vergleich alles andere als eine führende KI- oder Digitalmacht.

Um eine KI effektiv und effizient einzusetzen, braucht es vereinfacht gesagt drei Dinge: Unmengen an Daten, die Möglichkeit, diese Daten verknüpft zu analysieren und ein klarer Fokus der Regierung auf das Thema KI mit ausreichend Kapital für die Grundlagenentwicklung. In nur einem einzigen dieser Voraussetzungen ist Deutschland aktuell im Vergleich mit anderen Ländern gut. Hier die Details:

Große Menge an Daten

Damit eine KI – ein Algorithmus, der selbständig lernt – sinnvoll lernen kann, sind große Menge an Daten nötig, egal, ob strukturiert oder unstrukturiert. Große Datenmengen fallen im Internet und in der Nutzung von Smartphones an. Dafür wiederum muss das W-Lan-Netz gut sein. Deutschland ist im internationalen Vergleich gerade mal Durchschnitt in Europa (Abbildung 10).

Abbildung 10: Europavergleich Digitalisierung 2020 (Janson, 2020)

Verknüpfte Datenanalyse

Die Datenschutzverordnung (DSGVO), die europaweit gilt, geht vom Grundsatz aus, dass individuelle Daten eines Einzelnen vor dem Zugriff von Firmen und Staaten zu schützen seien. Datenschutz ist in Europa also Individualschutz der Persönlichkeitsrechte. Mit diesem Grundsatz einher geht ein wichtiger Unterschied z.B. zum Datenschutz in den USA oder in China: Unternehmen müssen bei jeder einzelnen neuen Verarbeitung von Daten einer Person auf individueller Basis das Individuum um Erlaubnis fragen. Brigitte Meier aus Berlin muss also z.B. von Starbucks gefragt werden, ob ihre persönlichen Daten für die Anwendung xy analysiert und mit den Bewegungsdaten des Smartphones kombiniert werden dürfen. Eine anonyme Gruppenanalyse dagegen ist erlaubt, also unabhängig von Brigitte Meier, z.B. für Frauen in Berlin im Alter von 20 – 39 Jahre. Was auf den ersten Blick für den Laien kaum einen Unterschied macht, hat für Firmen und damit auch den Nutzen von KI im wirtschaftlichen Zusammenhang eine große Bedeutung: Für Unternehmen wie z.B. Kaffeeverkäufer ist deutlich besser zu wissen, dass Brigitte Meier die Kaffeesorte xy gerne trinkt, preissensibel ist UND gerade an einem ihrer Geschäfte in Berlin vorbeigeht - oder ob 65 % der Zielgruppe von Frauen im Alter von 20 – 39 Jahren in Berlin diesem Konsummuster folgen, man aber nicht weiß, wo diese Personen gerade sind. Der Unterschied: Gezielte Ansprache im ersten Fall mit genau dem richtigen Angebot genau dann, wenn Brigitte Meier am Geschäft vorbeikommt oder mindestens 30 % Streuverlust im zweiten Fall. Streuverlust heißt nicht nur ein schlechterer Return-on-Investment. Es kann auch heißen, dass diese 35 % nicht sinnvoll Angesprochene die Marke weniger wertschätzen, weil sie sich nicht gut verstanden fühlen und ggf. später weniger wahrscheinlich zu Markennutzern werden.

Fokus auf KI

Bei KI handelt es sich noch um Grundlagenforschung: Gewisse rechtliche Rahmenbedingungen müssen z.B. erst geschaffen werden – denken wir etwa an die zu ändernden Straßenverkehrsordnungen im Zuge des Autonomen Fahrens. Daher ist die intensive Unterstützung der jeweiligen Regierung eines Landes notwendig. Dieser Bereich ist der einzige, bei dem Deutschland auf Augenhöhe mit den anderen Ländern wie USA und China zu agieren scheint, denn es gibt, wie schon beschrieben, eine Strategie des Bundeswirtschaftsministeriums zu Künstlicher Intelligenz. Aber es kommt natürlich wie bei jeder Strategie auch auf die konsequente Umsetzung an – und die bleibt abzuwarten.

Ausreichende finanzielle Entwicklungsmittel

Die KI-Entwicklung ist Grundlagenforschung und kostet Geld. China gibt pro Kopf und Jahr rund 4,27 US-Dollar aus (Colvin, Liu, Babou, & Wong, 2020, S. 27).

Deutschland nur 0,50 US-Dollar pro Einwohner pro Jahr. (Bundesministerium für Wirtschaft, 2018, S. 5).

> „Die größte Gefahr von Künstlicher Intelligenz ist, dass die Menschen viel zu früh denken, dass sie KI verstanden haben."
> Elizer Yudkowsky

Mythos 6: KI macht uns alle arbeitslos

Ja und nein. KI ist überall heute schon besser, wo es viele Daten gibt und immer wiederkehrende Routinen. Also z.B. bei Röntgenbildern. Die gibt es massenhaft und darauf Krebszellen zu erkennen, kann eine KI heute schon besser als jeder Röntgenarzt und jede Ärztin. Deshalb werden diese ÄrztInnen aber nicht arbeitslos. Denn Menschen wollen immer noch gerne von anderen echten Menschen hören, wie es um sie steht und was die nächsten Schritte sind.

Es fallen also heute schon Jobs weg oder Aufgaben verschieben sich. Die Zeit, die freigesetzt wird, wird aber einerseits genutzt, um sich um wichtigere Aufgaben zu kümmern (wie am Beispiel der Röntgenärztin), also effektiver zu werden, und andererseits, um effizienter und damit wettbewerbsfähiger zu werden.

Gleichzeitig führen diese Innovationen aber auch dazu, dass KonsumentInnen und AnwenderInnen anspruchsvoller werden. Das hat es bisher auch in jeder der bisherigen technischen und wirtschaftlichen Revolutionen gegeben. Die Erfindung der Waschmaschine brachte Hausarbeitenden zwar auf der einen Seite viel mehr Zeit, auf der anderen Seite wurde aber ein Teil dieser freigewordenen Zeit investiert, um wiederum mehr zu waschen: War es bis dahin üblich, ein Kleidungsstück zu waschen, wenn es sichtbar dreckig war, wurde es im Laufe der Zeit üblich, ein Kleidungsstück nach einem Mal tragen zu waschen. So ähnlich ist es auch bei KI: KonsumentInnen gewöhnen sich an den neuen „Luxus" und erwarten, dass z.B. auf einer Homepage ein Text- und Chatbot verfügbar und zusätzlich dazu ein Callcenter für persönliche Gespräche erreichbar ist. Außerdem entsteht die Neigung, gar nicht mehr lange selbst auf einer Homepage zu suchen, sondern gleich in eine Interaktion mit der Firma zu treten. Für die Firma wird so zwar der Aufwand im Callcenter geringer, weil Standardantworten bereits über einen Chatbot abgefangen werden können, aber das Aufkommen der Fragen und die Kommunikationswünsche der KonsumentInnen wachsen und die Geduld bezüglich Antwortgeschwindigkeit und Qualität sinkt.

Der Wegfall von Routinejobs, unabhängig von der Industrie oder Funktion, wird weiter zunehmen, weil KI zum einen in immer mehr Bereiche, vermutlich in alle Bereiche des menschlichen Arbeitens, eingreifen wird. Zum anderen wachsen die im Moment noch häufig in Siloapplikationen vorliegenden KI-Skills wie Sehen, Tasten, Hören, Lesen, Schreiben und Co. weiter zusammen. In Summe reduzieren sich also die Routineaufgaben, auch daraus erwächst ein Jobverlust. Allerdings ist dieser nicht proportional zum Wegfall der Arbeitsmenge, weil gleichzeitig mehr und auch neue Aufgaben dazukommen. So brachte das Internet neue Jobbeschreibungen wie PHP-Programmierer und Influencer, die es vor dem Jahr 2000 noch nicht gab. Diese neuen Aufgaben erfordern aber u.U. auch andere Fähigkeiten und benötigen andere Aus- oder Fortbildungen, als die nun überflüssig gewordenen MitarbeiterInnen sie haben. Lebenslanges Lernen wird so wahrscheinlich nötiger.

McKinsey z.B., eine weltweit führende Unternehmensberatung, rechnet damit, dass weltweit insgesamt durch KI nur 1 % der Jobs wegfallen. McKinsey geht davon aus, dass rund 18 % der heute global ausgeführten Arbeiten im Jahr 2030 durch KI gänzlich wegfallen werden, aber mit 17 % neuen Aufgaben aufgefangen werden könnten. Netto würden so also nur 1 % der Jobs durch KI wegfallen. Die neuen Aufgaben sieht McKinsey in den Bereichen Augmentation, Innovationen, Umschichtung von Arbeit und globale Arbeitskraftströme. Allerdings weisen die AutorInnen explizit darauf hin, dass diese Simulation nur indikativ, also explizit kein Forecast sei (McKinsey Global Institute, 2018, S. 45).

Woran wir uns gewöhnen müssen ist, dass sich Arbeit umschichtet. Wir werden mehr von den „menschlichen" Dingen tun, die KI kümmert sich mehr um routinemäßige, technische Dinge. Und man muss auch berücksichtigen, dass nicht alle MitarbeiterInnen, deren Jobs ganz oder teilweise wegfallen, die Ausbildung, Fähigkeiten oder Neigungen haben, mit den dann neuen Aufgaben sicher umgehen zu können.

„Künstliche Intelligenz kann uns das Denken nicht abnehmen."
Thomas Ramge

Mythos 7: Wir werden zu Sklaven von KI

Warum sollte das so sein? Solange wir wissen, wo der Stecker in der Dose steckt, so lange können wir auch selbst bestimmen. Helfen wird, Regeln aufzustellen, wie KI uns unterstützen kann. So wie wir das für den Straßenverkehr gemacht haben. Wer hat Vorfahrt: Auto oder Fahrrad? Genau: Der, der von rechts kommt. Wer ist wichtiger: Das Auto oder der Mensch? Der Mensch! Ist eine Oma eher zu überfahren als ein Kind? Keins, was für eine

Frage. Für KI fehlt uns auf breiter Bahn noch eine solche Verabredung. Wie soll KI eingesetzt werden, welche Werte, welche Normen soll sie in ihre Rechenformel, ihre DNA aufnehmen? Das müssen wir festlegen.

„KI ist sehr gut darin, die Welt zu beschreiben, so wie sie heute ist, mit all ihren Vorurteilen. Aber KI weiß nicht, wie die Welt sein sollte."
Joanne Chen

5. Die wirtschaftliche Bedeutung Chinas im Weltvergleich

China wird im internationalen Vergleich vom sogenannten Westen häufig noch unterschätzt

Machen wir ein kleines Quiz. Bitte schauen Sie sich Abbildung 11 an. Heute leben circa sieben Milliarden Menschen auf der Erde. Jede Figur steht für eine Milliarde Menschen. Welche Karte zeigt die realistischste geografische Verteilung?

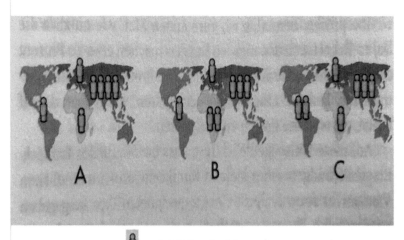

= 1 Milliarde Menschen

Abbildung 11: Verteilung der Weltbevölkerung nach Regionen. (Rosling, 2019, S. 168)

Die richtige Antwort ist A. In Asien leben heute 4/7 der Weltbevölkerung - rund 4 Milliarden Menschen, davon 1,4 Milliarden in China und rund 1,3 Milliarden Menschen in Indien. Wenn Sie die richtige Antwort wussten, gehören Sie in Deutschland einer Minderheit an. Die meisten vermuten, C sei richtig. Und was bei der reinen Bevölkerungszahl „schieflastig" ist, ist auch im wirtschaftlichen Bereich so. 2020 geht die Mehrheit der befragten Produktionsleiter, Vorstände und Geschäftsführer in deutschen Industrieunternehmen ab 100 Mitarbeitern davon aus, dass die USA führend beim Thema Industrie 4.0, also einer vernetzten Produktion sind, gefolgt von Deutschland und Japan. China kommt erst, weit abgeschlagen, an vierter Stelle (siehe Abbildung 12). Diese gefühlte Wichtigkeit hat nicht immer mit der tatsächlichen Wirklichkeit zu tun.

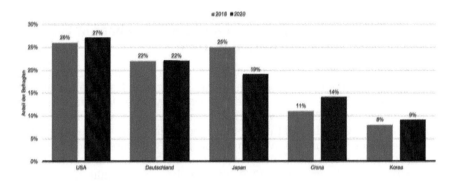

Welche Nation ist Ihrer Meinung nach derzeit beim Thema Industrie 4.0 führend?
Industrie 4.0 - Umfrage zu den führenden Nationen 2020

Abbildung 12: Führende Nationen bei Industrie 4.0 nach Einschätzung von deutschen Produktionsleitern, Vorständen und Geschäftsführern (Bitcom, 2020)

Häufig wird gesagt, etwas sei so unwichtig wie der Sack Reis, der in China umfalle. Aber warum ist das so?

Das hat vor allem damit zu tun, dass China zwischen ca. 1840 und 1980 im Vergleich zu anderen Nationen nicht weltführend in der Wirtschaft war. Dies ist gerade die Periode, in der die USA eine Vorreiterrolle übernahmen, während und nachdem europäische Mächte Kolonialstaaten bildeten oder wie England, ganze „Empire" ausbildeten, u.a. auf Kosten von Afrika und Asien. Unser heutiges europäisches Bild ist noch von dieser Phase geprägt: USA und Europa wirtschaftlich vorne, der Rest weniger.

China war bis ca. 1840 rund 2.000 Jahre lang die führende Wirtschaftsmacht

Die 2.000 Jahre vor 1840 und die Jahre seit etwa 1980 passen gar nicht in das bisher gezeichnete Bild einer im Vergleich zum Westen unterentwickelten Kultur oder eines zurückgebliebenen Wirtschaftsraumes. Im Gegenteil: China war viele Jahrhunderte räumlich, kulturell und wirtschaftlich eines der führenden, wenn nicht DAS führende

Land auf der Welt. Unter der mongolischen Herrschaft war China ab etwa 1215 das nach Fläche größte Land der Erde, ganze vier Mal so groß wie das Römische Reich. Zeitgleich gab es hier die größten Städte der Welt. Man kannte den Buchdruck 500 Jahre vor Guttenberg, und Schießpulver und Papiergeld wurden bereits genutzt (ZDF History, Ohne Jahresangabe). Zu Beginn der Ming-Dynastie, direkt nach den Mongolen, gab es um ca. 1430 herum im Reich der Mitte sogar die größte Schiffsflotte der Welt (Dabringhaus, 2011).

China holt im Weltvergleich auf und wird absehbar in vielen Bereichen die führende Nation werden

Etwa seit den 1970er-Jahren erholt sich China wirtschaftlich von der 120 Jahre dauernden Fremdherrschaft und den inneren Machtkämpfen, ohne dass dies vom Westen ausreichend registriert wurde. Das, was man ab den 1970er-Jahren von Chinas Wirtschaft hauptsächlich wahrnahm, wirkte zunächst nicht wie die Leistungen einer sich wirtschaftlich entwickelnden Industrienation: Die in den Westen exportierte Billigware „Made in China" machte China zur „Werkbank" des Westens und die Qualitätswahrnehmung war gering. Die Studentenaufstände 1989 auf dem Platz des Himmlischen Friedens in Peking und deren blutige Zerschlagung mit den anschließenden, recht halbherzigen, wirtschaftlichen Sanktionen des Westens wirkten im Westen wie ein weiteres Kapitel einer Politik, die keine Demokratie zulassen wollte und wirtschaftlich abhängig vom Westen war. „Wie sollte China also jemals in der Lage sein, Vorreiter in Wirtschaft und Kultur zu werden" hätte man sich fragen können.

Diese Sicht ist heute überholt. China holt nicht nur auf, es hat den Westen in vielen Bereichen längst überholt und weite Teile der Weltwirtschaft bereits von sich abhängig gemacht. Das Gleiche gilt, mit zeitlicher Verzögerung, für Indien. Schauen wir uns das für China näher an:

Bevölkerungszahl:
China beheimatet aktuell die meisten Menschen weltweit, rund 1,4 Milliarden.

Bruttoinlandsprodukt aktuell:
Zum einen zeigt China ein enormes wirtschaftliches Wachstum. Zwischen 1980 und 2017 wuchs das Bruttoinlandsprodukt pro Kopf, kaufkraftbereinigt, um den Faktor 34, während das BIP Deutschlands und der USA nur um den Faktor 4 bzw. 5 zulegten, zugegeben von einem sehr hohen Niveau kommend. Das BIP Indiens, dem bevölkerungsreichsten Land nach China, wuchs im selben Zeitraum um den Faktor 13 (siehe Abbildung 13). Bereits heute ist China nach kaufkraftbereinigtem BIP führend in der Welt (siehe Abbildung 14).

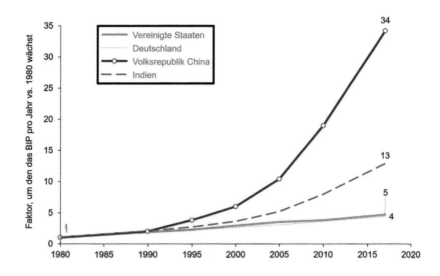

Abbildung 13: Steigerung Bruttoinlandsprodukt pro Kopf, kaufkraftbereinigt (Bünte, Die chinesische KI-Revolution: Konsumverhalten, Marketing und Handel; Wie China mit künstlicher Intelligenz die Wirtschaftswelt verändert, 2020, S. 14)

Bruttoinlandsprodukt 2050:

Die Vorhersagen gehen dahin, dass China diesen Rang auch in 2050, also in rund 30 Jahren, noch behält, und sich parallel dazu das Kräfteverhältnis deutlich Richtung Asien verschiebt (Siehe Abbildung 14).

Emerging markets will dominate the world's top 10 economies in 2050 (GDP at PPPs)

	2016	2050	
China	1	1	China
US	2	2	India
India	3	3	US
Japan	4	4	Indonesia
Germany	5	5	Brazil
Russia	6	6	Russia
Brazil	7	7	Mexico
Indonesia	8	8	Japan
UK	9	9	Germany
France	10	10	UK

☐ E7 economies ☐ G7 economies

Abbildung 14: Projektion der Top 5 Länder bis 2050 im GDP (PwC, 2017, S. 4)

Armutsverteilung:

Gleichzeitig sinkt die Zahl der Menschen in extremer Armut – das sind Menschen, die bis einen US-Dollar am Tag zur Verfügung haben. Lebten in Indien und China 1997 noch 42 % der Bevölkerung in extremer Armut, ist dieser Wert 2017 in beiden Ländern gesunken: In Indien fiel er auf absolut 12 %, das sind 270 Millionen Menschen weniger, die in Armut leben. In China reduzierte sich der Wert sogar auf 0,7 % absolut – das sind rund eine halbe Milliarde Menschen, die nicht mehr in absoluter Armut leben müssen (Rosling, 2019, S. 69). Von Chinas positiver wirtschaftlicher Entwicklung profitieren vielleicht nicht alle ChinesInnen gleichermaßen, aber sie verbessert substanziell das Leben fast aller BürgerInnen.

Digitalisierung:

China hatte Ende 2020 989 Millionen InternetnutzerInnen, das ist ein Anstieg von 85,4 Millionen seit März 2020. Damit erreicht China eine Internetpenetration von 70,4 %, bei einem Anstieg um 5,9 % seit März 2020.

99,7 % aller InternetnutzerInnen griffen dabei auf das Smartphone zurück, also 986 Millionen. Gerechnet auf die Bevölkerung sind das 70,4 %. 854 Millionen (86,4 % aller Internetnutzer/ 61 % der gesamten Bevölkerung) sind NutzerInnen von Online-Payment, nicht nur bei Onlineeinkäufen, sondern auch im stationären Handel. Die Zeit, die pro Woche online verbracht wurde, betrug Ende 2020 26,2 Stunden (März 2020: 30,8 Stunden) (Cyberspace Administration of China, 2021).

Zum Vergleich: Deutschland kommt 2020 auf 63 Millionen InternetnutzerInnen, das sind 80 % (ARD & ZDF, 2020). Deutschland hat damit **mehr** InternetnutzerInnen. Die Smartphonedichte liegt 2019 bei 69,50 % aller Deutschen und damit nur **leicht höher** als in China. Nicht ganz vergleichbar, da nur Personen zwischen 15 – 79 Jahren befragt wurden, ist die Präferenz für Online-Payment-Dienste. Hier gaben 2020 50 % der befragten Deutschen an, dass sie bei Onlinekäufen bevorzugt Paypal o.ä. sowie Bezahlapps nutzen. Die Anzahl der Deutschen, die außerhalb des Onlinehandels digital zahlen, wird viel geringer sein. Deutschland hat also **weniger** Online-Paymentzahlbereite (Postnord, 2020). Deutsche waren außerdem 2018 22,9 Stunden pro Woche online, also rund 3,3 Stunden **weniger** als ChinesInnen in 2020 (ARD & ZDF, 2018).

Zusammenfassend kann man also sagen, dass China, bis 1980 ein wirtschaftlich rückständiges Land, sich bei der Digitalisierung zumindest auf Augenhöhe zu Deutschland entwickelt hat. Dass diese Entwicklung rasanter vonstatten geht als die Digitalisierung in Deutschland, zeigt das neuste sogenannte „World Digital Competitiveness Ranking" des IMD: Das IMD bewertet jährlich die digitale Wettbewerbsfähigkeit einzelner Staaten entlang von drei Kategorien mit je drei Unterkategorien. China hat sich von 2016 auf 2020 von Platz 35 auf Platz 16 hochgearbeitet (IMD, 2020, S. 62). Deutschland hat sich in derselben Zeit leicht von Platz 15 auf Platz 18 verschlechtert (IMD, 2020, S. 80). China liegt also aktuell vor Deutschland. Bis Platz 1 (aktuell von den USA gehalten) ist zwar noch Luft, aber das Aufholtempo Chinas fällt auf.

Entwicklung und Einsatz von KI:

Dass China aller Voraussicht nach auch im Bereich KI führend sein wird, ist ein eigenes Kapitel wert. Bitte lesen Sie dazu das nächste Kapitel.

Innovationen:

Im Jahr 2019 überholte China mit 58.990 Patenten (Deutsches Patent- und Markenamt, 2021) zum ersten Mal die USA bei der Anzahl der Anmeldungen und gelang an die Spitze des Welt-Rankings. Chinesische Produkte und Technologien verwandeln sich Schritt für Schritt von „made in China" zu „created in China" und das Reich der Mitte steigt von der Werkbank der Welt zur Innovationsfabrik und Ideenwerkstatt der Welt auf.

China ist in Bezug auf die Mentalität, Innovationskraft und Kreativität anders aufgestellt als der sogenannte Westen, mit deutlichen Wettbewerbsvorteilen. Dazu erhalten Sie auf den folgenden Seiten die Einsichten der ExpertInnen Sascha Kurfiss und Stefanie Liliane Meyer.

Interview: Kreativität und Innovation in China
Sascha Kurfiss

Sascha Kurfiss leitete bis 2018 das Büro der deutschen Brand-Experience-Agentur Avantgarde in Shanghai und kreierte individuelle Markenerlebnisse für multinationale Kunden in China. Davor war er sieben Jahre bei der preisgekrönten Werbeagentur Jung von Matt, zunächst als Management Supervisor in Hamburg, später als Managing Director in Peking und Shanghai, und betreute Kunden wie Mercedes-Benz, RWE, Carlsberg und Henkel. Heute ist er Partner der Unternehmensberatung XQ Digital, bei der er den Bereich Marketing-Technologien leitet, und organisiert Innovationsreisen für Führungskräfte nach China.

Herr Kurfiss, Sie haben einige Jahre in China gelebt und haben dort unter anderem in einer Werbeagentur gearbeitet. Was haben Sie über Kreativität und Innovation in China gelernt und was hat Sie dabei am meisten verwundert?

Als ich 2014 in China ankam, war es für mich überraschend, wie wenig Kreativität dort in der Werbeagentur wertgeschätzt wurde bzw. kreative Ansätze angewandt wurden. Dazu muss man wissen, dass für Chinesen Kreativität nicht so stattfindet, wie wir das kennen. Für sie ist Kreativität eher Innovation, also etwas zu verbessern und eine Lösung zu finden, die ein Problem behebt. Dabei muss nicht die außergewöhnlichste, nie da gewesene Lösung gefunden werden, sondern einfach eine Lösung, die gut funktioniert. Wenn wir im Marketing über Kreativität sprechen, geht es aber darum, dass etwas erschaffen werden soll, was ganz neu ist, was so noch nie da gewesen ist. Und das gab es in der chinesischen Wahrnehmung gar nicht. Man muss dazu aber auch sagen, dass der Markt damals, und heute teilweise auch noch, so war, dass man gar nicht differenzieren musste. Die deutschen Autobauer zum Beispiel hatten bessere Autos und bessere Produkte als diejenigen, die den chinesischen Kunden vorher bekannt gewesen waren. So konnte man mehr oder weniger jedes westliche Produkt auf den Markt bringen und es hat sich verkauft. Man musste nicht besonders kreativ sein, um das anzupreisen.

Das hat sich allerdings in den letzten Jahren geändert, als auch die Innovationsfreundlichkeit der Chinesen Fahrt aufgenommen hat.

Ein Beispiel für diese Innovationskraft ist die App WeChat. Als ich 2014 nach China kam, glich WeChat eher dem Text-Messenger WhatsApp. Danach kamen aber fast wöchentlich neue Funktionen hinzu. Dabei galt immer der chinesische Maßstab, möglichst schnell neue Services und Produkte auszuprobieren und zu verbessern und Fehler auszumerzen. Vorrangig europäische Produkte wurden kopiert, getestet und weiterentwickelt. In unserer Kultur wird das Kopieren kritisiert, Chinesen empfinden es aber als Lob, die Werke eines Meisters zu kopieren. So wurde viel aus dem Westen übernommen, nicht nur Autos und Maschinen, sondern auch Internetplattformen. Somit konnten chinesische Entwickler diese schnell an den chinesischen Markt anpassen. Hier lagen die ausländischen Wettbewerber noch weit zurück bzw. wollten erst gar nicht in den Markt eintreten und die Produkte für China lokalisieren. Man kann sagen, 2014 war das Verständnis für Kreativität in China noch nicht da, heute haben Chinesen aber eine ganz andere Art von Kreativität, mit der viel ausprobiert wird, um innerhalb kürzester Zeit Lösungen zu liefern. Oft sind sie mit dieser Art von Kreativität und Geschwindigkeit nach zwei Monaten so weit wie wir nach zwei Jahren.

Im Zuge der Digitalisierung hat sich auch das Kopierimage von China gewandelt. Nach dem alten „Shanzhai"-Prinzip der ersten Phase, das Produktfälschungen und Plagiate hervorbrachte, hat sich etwa ab 2012 eine Kultur entwickelt, in der verschiedene Ideen und Produkte extrem schnell zusammengebastelt und neu kombiniert werden, um dann anhand von Kundenfeedback sofort wieder weiterentwickelt zu werden. Das neue Mantra heißt „hack, combine and share". Dadurch hat sich China gewandelt von der Werkbank der Welt für billige Produkte hin zu einer technologiegetriebenen Nation mit großen Konzernen. Das führte auch zu einer sichtbaren Verbesserung des Lebensstandards der kleinen Leute. Einfache Bürger haben in China in den letzten Jahren ihr Einkommen verfünffacht.

Wenn es um Kreativität und Innovation geht, wie ist das Mindset der ChinesInnen und wie unterscheidet es sich von dem der Deutschen?

Nach dem sogenannten Trial-and-Error-Prinzip agierend sind Chinesen furchtloser und mutiger als Westler. Das oben beschriebene Mindset, wie Probleme angegangen werden, feuert in meinen Augen das Trial-and-Error-Prinzip sogar an. Ein weiterer Aspekt der chinesischen Mentalität ist die hohe Probierfreudigkeit, die stets von dem „Convenience"-Gedanken getrieben ist. Alles, was den Alltag vereinfacht, wird für spannend befunden und getestet. Es wird alles ausprobiert und nicht darüber nachgedacht, was in zehn Jahren für Probleme auftauchen könnten. Wenn etwas nicht funktioniert, wird es einfach eingestellt und es wird stattdessen etwas Neues ausprobiert. Das ist in Europa etwas verloren gegangen. Wir kommen eher aus dem Sicherheitsdenken, während Chinesen aus dem Denken kommen, dass sie die letzten 150 - 200 Jahre komplett verpasst haben. Jetzt gehen sie mit Vollgas daran, alles auszuprobieren, was sie nach vorne bringt.

Dieser Ansatz spiegelt sich auch in dem alltäglichen Arbeiten mit chinesischen Kollegen wider. Denn mobile Lösungen finden dabei nicht nur Einzug in den privaten Alltag der Nutzer, sondern auch in den Arbeitsalltag. Als ich in China gearbeitet habe, wurde innerhalb eines halben Jahres nicht mehr über E-Mail oder firmeninterne Chatportale kommuniziert, sondern über WeChat. Genauso auch mit Servern und der Speicherung von Unterlagen und Präsentationen. Alles läuft ausschließlich über WeChat. Das hat auch damit zu tun, dass es nur wenig Unternehmenstechnologie, vor allem Software-as-a-service gibt, dafür aber umso mehr Verbrauchertechnologie, die in sogenannten Plattformen mündet. In der westlichen Welt gibt es von jedem Serviceanbieter eine eigene App oder Webseite, während in China alle Angebote in einer Plattform komprimiert sind. Dadurch nimmt auch die Geschwindigkeit, wie digitale Innovationen oder Lösungen etabliert werden, rapide zu – sowohl auf Verbraucherseite als auch auf Unternehmensseite.

Um mit dieser schnellen Entwicklung in China Schritt zu halten, haben Sie 2019 eine Innovationsreise nach Peking, Shanghai und Shenzhen geleitet. Was waren Ihre Eindrücke vor Ort und was hat Sie am meisten überrascht?

Überrascht war ich zunächst davon, wie viel sich innerhalb eines Jahres verändern kann. 2018 funktionierte das bargeldlose Zahlen noch mit dem Handy, 2019 konnte man bereits mit seinem Gesicht bezahlen. Eine weitere Überraschung war für mich die Veränderung der Mentalität der Chinesen. Während 2014, als ich nach China kam, niemand über gesunde Lebensmittel oder einen gesunden Lebensstil sprach, gibt es mittlerweile viele Möglichkeiten, einer gesunden Lebensweise nachzugehen, sei es mit grünen Drinks und Bio-Lebensmitteln oder Fitnessstudios. Ein weiterer großer Aspekt der Veränderung ist die Sicherheit. Es gibt in China überall Kameras und man weiß, dass der Staat viel überwacht. Auf der Innovationsreise wurde das von den Teilnehmern aber als überraschend positiv empfunden, denn ein Nebeneffekt der Überwachung ist, dass es keine sichtbare Kriminalität in den Großstädten gibt und dass man zu jeder Zeit mit einem sicheren Gefühl alleine durch die Straßen laufen kann. Außerdem sind die Städte überraschend sauber und aufgeräumt. Hierdurch wird ein großer Unterschied zwischen der westlichen Gesellschaft mit der individuellen

Freiheit und dem chinesischen System mit der kollektiven Pflicht deutlich. Es zeigt sich, dass die „Convenience" ein entscheidender Faktor in China ist.

Was waren Ihre wichtigsten Learnings von der Innovationsreise, wenn es um Chinas Digitalwelt geht?

Dazu habe ich zwei zentrale Learnings. Erstens: Man kann durch die Medien hier in Deutschland oder im Westen generell die Schnelligkeit und den chinesischen Fortschrittsstand nur schwer verdeutlichen und sollte sich deshalb unbedingt vor Ort ein aktuelles Bild davon machen. Zweitens: Die gelenkte Innovation, die uns im Westen zu fehlen scheint, ist in China sehr ausgeprägt. Gelenkte Innovation ist dabei das Agieren der gesamten Gesellschaft auf Grundlage einer Vision. Diese Visionen werden in China für verschiedenste Themen von der Regierung formuliert und mit immensen Investments vorangetrieben. Der Staat agiert in China für bestimmte Themenbereiche wie ein Venture Capitalist. Diese Themenbereiche, in denen sie voranschreiten wollen, werden über Analyse und Fachkompetenz ausgewählt. Danach werden Pläne erstellt, wie zum Beispiel die 5-Jahrespläne. Das ermöglicht, zielgerichtet an Problemstellungen heranzutreten. Daran fehlt es bei uns. Während wir noch darüber diskutieren, ob Elektromobilität kommt, ist China schon Vorreiter in der Technologie. Als Gesellschaft haben wir in Deutschland keine Vision, wo wir hinwollen. Generell kann man sagen, gegenüber dem chinesischen System fühlt es sich in Deutschland an, als würde man unbemerkt mit angezogener Handbremse fahren. Alles ist langsamer. Nicht schlechter, aber langsamer.

Was können wir von China in Bezug auf Innovation und Kreativität lernen?

Es bedarf einer offenen Fehlerkultur, die es zulässt, schnell zu agieren und aus Fehlern zu lernen. So können schneller Entscheidungen getroffen und technologischer Fortschritt vorangetrieben werden. Außerdem ist es essenziell, einen „Convenience"-Gedanken in der Herangehensweise an Problemstellungen zu etablieren, denn Einfachheit schlägt jede Logik. Dabei müssen alle Lebensbereiche, sei es der ÖPNV, die Bürokratie oder das Kaufen von Kleidung, interaktiv und gemeinschaftlich betrachtet werden.

Welche sind für Sie die aktuellen Top-Themen in der chinesischen Digitalwelt?

Cashless-Payment, also das Bezahlen ohne Geld, und New Retail, die Vermischung von Online- und Offline-Geschäften. Hinzu kommt die Künstliche Intelligenz, insbesondere in Zusammenhang mit Smart Cities.

 Interview: Mentalität und Kultur – Besonderheiten bei Innovation, Unternehmertum und Digitalisierung

Stefanie Liliane Meyer

Stefanie Liliane Meyer hat Ostasienwissenschaften mit den Schwerpunkten China und Wirtschaftswissenschaften studiert und eine zertifizierte Ausbildung zur interkulturellen Trainerin absolviert. Sie besitzt über 15 Jahre Chinaerfahrung. Die Diplom-Regionalwissenschaftlerin berät und schult bei kulturübergreifenden Projekten und ist Lehrbeauftragte an Hochschulen in Deutschland und China. Derzeit promoviert sie an der Universität Duisburg-Essen im Bereich Kultur und Entrepreneurship. Zuvor war sie dort zudem als Innovationsmanagerin und Gründungsberaterin tätig.

Frau Meyer, was können Sie uns als Innovationsmanagerin und Gründungsberaterin über die kulturellen Unterschiede zwischen China und Deutschland in den Bereichen Innovation und Unternehmertum erzählen?

Wichtig ist für mich, vorab klarzustellen, dass es im interkulturellen Raum keine universell gültige Klassifizierung in Form von „gut" oder „schlecht" gibt. Auch mit Stereotypisierung, die bis zu einem gewissen Grad positive Auswirkungen hat, sollte umsichtig umgegangen werden. Gerade in den Bereichen Innovation und Unternehmertum sind es Individuen, die unternehmerisch tätig sind. So passiert es aber sehr oft, dass wir uns in einem Kulturraum ein Individuum anschauen und darauf schließen, dass beispielsweise ganz China oder ganz Deutschland so agiert. Das muss allerdings nicht unbedingt stimmen. Und so sollten wir offen dafür bleiben, allen möglichen Ausprägungen bei Personen aus unterschiedlichen Kulturräumen begegnen zu können.

Beim Arbeiten mit deutschen und chinesischen Unternehmern ist mir zunächst ein grundlegender Unterschied bei der Planung aufgefallen. Wenn ich einen Businessplan mit Gründern schreibe, bekomme ich von chinesischen Gründern fast einheitlich zurückgespiegelt, dass eine Finanzplanung über drei Jahre keinen Sinn macht, da man nicht sagen kann, was in diesem Zeitraum tatsächlich passiert. Bei deutschen Unternehmen merke ich häufiger, dass eine entsprechende Planung trotz eventueller Skepsis zu einem erhöhten Sicherheitsgefühl führt. Chinesische Unternehmer scheinen mutiger zu sein und reagieren durch eine flexible Planung schneller auf neue Situationen. Die erhöhte Flexibilität und Dynamik bringt in den meisten Fällen eine Verknüpfung von mehreren Geschäftsideen und eine schnellere Geschäftsfeldentwicklung mit sich. Im Gegensatz dazu konzentrieren sich deutsche Unternehmer eher auf das Entwerfen von Arbeitspaketen, Aufgabenverteilung und Plänen für mögliche Szenarien im Voraus. Sie weisen öfter eine starrere Fokussierung und ein Scheuklappendenken auf, was Entscheidungsprozesse verlängern und die Erschließung neuer Geschäftsfelder verlangsamen kann – dafür werden Ressourcen bedachter eingesetzt.

Entscheidend für Innovation ist aber auch das Umfeld der Unternehmer, in dem sie agieren. Die formellen und informellen Institutionen für Innovation und Unternehmertum weisen zum Teil große Unterschiede zwischen Deutschland und China auf: Sei es beispielsweise beim Datenschutz oder dem Baurecht, das Umfeld ist entscheidend für die Aktionsfähigkeit und Schnelligkeit der Unternehmer. So können chinesische Unternehmer flexibel und kurzfristig planen. Wird in China beispielsweise eine Autobahn gebaut, ist das aufgrund der oft geringeren bürokratischen Hürden schneller möglich – je nachdem, wie es gewollt ist. Mit Gesetzmäßigkeiten in verschiedenen Bereichen wie Natur- oder Lärmschutz kann anders umgegangen werden, weil beispielsweise nicht noch gefährdete Tierarten und mögliche Lärmbelästigungen für Anwohner berücksichtigt werden müssen.

Wenn es um Digitalisierung und Innovation geht, wie ist das Mindset der ChinesInnen und wie unterscheidet es sich von dem der Deutschen?

Die Unterschiede fangen schon damit an, dass es in China und Deutschland unterschiedliche Auffassungen darüber gibt, was Digitalisierung, Innovation und Entrepreneurship überhaupt bedeuten. Das ist nicht verwunderlich, denn für die Begriffe gibt es im jeweiligen Land schon kaum ein einheitliches Verständnis. Bei chinesischen Unternehmern nehme ich ein starkes „Growth-Mindset" wahr. Sie möchten etwas verändern und streben nach Wachstum. In Deutschland hingegen herrscht ein „Keep-" oder „Stay-Mindset" vor. Dabei sollte alles möglichst so bleiben, wie es gerade ist. Das birgt die Gefahr, dass Deutschland sich auf alten Erfolgen ausruht. Die Offenheit der Gesellschaft gegenüber Veränderungen ist für digitale Transformation und Innovationen notwendig. Dafür scheint das chinesische Mindset gerade passender. Der Umgang mit möglichen Barrieren für Innovationen und Unternehmungen ist ebenfalls unterschiedlich im Vergleich zwischen Deutschland und China: Neugier und Wissbegierde der Chinesen sind stark ausgeprägt, das Streben nach Fortschritt, Wachstum und einem Wandel spürbarer.

Kreativität und Wissen sind Grundsteine der Digitalisierung und auch von Innovationen. Wenn ich mit chinesischen Studierenden zusammenarbeite, zeigen diese oft eine aufrichtige Wissbegierde. Sie werden in Elite-Universitäten weltweit geschickt, Absolventen in Top-Unternehmen. Doch auch Unterschiede in der Ausbildungsweise können Auswirkungen auf unser Denken und unsere Herangehensweisen an Innovationen haben. Während in China ein Hauptaugenmerk auf das Auswendiglernen gelegt wird, wird in Deutschland von Studierenden eine Transferleistung mittels eigener Erarbeitung des Sachverhalts verlangt. Ich vergleiche das gerne mit der Formel A + B = C. In China lernen die Studierenden eher C, also das Ergebnis, und das dann meistens auswendig. In Deutschland wird eher A und B gelehrt, damit Studierende C selbst erarbeiten. Jedoch sind Kreativität und Ideengenerierung erlernbar beziehungsweise anleitbar.

Wie hat sich China vom „Copycat"- und „Made in China"-Image in eine Ideen- und Innovationsfabrik verwandelt?

Das Image von China als Ideen- und Innovationsfabrik kann auf Initiativen wie zum Beispiel „Made in China 2025" oder „One Belt, One Road" zurückgeführt werden. Das Auftreten chinesischer Unternehmen weltweit in Technik-Bereichen sowie Bilder von Megacitys in der Berichterstattung, Pläne für Smart City-Projekte oder Zentren für digitale Projekte stärken das Bild der chinesischen Innovationsfabrik. Auch bei Unternehmensbesuchen in China wird das Image unterstützt: Man wird nicht unbedingt in die Unternehmen, sondern in Showrooms geführt, wo große Innovationsprojekte gezeigt werden. Was davon aber tatsächlich umgesetzt ist, bleibt unter Umständen offen. Auch was beispielsweise hinter den hohen Zahlen für Patentanmeldungen oder Forschungs- und Entwicklungsausgaben steckt, ist unklar. Die schnelle Entwicklung von Mobile Payment oder die digitale Überwachung zeigen die chinesische Innovationskraft. Aus der deutschen Brille betrachtet, wirkt das manchmal eher wie eine Dystopie, schafft jedoch ein sehr innovatives Bild, ein Bild einer Ideen- und Innovationsfabrik.

Wie hat die Digitalisierung in China dazu beigetragen, eine innovative Gesellschaft zu erschaffen und wie wirkt sich diese Entwicklung auf das Unternehmertum aus?

Besonders die Nutzung von persönlichen Daten ermöglicht es, dass Künstliche Intelligenz schneller lernt und mehr digitale Veränderungen in die Gesellschaft bringt. Die hohe Affinität chinesischer Bürger für mobile Endgeräte sorgt ebenfalls für eine schnelle Digitalisierung. Das bietet auch ein ideales Umfeld für Innovationen. Digitalisierung ermöglicht unter anderem den Zugang zu Wissen (auch außerhalb von China) sowie Austausch und Vernetzung. Und besonders in einem kollektivistisch orientierten Land wie China sind die soziale Einbettung in eine Gruppe sowie Netzwerken und persönliche Beziehungen (Guanxi) besonders wichtig.

Chinesische Unternehmer digitalisieren ihre Firmen mit größerer Selbstverständlichkeit und sehr schnell. In Deutschland passiert das viel vorsichtiger und langsamer, sowohl seitens der Unternehmen als auch auf Kundenseite oder bei den Behörden. So sind Begrifflichkeiten wie „KI", „digital" oder „Industrie 4.0" stärker in den Köpfen der chinesischen Bürger verankert und positiver belegt als bei uns.

Zwar ist die chinesische Gesellschaft innovativer geworden – auch durch die Digitalisierung. Allerdings gibt es starke gesellschaftliche Unterschiede zwischen den Regionen in China.

Sie sind sowohl mit der deutschen als auch mit der chinesischen Digitalwelt vertraut. Was sind für Sie die größten Unterschiede und Herausforderungen?

Digitalisierung findet in Deutschland an einigen Stellen zwar schon statt, befindet sich zum Teil aber erst in der Planung. Was in China bereits als selbstverständlich gilt, wird in Deutschland als digitale Errungenschaft gefeiert. So zum Beispiel die Digitalisierung des Behördenwesens oder das digitale Bezahlen von Parktickets mit dem Handy. Mit Nutzerdaten und Datenrichtlinien gibt es in China einen anderen Umgang.

Eine ganz große Herausforderung sehe ich in den Unterschieden beim Thema Künstliche Intelligenz, da beispielsweise Themen wie automatisierte Entscheidungen, individuelle Privatsphäre oder algorithmische Verzerrungen unter anderem mit ethischen Fragestellungen einhergehen. In diesem Punkt könnte China die Tragweite des Eingriffs in das Leben von Menschen aus der deutschen Sicht unterschätzen oder anders bewerten. Die Entwicklung von KI-Systemen geht viel weiter als die Frage, ob in einem Land bestimmte Gesetze eingehalten werden können. Lokale Regeln und Normen sowie zentrale ethische Prinzipien und gesellschaftliche Werte müssen berücksichtigt werden. Bisher gibt es keinen Konsens darüber, wie bestimmt werden kann, was ethisch falsch oder richtig ist. Wenn China weiterhin schneller die Digitalwelt ausbaut, setzt das Land globale Standards – auf Basis des chinesischen Wertemodells. Und Digitalisierung macht vor Ländergrenzen nicht unbedingt halt.

Was können wir von China im Bereich Innovation und Unternehmertum in Zusammenhang mit der digitalen Welt lernen?

Die soziokulturelle Prägung macht es schwierig bis unmöglich, Handlungs- und Denkweisen einer Gesellschaft in eine andere zu übertragen. Die chinesische und deutsche Kultur hat Gemeinsamkeiten. Es bestehen jedoch große Unterschiede in einigen Kultur- und Wertedimensionen. Das heißt, dass bestimmte Maßnahmen, Verhaltensweisen und Einstellungen, die in China gut funktionieren und Innovation und Unternehmertum fördern, nicht einfach übernommen und in der deutschen Kultur etabliert werden können. Wenn ich gute Eigenschaften der Chinesen nennen müsste, die Deutschland sich abschauen kann, wären das Neugier und Offenheit, der Wille, mehr über Themen wie Digitalisierung und China verstehen zu wollen, mehr Vertrauen, weniger Angst und eine stärkere Trial-and-Error-Kultur. Jedoch müssten dann auch unsere etablierten Institutionen angepasst werden. Was Deutschland schon lernen könnte, wäre, etwas schneller zu sein. Dennoch hat auch Deutschland seine eigenen Stärken bei Innovation und Unternehmertum, die es zu erkennen und zu stärken gilt. China und Deutschland können sich aber auch sehr gut ergänzen. Hierfür sollte es mehr deutsch-chinesische Projekte geben, die die Stärken beider Länder verbinden.

Welche sind für Sie die aktuellen Top-Themen in der chinesischen Digitalwelt?

Smart Cities und Künstliche Intelligenz, insbesondere Machine Learning.

Video-Interview:

MANAGEMENT SUMMARY

- China wird im internationalen Vergleich vom sogenannten Westen häufig noch unterschätzt

- China war bis ca. 1840 rund 2.000 Jahre lang die führende Wirtschaftsmacht

- China holt im Weltvergleich auf und wird absehbar in vielen Bereichen die führende Nation werden, darunter auch bei KI

6.   China und die Digitalisierung

China wird aller Voraussicht nach auch bei KI und der Digitalisierung weltführend werden. Dafür gibt es drei Gründe:

Erstens: Viele Einwohner, viele Daten

China hat mit 1,4 Milliarden Menschen die größte Bevölkerung der Erde, davon sind rund 990 Millionen Menschen „mobile only" unterwegs, d.h. sie nutzen statt eines PCs oder Laptops ein Smartphone, um ihre digitalen Alltagsaufgaben zu erledigen. Das bedeutet, hier entstehen Unmengen an Daten auf den Smartphones, die den jeweiligen Usern zugeordnet werden können. Und KI ist immer dann hilfreich, wenn viele Daten zur Verfügung stehen.

Zweitens: Ein Datenschutz, der das verknüpfte Analysieren von Daten erlaubt

Der chinesische Datenschutz erlaubt es Firmen, unter vergleichsweise einfachen rechtlichen Bedingungen, Daten aus verschiedenen Quellen von NutzerInnen verknüpft zu analysieren und so das Verhalten und die Bedürfnisse von KonsumentInnen viel individueller zu verstehen. Zu diesem Punkt findet sich in diesem Buch ein eigenes Kapitel.

Drittens: Ein klarer Fokus auf die Entwicklung von KI

Wie schon in einem früheren Kapitel beschrieben hat die Einparteienregierung in China einen expliziten und sehr detaillierten KI-5-Jahresplan und das erklärte Ziel, bis 2030 weltführend bei KI zu sein (Webster, Creemers, Triolo, & Kania, Full Translation: China's 'New Generation Artificial Intelligence Development Plan', 2017). Wie ebenfalls schon ausgeführt hinterlegt die Regierung Chinas die Bemühungen um KI mit großen finanziellen Mitteln: Die Pro-Kopf-Investition ist in China mit 4,27 US-Dollar pro Jahr deutlich höher als mit 0,50 US-Dollar in Deutschland.

Daraus entwickelt sich eine Dynamik, die bereits deutlich sichtbar und in einigen Bereichen weiter ist als im Westen

Zum einen entwickelt sich basierend auf KI und Daten über KonsumentInnen wirtschaftlich eine völlig neue Kategorie von Unternehmen, sogenannte Plattform-Ökosysteme (siehe eigenes Kapitel dazu). Während in den USA die großen digitalen Unternehmen Schritt für Schritt versuchen, aus ihrem angestammten Kompetenzbereich herauszuwachsen, haben viele chinesische Unternehmen dies schon erreicht. So ist WeChat nicht mehr nur ein Messenger, wie etwa das US-Pendant WhatsApp, sondern ein ganzes Alltags-Organisations-System mit Messenger, Bank- und Kreditfunktionen sowie Ticketbuchanbieter für Auto, Bahn, Flug und Fahrrad. Chinesische NutzerInnen können darüber Arzttermine buchen und verwalten, ihre Steuererklärung abwickeln und Parktickets bezahlen. Rund 1,2 Milliarden Menschen (Tencent, 2020) weltweit, der Großteil davon in China, organisieren täglich bis monatlich fast ihren gesamten digitalen Alltag über diese sogenannte Super-App. Die Angebote von Alibaba gehen ähnlich tief und sind breiter ausgebaut als die ihres Gegenstücks Amazon im Westen.

Zum anderen vollzieht der chinesische Handel einen deutlichen Entwicklungssprung. Durch ein Verschmelzen von online- und offline-Handel entsteht ein sogenanntes New Retail, in dem der einzelne Kunde deutlich mehr und passgenauere Angebote im Laden oder online sieht. KundInnen erhalten Angebote, wann sie wollen, wie sie es wollen und zu einem Preis, der dynamisch an ihre Kaufbereitschaft angepasst ist. Nicht ohne Grund ist der weltweit größte Verkaufstag nach Umsatz nicht der „Black Friday" oder „Prime Day" von Amazon in den USA, sondern der sogenannte „11.11." oder „Singles Day" von Alibaba in China. 2020 betrug der Umsatz an diesem Tag 74,1 Milliarden US-Dollar (CNBC, 2020).

Durch diese Angebote ändert sich das Kaufverhalten der KonsumentInnen und das Marketing (siehe extra Kapitel zu diesem Thema). KonsumentInnen werden zunehmend anspruchsvoller und erwarten, dass jederzeit passgenau auf ihre Wünsche eingegangen wird. Eine Marke, die nicht relevant ist, verliert. Gleichzeitig haben MarketingexpertInnen nun KonsumentInnendaten in Echtzeit und können, man könnte auch sagen, müssen ein Marketing in Echtzeit betreiben. Kampagnen, die nur einmal pro Jahr, Halbjahr oder Monat geplant werden, sind nicht mehr dynamisch genug, eine tägliche Planung von Inhalt und Streuung der eigenen Markenbotschaft ist der Schlüssel zum Absatzerfolg. Dieses sogenannte New Marketing, also Marketing in Echtzeit, wird unterstützt durch Künstliche Intelligenz. Und so sehen viele ExpertInnen China bei KI um mehrere Jahre vor den USA oder Europa (Bünte, Die chinesische KI-Revolution: Konsumverhalten, Marketing und Handel: Wie China mit Künstlicher Intelligenz die Wirtschaftswelt verändert, 2020). Dieses Angebot wiederum ändert das KonsumentInnenverhalten in China so, dass mehr mit dem Smartphone organisiert, gekauft und gechattet wird. Ein dynamischer Innovationskreislauf beginnt.

Diese Veränderungen sind im Straßenbild sichtbar: Shanghai beispielsweise hat am Bund, einem beliebten Touristenbereich in der Altstadt, Fußgängerampeln installieren lassen, deren rote und grüne Signale im Boden eingelassen sind. So können auch Fußgänger, die die Augen nicht vom Smartphone nehmen wollen, sicher bei grün über die Straße gehen, weil sie das grüne Licht mühelos auf dem Boden sehen. Und fast jedes Restaurant, Café, jede Rezeption bietet Schnellladestationen an. Kleine Kästen, in die man sein Smartphone legen kann, um gegen eine geringe Gebühr das Handy innerhalb von wenigen Minuten wieder aufzuladen. Dieser Service ist nötig, weil eine Vollladung am Morgen bei der intensiven Nutzung der Smartphones nicht ausreicht, um über den Tag zu kommen (siehe Abbildung 15).

Abbildung 15: Schnellladestationen für Mobiltelefone (Bünte, Die chinesische KI-Revolution: Konsumverhalten, Marketing und Handel; Wie China mit künstlicher Intelligenz die Wirtschaftswelt verändert, 2020, S. 127)

Diese Dynamik kann man in den Branchen, die früh digitalisieren (siehe Abbildung 2) bereits heute sehen, also z.B. bei FMCG und Retail

Die folgenden Interviews geben einen Überblick über die unterschiedliche Entwicklungsgeschwindigkeit Chinas vs. dem Westen (Dr. Manuel Vermeer), wie China sich aufmacht, neue Tech-Weltmacht zu werden (Frank Sieren), welchen Einfluss „mobile only" auf die Gesellschaft und Wirtschaft hat (Yun Qiu), wie die Start-up-Szene, E-Mobilität und KI China verändern (Till Ammelburg) und was China im Bereich Innovationen besser macht als Europa (Nick Sohnemann). Wolfgang Hirn schließt dieses Kapitel ab mit einem Überblick über die KI-Musterstadt Shenzhen.

Interview: China first - und wir?
Dr. Manuel Vermeer

Dr. Manuel Vermeer hat klassische und moderne Sinologie in Heidelberg und Shanghai studiert. Er lehrt Business Chinese, International Intercultural Management und International HR am Ostasieninstitut der Hochschule für Wirtschaft und Gesellschaft Ludwigshafen und ist Senior Advisor Asia an der Mannheim Business School. Seit 30 Jahren berät er Unternehmen strategisch im China- und Indiengeschäft und hat zahlreiche Publikationen zur Sprache und Kultur Chinas und Indiens veröffentlicht.

Herr Dr. Vermeer, Sie fahren seit fast vier Jahrzehnten regelmäßig nach China. Wie haben Sie das Land bei Ihren ersten Reisen erlebt und wie ist es in dieser Zeit zu einer Wirtschaftsmacht aufgestiegen?

Als ich 1982 das erste Mal nach China fuhr, und das wörtlich, also mit dem Zug, war das kurz nach der Kulturrevolution, die offiziell 1976 mit dem Tod Maos geendet hatte. In China war damals alles von der Kulturrevolution geprägt: Wir haben noch Volkskommunen gesehen und Maos rotes Büchlein kaufen können. Grün, blau und grau herrschten als Kleiderfarben vor. Es gab kaum Autos, sondern vor allem Fahrräder und in der ganzen Stadt Shanghai waren 20-25 Ausländer, während es heute 200.000 Expats gibt. In den 80er-Jahren hat sich das Land geöffnet. Europäische und amerikanische Firmen gingen nach China mit der Prognose, dass dort der Markt der Zukunft sei.

China hat sich zu einer Wirtschaftsmacht entwickelt, indem es die Wirtschaft weitgehend frei gab und vom Ausland lernte. Es war jedoch von Anfang an keine Demokratisierung vorgesehen. Dieser Irrglaube ist einer der großen Fehler des Westens. Man dachte, dass mit Marktwirtschaft auch Demokratisierung einhergeht, nach dem Motto „Wandel durch Handel". Doch das hat sich als Irrtum herausgestellt und hatte zur Folge, dass wir noch heute ein falsches China-Bild haben, das sich aktuell sogar sehr ins Negative kehrt.

Wie hat sich die Digitalisierung in China in den letzten 40 Jahren entwickelt? Inwieweit spielte die Mentalität des chinesischen Volkes eine Rolle?

Am Anfang des Internetzeitalters hat China sehr viel vom Westen gelernt, sehr viel übernommen und auch von Anfang an das Internet kontrolliert. Viele sprechen von einem „chinesischen Internet", im Grunde eigentlich einem Intranet für China, das sich vom Rest der Welt unterscheidet. Das heißt, man kann als Chinese nicht frei im Internet surfen. Viele Seiten und Apps wie Facebook und Instagram sind gesperrt und nur über illegale VPN zugänglich. In diesem Rahmen hat sich China stark entwickelt und hatte gerade bei den einheimischen Apps natürlich in vieler Hinsicht einen Vorsprung, da mangels Zugang zu westlichen Apps jede Neuerung von Hunderten von Millionen Usern genutzt wurde; aus dem Surfverhalten konnten die Entwickler lernen und so nicht nur die Technik voranbringen, sondern zeitgleich den Überwachungsmechanismus adaptieren und verfeinern. Die Super-App WeChat, die viele Apps in einer vereint, ist sehr praktisch und bringt viele Vorteile mit sich, doch sie ist auch gefährlich, denn der Staat liest immer mit. Die chinesischen Bürger, die sehr technikaffin und im Gegensatz zu Deutschen auch jeder technischen Neuerung gegenüber sehr aufgeschlossen sind, sind zum größten Teil auch bereit, dabei mitzumachen. Sie haben keine wirkliche Alternative, denn ohne WeChat kann man in China nicht mehr wirklich existieren.

Wichtige Faktoren, die zur schnellen Digitalisierung Chinas beigetragen haben, sind die Flexibilität der Chinesen, die Innovativität und die Tatsache, dass sie extrem neugierig sind, also gierig auf Neues, was sicher auch auf die langen Jahre der Abgeschlossenheit gegenüber der Außenwelt zurückzuführen ist. Als ich in Shanghai studierte, war die Welt natürlich komplett analog. Die Chinesen haben danach einen Sprung gemacht, von analog gleich auf Smartphones, nicht wie wir, die uns langsam vom Telefon zum Fax zum Computer zum Smartphone hocharbeiteten. Das war für viele schwierig, es hat aber dazu geführt, dass die Leute sehr flexibel geworden sind. Chinesen sind bereit, Risiken einzugehen und sich auf Neues einzulassen. Sie kaufen sich das neuste Smartphone und probieren jede App aus, sobald sie rauskommt. Im Vergleich dazu sind wir in Deutschland sehr reserviert und konservativ und warten erst auf das perfekte Produkt oder die Erfahrungen anderer, bevor wir ein Produkt akzeptieren.

Das erklärt, wie sich China in 40 Jahren so schnell entwickeln und technologisch an die Weltspitze gelangen konnte. Wir dürfen dabei aber auch nicht vergessen, dass China schon immer sehr viel erfunden hat. Chinesen haben das Papier erfunden, das Schießpulver, den Buchdruck mit beweglichen Lettern lange vor Guttenberg, Porzellan und den Kompass. Innovation ist in China also nichts Neues; auch hier müssen wir uns von dem Klischee des „Kopierens" verabschieden.

Wie wird der Datenschutz in China verstanden?

Wenn es um die technologische Entwicklung geht, spielt der chinesische Datenschutz eine wichtige Rolle. Für uns in Deutschland bedeutet Datenschutz, dass Daten vor der Regierung geschützt werden. In China sind Daten aber für eben diese Regierung offen zugänglich. Daten aus dem Internet und den Apps werden von der Regierung gespeichert und ausgewertet. Dadurch hat sie einen gewaltigen Datenpool, mit dem sie arbeiten kann. Die Gesichtserkennung ist beispielsweise durch KI so verfeinert worden, dass nicht nur Gesichter mit Maske leicht identifizierbar sind, sondern dass Menschen sogar am Gang erkannt werden können. Und China geht noch einen Schritt weiter, indem z.B. die Aufmerksamkeit einer Person an ihren Augenbewegungen abgelesen wird: Als Pilotprojekt werden nun Schüler im Unterricht gefilmt, um zu überprüfen, ob sie in der Schule aufpassen oder nicht. Außerdem forschen Chinesen, inwieweit man mit KI das Verhalten von Menschen vorhersagen kann und Verbrechen erfassen kann, bevor diese geschehen. China hat dabei natürlich den unglaublichen Vorteil, dass es über ein riesiges Datenset verfügt. Das hat kein anderes Land der Welt. Datenschutz ist in China daher nicht der Schutz vor der Regierung, sondern die Regierung schützt die Bürger, indem sie die Daten kontrolliert. Viele im Ausland glauben, dass in China 1,4 Milliarden Menschen leben, die in einer dystopischen und ständig kontrollierten Welt leben und gerne das Land verlassen wollen. Das ist aber sicher nicht der Fall. Viele Menschen können in China gut leben und haben viele Freiheiten, solange sie sich unpolitisch verhalten.

Wenn es um das Social Credit-System geht, wie ist die Realität in China im Vergleich zu dem, was in den westlichen Medien berichtet wird?

Aus der Perspektive der chinesischen Bürger ist die Sicht auf das Social Credit-System überwiegend positiv. Viele sagen, dass die Bewertung der Menschen unter anderem auf dem Verhalten basiert. Das heißt, wenn Sie bei Rot über die Ampel gehen, wenn Sie im Zug rauchen, wo es nicht erlaubt ist, wenn Sie Ihre Steuern oder Ihre Hypothek nicht zahlen, dann gibt es Punkteabzug. Das sind erstmal negative Erscheinungen, weil Verhalten bestraft werden kann, da es beobachtbar ist. Viele Chinesen sehen dieses System aber positiv, da ein erwünschtes Verhalten auch zu Vorteilen führt und „die Bösen" zu Recht bestraft würden. Die Folge: Im Straßenverkehr verhalten sich die Menschen schon anders, aus Angst, aufgenommen zu werden und entsprechende Repressionen zu erleiden. Das führt zu einem besseren Verhalten im Sinne des Systems und das ist für Chinesen zunächst einmal positiv. Verbrecher können mittels Gesichtserkennung identifiziert werden - China ist das vielleicht sicherste Land der Welt.

Es ist aber auch festzuhalten, dass viele Chinesen von diesem System gar nichts oder sehr wenig wissen. Es ist bei uns viel mehr in der Diskussion als in China und von denen, die sich damit auskennen, finden es viele gar nicht schlecht. Natürlich gibt es jede Menge Nachteile und die Menschen, die bewusst damit umgehen und die Bildung haben, wissen auch um die Nachteile. Es führt aber erstmal zu Kontrolle und zum Ausmerzen von Verbrechen; und wenn Chinesen etwas nicht mögen, ist es Unordnung und „Luan": Chaos. Leider - muss man aus westlicher Sicht vermutlich sagen - gehört das Social Credit-System auch zu den Faktoren, die China stabil halten, stabiler machen und für Ordnung sorgen. Ich möchte bewusst die chinesische Sicht aufzeigen und nicht unsere. Für viele Chinesen ist das Social Credit-System nicht unbedingt etwas Negatives. Das kann sich aber noch ganz anders entwickeln, gerade mit der Einführung des Corporate Social Credit-Systems. Aus chinesischer Sicht hat man auch keine Alternative, denn man kann sich dieser Entwicklung nicht entziehen. Apps werden überwacht und es sind Hunderte von Millionen von Kameras in ganz China installiert. Aus unserer Sicht sicher eine Dystopie, aus chinesischer Sicht nicht unbedingt.

Was können wir im Bereich Innovationen und Digitalisierung von China lernen?

Wir müssen zunächst damit anfangen zu verstehen, wie wichtig die Digitalisierung ist. Wenn ich im Zug von Mannheim nach Frankfurt nicht telefonieren kann, während ich in Tibet ein 5G-Netz habe, dann haben wir eine gewisse Diskrepanz, die wir hier in Europa und vor allem in Deutschland nicht wirklich erkannt haben. Vor sechs Jahren war ich im Basecamp des Mount Everest auf 5.300 Metern Höhe und wir hatten bereits ein 3G-Netz. Vor zwei Jahren war ich im Westen Tibets am heiligen Berg Kailash auf 5.700 Metern und ich hatte ebenfalls die Möglichkeit, nach Hause zu telefonieren.

Ohne eine flächendeckende Digitalisierung werden wir in der aktuellen Weltwirtschaft nicht mithalten können. Wir haben in Deutschland Mercedes und Siemens, aber wo sind die digitalen Unternehmen? Die USA haben Amazon und Google, China hat Alibaba und Tencent, während wir in Europa kein Gegenstück dazu haben.

Wir können von China lernen, einen Fokus auf Digitalisierung und Künstliche Intelligenz zu legen. Und gerade jetzt, durch das sogenannte Tech-Decoupling, also das Trennen der USA von China, haben wir in Europa eine Chance, uns neu zu positionieren. Das müssen wir in diesen Bereichen tun, um zu einem stärkeren Europa in der Weltwirtschaft zu werden. Ich denke, China und Indien, wo 3 Milliarden Menschen aufeinandertreffen, sind die Protagonisten des 21. Jahrhunderts. Wir sollten gerade in Europa und

Deutschland unseren Blick nach Asien richten und schauen, wie wir davon profitieren können. Dabei müssen wir nicht unsere Werte, Ethik, Moral und Menschenrechte aufgeben, denn das verlangt China nicht. Wir müssen nur eine stärkere Rolle einnehmen als bisher. Das ist unsere Chance. Sie wissen, dass das chinesische Wort für *Krise* aus *Gefahr* und *Chance* besteht. Der griechische Ursprung des deutschen Wortes *Krise* ist der Zeitpunkt bei einer Krankheit, in dem es sich entscheidet, ob sie sich zum Guten oder zum Schlechten wendet. Ich denke, wir sollten Asien nicht als Gefahr sehen, sondern als Chance für Europa. Wir können von China lernen, bereit für neue (digitale) Entwicklungen zu sein und schneller zu reagieren.

Welche sind für Sie die aktuellen Top-Themen in der chinesischen Digitalwelt?

Künstliche Intelligenz und Digitalisierung allgemein, nicht nur in Theorie und Forschung, sondern vor allem auch in der Praxis, hier die Gesichtserkennung.

Video-Interview:

Interview: Zukunft? China! - Wie China neue Tech-Weltmacht wird
Frank Sieren

Frank Sieren arbeitet seit 1996 als China-Korrespondent und Kolumnist u.a. für die Süddeutsche Zeitung, das Handelsblatt, die Wirtschaftswoche, Die Zeit und den Tagesspiegel. Darüber hinaus ist er Autor mehrerer Buch-Bestseller und TV-Dokumentationen. Sieren lebt seit einem Vierteljahrhundert in Peking und ist damit ein wichtiger langjähriger Beobachter des wirtschaftlichen Aufstiegs Chinas.

Herr Sieren, Sie leben seit fast drei Jahrzehnten in China. Wie haben Sie China bei Ihren ersten Reisen erlebt und wie hat sich die chinesische Digitalwelt in dieser Zeit verändert?

Als ich 1994 nach China kam, gab es noch keine Digitalwelt. Damals musste ich noch mit einer Telefonkarte zur Telefonzelle, um nach Deutschland zu telefonieren. Das hat sich dann sehr schnell geändert und China hatte dabei einen Vorteil: Dadurch, dass noch keine alte Infrastruktur da war, gab es auch keine Widerstände gegen neue Entwicklungen. China konnte uns dadurch in der Digitalisierung überholen. Ein Beispiel hierfür ist die 5G-Technologie. Während Shenzhen, die Grenzstadt zu Hongkong, bereits komplett damit ausgestattet ist, diskutieren wir noch darüber, wie und ob wir sie überhaupt einführen wollen. Ähnlich ist es beim Autonomen Fahren. 30 Jahren haben die Chinesen gebraucht, um das spitzenmäßig herzustellen, was wir erfunden haben. Seit rund zehn Jahren arbeiten sie sich mit ihren eigenen Innovationen an die Weltspitze vor. Inzwischen haben sie Technologie, über die wir nicht verfügen: Zum Bespiel E-Auto-Batterien. So etwas war 1994 natürlich undenkbar – trotz aller Aufbruchstimmung.

China hat 2019 erstmals die USA bei der Zahl der Patentanmeldungen überholt. Wie hat sich das Land vom „Copycat"- und „Made in China"-Image in eine Ideen- und Innovationsfabrik verwandelt?

Dieses Image hat sich durch ein (in diesem Fall positives) Zusammenspiel aus Staat und Wettbewerb gewandelt. Wenn es um Innovation, Forschung und Entwicklung geht, hat der Staat verstanden, dass Innovation Erfinder-Freiheit, aber auch Wettbewerb braucht. Darum hat sich der Staat gekümmert. Und die Regierung hat rechtzeitig erkannt, wann sie handeln muss. Der Anlass bei Künstlicher Intelligenz war der Sieg eines Computers über einen Go-Spieler. Dazu muss man wissen, dass Go sehr viel komplexer ist als Schach. Beim Schach konnten Computer bereits Anfang der 90er-Jahre gewinnen. Politikern in China, die auch Go spielen, war daraufhin schlagartig klar, welches Potenzial die Künstliche Intelligenz haben muss. Daraufhin wurden mehrere Forschungszentren eingerichtet und üppig ausgestattet. Den Rest haben die Kräfte des Wettbewerbs erledigt. Der Staat hat kaum eingegriffen. Das ist eines der Erfolgsgeheimnisse von China.

Wie unterscheidet sich in diesem Zusammenhang die Mentalität der ChinesInnen von der der Deutschen?

Ich glaube, es ist eine Frage der Mentalität, also eine kulturelle Frage, aber auch eine Frage des wandelnden Machtverhältnisses und der jeweiligen Entwicklungsstufe. China war etwa vor 150 Jahren in der Entwicklungsphase, in der wir uns jetzt befinden. Anfang bis Mitte des 19. Jahrhunderts war China, das Reich der Mitte, vom Erfolg träge geworden und fühlte sich aber anderen Ländern noch immer haushoch überlegen. Deswegen haben sie mal eben die Kraft der industriellen Revolution in Europa unterschätzt. Sie konnten sich schlicht nicht vorstellen, dass die Europäer am anderen Ende der Welt irgendetwas sinnvolles zu Stande bringen würden. Die neue Technologie half den Europäern dann, Teile Chinas zu erobern. China wurde teilkolonialisiert, es gab Aufstände, Bürgerkrieg, das Kaiserreich zerbrach.

Erst im letzten Moment hat China noch „die Kurve gekriegt". Mao Zedong gelang es, das Land wieder zu einen. Er machte jedoch einen großen Fehler. Er glaubte fast bis zu seinem Tod, China schaffe es aus eigener Kraft wieder Weltmacht zu werden. Der Verdienst von seinem Nachfolger, dem Reformer Deng Xiaoping, war es, einzusehen, dass China es auf eigene Faust nicht schaffen kann, sondern sich vom „Klassenfeind", von den Imperialisten helfen lassen muss. Das war eine sehr schwierige, gerade revolutionäre Erkenntnis, für die Menschen und die Politiker im Land, das sich lange für das Reich der Mitte hielt, als ein Reich, dem kein anderes Land ebenbürtig ist. Die Aufbruchsmentalität, die er damit entfacht hat, hält im Grunde bis heute an. Nun sind wir im Westen in der Stagnationsphase. Wir sind eher skeptisch gegenüber Veränderungen aus anderen Teilen der Welt und müde, allenfalls wollen wir das Erreichte erhalten. Es geht also gar nicht um weniger Entwicklungsmöglichkeiten, wir sind langsamer, träger – aber vielleicht auch überlegter. Das bedeutet nicht, dass in China alles besser läuft. Sie befinden sich einfach in einer anderen Entwicklungsphase. Verstärkt wird dies noch durch eine kulturelle Mentalität, bei der man in Asien eher geneigt ist, über die unterschiedlichen politischen Systeme hinweg, sich als Einzelner im Sinne der Gemeinschaft vorübergehend zurückzunehmen, um dann wieder persönlich von den gemeinsamen Erfolgen zu profitieren. Im Westen hingegen lautet die Devise eher „Ich gegen die anderen".

Was die Machtverhältnisse betrifft, konnte die Minderheit des Westens rund 500 Jahre die Spielregeln der Mehrheit der Welt bestimmen. Nun sagt die Mehrheit in Asien aber auch in Afrika und anderswo: Wir wollen jetzt mal selbst entscheiden. Da kommt die alte traditionelle Machtbalance ins Rutschen und wird sich vermutlich für immer verschieben. Selbst Trump war nicht in der Lage, das zu ändern.

Sie leben in China, sind aber oft auch in Deutschland. Wie erleben Sie den Unterschied zwischen Deutschland und China im Bereich der Digitalisierung im Alltag?

Im Alltag in China wird man überall mithilfe von Kameras und Gesichtserkennung überwacht, was sowohl Vor- als auch Nachteile hat. Ein Nachteil ist, dass der Staat zu jeder Zeit weiß, wo man ist und was man macht.

Man wird zum gläsernen Menschen. Der Vorteil ist, China ist extrem sicher. Die Wahrscheinlichkeit überfallen oder bestohlen zu werden, ist sehr viel geringer.

Ein anderes Beispiel ist WeChat oder Alipay. Man kann einfach mit dem Smartphone in Sekunden bezahlen, indem man den QR-Code am Tisch scannt. Man muss nicht einmal nach einer Bedienung fragen. In manchen Restaurants braucht man nicht einmal ein Smartphone. Das eigene Gesicht reicht. Die elektronischen Zahlungsströme verhindern Korruption und Steuerhinterziehung. Der Nachteil wiederum: Die Regierung kann genau verfolgen, wer wem was wann bezahlt. Klar ist, die Chinesen wägen die Vor- und Nachteile anders ab als wir. Das kann sich aber ändern. Das neue Datenschutzgesetz, das gerade verabschiedet wird und das sich sehr eng an dem europäischen Datenschutzgesetz orientiert, weist in diese Richtung.

Waren deshalb die Menschen auch offener gegenüber der digitalen Überwachung während der Coronakrise?

Ja. Und zwar nicht nur auf dem Festland in China, sondern auch in Hongkong, wo die Menschen viel kritischer der Politik Chinas gegenüberstehen. In Hong Kong wurde eine App akzeptiert, in der jeder Coronaerkrankte in seinem jeweiligen Gebäude in Echtzeit eingezeichnet wurde, mit Geschlecht und Alter. Damit war den Hausbewohnern natürlich schnell klar, wer das sein könnte. Die App hatte jedoch den Vorteil, dass die Entwicklung des Ausbruchs stets bekannt war und man sich extra vorsichtig verhalten konnte, sobald ein Fall im eigenen Haus aufgetreten ist. Ein Nachteil daran ist, dass die App ermöglicht, Daten zu sammeln, die auch über Corona hinaus verwendet werden. Selbst die Menschen in Hongkong wägen den wirtschaftlichen Schaden und die Einschränkungen der persönlichen Freiheit anders ab als wir im Westen. Wir tun das in vielen Bereichen. Es gibt zum Beispiel einen moralischen Konsens in Europa, dass uns die Möglichkeit, schnell Auto zu fahren über 20.000 Tote im Jahr wert ist. Wir schränken zwar den Spielraum des Autos immer weiter ein, aber eben in so kleinen Schritten, dass es weiterhin viele Tote gibt. Das ist unsere moralische Abwägung, diese fällt in unterschiedlichen Weltregionen eben unterschiedlich aus. Das ist ja schon innerhalb Europas so. In Deutschland gibt es kein generelles Tempolimit. In der Schweiz liegt es, wie in China, bei 120. Die Deutschen halten Atomkraft für zu gefährlich. Die Franzosen und die Chinesen gehen die Risiken ein. Wir sollten uns darauf einstellen, dass die moralischen Entscheidungen in Asien einen immer größeren Einfluss auf die Weltordnung haben.

Warum wird der Einfluss größer?

Wer neue Technologien erfindet, die weltweit prägend sind, kommt auch immer mehr in die Lage, die Standards zu setzen. Früher ging es darum, wer die größte Armee hat, heute basiert die Macht von Nationen immer mehr auf neuen Technologien, die alle brauchen und haben wollen. Lange hatte der Westen die technologische Vorherrschaft. Das ist heute nicht mehr so. Das kann man sehr gut bei der Autoindustrie sehen. Lange waren wir fortschrittlich. Plötzlich haben die Chinesen mit den Batterien in der Elektromobilität die bessere Technologie als wir. Und zum ersten Mal in der Geschichte bauen Chinesen in Europa Batteriefabriken, also Fabriken, die Produkte herstellen, über deren Technologie wir selbst nicht verfügen. Das ist ein historischer Umbruch. China ist nicht nur in der Lage im eigenen Land Standards zu setzen, sondern auch in der Welt. Das hat viele Menschen im Westen überrascht. Wir haben im Westen eine Neigung, uns mehr mit den Schwächen Chinas zu beschäftigen, statt mit dessen Stärken. Das hat dazu geführt, dass wir China unterschätzen.

Wie revolutioniert China die Bereiche E-Mobilität und autonomes Fahren?

Die neue Technologie entsteht, weil der Leidensdruck, den die traditionellen Autos in den großen Städten Chinas erzeugen, viel größer ist als im Westen: Diese Mischung aus Dauerstau und verpesteter Luft. Unter diesem Druck sind wettbewerbsfähige E-Autos entstanden und das Autonome Fahren mittels 5G oder Radartechnologien. Dass man in einem Land wie China schnell an viele Daten kommt und dass die Computer und Ingenieure viel schneller Erfahrung sammeln können, beschleunigt die Entwicklung. Hinzu kommt, dass die Menschen in China viel offener für neue Technologien sind und sich, wie wir schon festgestellt haben, weniger Sorgen um den Umgang mit Daten machen. Wenn man dann noch einen Staat hat, der die Entwicklung neuer Technologie fördert, hat man gewissermaßen die perfekte Welle.

Für ihr neustes Buch „Shenzhen - Zukunft Made in China" haben Sie viel in Shenzhen recherchiert. Was war für Sie besonders spannend?

Mich hat am meisten die Breite der Innovation überrascht. Es geht eben nicht nur um 5G, um Drohnen von DJI oder um Autonomes Fahren. Es geht um viel mehr: Um die Frage, was wir in Zukunft essen. Schon jetzt ist klar, die Chinesen können pro Kopf nicht so viel Fleisch konsumieren wie die Amerikaner. Es geht um die Frage, wie wir in Zukunft wohnen und arbeiten werden, es geht darum, wie wir mit neuer Technologie Krankheiten schneller erkennen und länger gesund bleiben, wie man Natur und Großstadt vereinen kann, wie man weniger Energie verbraucht. Es geht um neue Strömungen der Subkultur, die global prägend werden können. Das alles wird in dieser Stadt diskutiert, die - was das Durchschnittsalter betrifft - zu den jüngsten der Welt zählt, über zehn Jahre jünger als Berlin, eine der der jüngsten Großstädte in Europa. Die großen Architekten der Welt können in Shenzhen auch deswegen viel Neues ausprobieren, weil das Geld dafür da ist.

Die zweite Überraschung war, wie sehr Shenzhen immer mehr zum zweiten Silicon Valley wird. Viele internationale Entwickler-Teams siedeln auch von außerhalb Chinas nach Shenzhen um, weil man dort viel schneller entwickeln kann. Von der Gründung eines Start-ups bis zum IPO braucht man in der Regel nur die Hälfte der Zeit, die man im Silicon Valley braucht. Und das führt zu einer spannenden Start-up- und auch Kulturszene. Gerade bei Hardware-Innovation hat man in Shenzhen alle elektronischen Teile vor Ort, weil dort viel hergestellt wird. Schon heute gibt es keinen Ort der Welt, wo ein Produktionsstandort, die Forschungszentren und mit Hongkong ein Finanzenzentrum so dicht beieinander liegen.

Was können wir von China im Bereich Innovationen in Zusammenhang mit der digitalen Welt lernen?

Wir müssen uns im Grunde zunächst alles anschauen, was neu ist und es daraufhin prüfen, was davon für uns nützlich sein könnte. Aber wir müssen auch herausfinden, was uns daran stört, um Regeln für den Umgang mit den neuen Technologien zu finden, die wiederum unseren Vorstellungen entsprechen. Wir können sicherlich China nicht mehr zwingen, unseren Regeln zu folgen, aber wir können in Europa Regeln etablieren, die so fortschrittlich sind, dass sie die Chinesen überzeugen. So wie es derzeit beim Datenschutzgesetz ist, das die Chinesen übernehmen. Technologien einfach zu verbieten, wie Donald Trump das versucht hat, ist auf Dauer nicht sinnvoll, weil sich gute Technologien so oder so ihren Weg suchen. Um selbst technologisch vorne zu bleiben, müssen wir uns viel mehr als früher, als wir die Spielregeln bestimmen konnten, in die Lage der Chinesen versetzen und herausfinden, aus welcher Perspektive sie auf die Welt schauen und was ihnen wichtig ist.

Welche sind für Sie die aktuellen Top-Themen in der chinesischen Digitalwelt?

Aktuelle Top-Themen sind 5G mit den Chancen und Risiken, die dabei entstehen, sowie Künstliche Intelligenz und die neuen Mobilitätskonzepte aus China. Themen, die miteinander verbunden sind und sich teilweise auch überschneiden.

 Interview: Die chinesische Mobile Only-Gesellschaft und ihre Entwicklung

Yun Qiu

Yun Qiu ist selbstständige Online Marketing-Beraterin bei Digital Spirit Marketing, mit den Schwerpunkten Strategien-Entwicklung, SEA und Social Media. Als gebürtige Chinesin beschäftigt sich Yun Qiu viel mit Online-Marketing in China und der außerordentlichen digitalen Entwicklung dort. Yun Qiu berät u.a. deutsche B2B-Unternehmen in China und bietet 1-zu-1-Beratungsgespräche und Teamworkshops zum China-Marketing, um die Unternehmen individuell auf ihren ersten Schritt in den chinesischen Markt vorzubereiten.

Frau Qiu, China hat sich in den letzten Jahren sehr schnell von einem Mobile First zu einem Mobile Only-Land entwickelt. Wie ist es zu dieser Entwicklung gekommen?

Ja, das ist richtig. Ich würde sagen, die digitale Entwicklung in China hat einen Vorsprung von mindestens fünf Jahren im Vergleich zur Entwicklung im europäischen Raum. In China beobachte ich, dass sich der sogenannte Mobile Only-Trend etabliert. Das bedeutet, dass die Chinesen hauptsächlich über Smartphones zu erreichen sind und damit ihren Alltag organisieren. Das ist bei uns noch lange nicht der Fall. Ich komme aus der Ecke SEO (Suchmaschinenoptimierung) und beobachte, dass auch Google sich langsam, aber stetig mit der mobilen Optimierung von Webseiten beschäftigt. Webseiten, die für User nicht mobiloptimiert sind, werden immer weniger für das Ranking bei Google berücksichtigt, auch weil Google jetzt die Relevanz und Wichtigkeit der mobilen Optimierung erkennt. Schließlich wird es in Zukunft auch bei uns eher, oder eventuell auch ausschließlich, in Richtung mobile Smartphone-Lösungen gehen und weg von Desktop-Lösungen.

Bei dieser Entwicklung steckt Deutschland im Vergleich zu China noch in den Kinderschuhen. Das hat damit zu tun, dass der chinesische Markt wahnsinnig rasant und dynamisch ist, weshalb die Chinesen dadurch immer angetrieben sind, „auf Trab" zu sein, um mit ihren Wettbewerbern mithalten zu können. Aber auch im Allgemeinen sieht China viel Potenzial in der Technologie und im digitalen Zeitalter, weshalb auch mehr investiert und ausprobiert wird. Wenn es um Fortschritt und Entwicklung geht, kennen Chinesen keine Scheu und haben den Mut, neue Dinge auszuprobieren, die Vorteile in ihr Leben bringen könnten.

Außerdem würde ich sagen, dass der Datenschutz auch eine entscheidende Rolle spielt und die Geschwindigkeit der Digitalisierung in China fördert. Der Datenschutz in Deutschland ist gut gemeint, aber wenig förderlich für die Entwicklung der Wirtschaft. Ich würde sagen, es sind zwei unterschiedliche Kulturen, dadurch herrschen andere Sitten und unterschiedliche Prioritäten. Aufgrund der unterschiedlichen politischen Systeme gibt es in Deutschland und China auch jeweils einen unterschiedlichen Fokus: In China wird das kollektive Wohl in den Vordergrund gerückt, wohingegen in Deutschland mehr auf das Individuum geachtet wird. Wenn etwas für die Allgemeinheit sinnstiftend ist, wird es in China mit Offenheit begegnet und ausprobiert.

Welche Unterschiede gibt es in China und Deutschland in Bezug auf das Phänomen Mobile Only?

Beim Thema Mobile Only zeigen Statistiken ganz deutlich, dass bereits 99 % der Chinesen mobil online sind. Ein Unterschied zwischen China und Deutschland lässt sich am Beispiel des E-Mail-Marketings verdeutlichen. Wir erreichen in Deutschland durch kontinuierlichen Content als Newsletter Kundengruppen, von denen wir bereits Leads gesammelt haben. Der Unterschied in China ist, dass E-Mail-Marketing dort nicht funktioniert. Das hängt stark mit der Mobile Only-Entwicklung zusammen. In China werden auch Leads gesammelt, doch anstelle von E-Mail-Adressen werden in China Telefonnummern bei einer Registrierung oder Anmeldung gefordert. Das bedeutet nicht, dass man über das Smartphone keine E-Mails abruft, jedoch wird in China für fast alles, wofür in Deutschland E-Mail-Adressen verwendet werden, die Mobiltelefon-Nummer abgefragt. Das SMS-Marketing funktioniert in China tatsächlich sehr gut. Unter anderem, weil Chinesen heutzutage ihre Smartphones immer dabeihaben und so viel Zeit damit verbringen. An Wichtigkeit und Notwendigkeit steht das Handy mittlerweile ganz oben auf der Liste und durch SMS erreicht man die Nutzer daher am besten. Was ich in Deutschland bei manchen Anbietern mittlerweile auch schon beobachten kann, ist, dass diese ebenfalls in Richtung Kaufpromotion in Form von SMS-Marketing gehen. Tatsächlich ist das aber bei der Mehrheit noch nicht angekommen.

Wenn es um das Bezahlen geht, gibt es in China ebenfalls große Unterschiede zu Deutschland. Selbst in einer Metropole wie Berlin kann man heutzutage in vielen großen Restaurants immer noch nicht mit Kreditkarten bezahlen, während man in China schon bei einem noch so kleinen Gemüseverkäufer oder Street Food-Stand digital bezahlt. Oft erkennt man die Option zum digitalen Bezahlen an einem QR-Code-Schild für das Bezahlen per App.

Dasselbe gilt auch für die meisten lokalen Geschäfte. Besonders in Stoßzeiten oder bei großem Andrang in den Geschäften wird der Bezahlprozess durch digitale Bezahlmöglichkeiten beschleunigt. Kein langes Warten in der Schlage und keine langen Warteschlangen im Geschäft. Was ich sonst noch beobachtet habe, neben der reinen Nutzer- bzw. Kundenfreundlichkeit, ist die gleichzeitige „Conversion-Optimierung" aus wirtschaftlicher Sicht. Innerhalb von zehn Minuten können 20 Kunden bedient werden, anstatt nur fünf Kunden in der gleichen Zeit mit einem normalen Kassensystem.

Ein weiteres Beispiel ist das Livestreaming, das besonders seit der Corona-Krise populär wurde. Viele Unternehmen, KOLs (Key Opinion Leader) und Personen des öffentlichen Lebens haben diese Möglichkeit für sich entdeckt und vermarkten ihre Produkte oder teilen ihre Geschichte über Live-Interaktion mit ihren Fans. Diese Tendenz ist auch schon im Westen zu beobachten. Eine Strategie, die sich scheinbar langsam etabliert und erfolgreich wird. Doch an sich ist das nichts Neues. Livestreaming ist nichts anderes als Teleshopping, nur auf ein neues Medium verlagert und dadurch neu interpretiert.

Welche Rolle spielt WeChat in der Entwicklung zu Mobile Only?

Das mobile Zahlungsmittel ist in China bereits sehr ausgereift. WeChat ist dabei einer der größten Dienste für Mobile-Payment, neben Alipay von Alibaba. Die App wurde 2011 gelauncht und war ursprünglich als eine Instant Messaging-Applikation konzipiert, ähnlich wie WhatsApp. Jedoch kann man mit WeChat mittlerweile weitaus mehr machen. In Deutschland gibt es für jede noch so kleine Funktion eine eigenständige App, z.B. für das Lesen von QR-Codes, worüber ich wirklich schmunzeln muss. Dagegen ist WeChat eine All-in-One-App mit ganz vielen ungeahnten Möglichkeiten. Man kann mit

Freunden chatten, wie in einem sozialen Netzwerk sein Leben teilen, man kann damit aber auch bezahlen und Geld versenden.

Geld verschenken hat in China eine lange Tradition. Besonders zu den großen Feiertagen wie das chinesische Frühlingsfest (Neujahr) oder bei Hochzeiten. Dabei wird das Geld nicht einfach so übergeben, sondern immer in einem roten Umschlag, der nur für diese Tradition vorgesehen ist und auch in Geschäften gekauft werden kann. „Hongbao" wird er genannt und bedeutet direkt übersetzt „roter Umschlag". Nachdem der Empfänger das Geld als Geschenk erhalten hat, wird der Umschlag nicht vor anderen Personen geöffnet und geschaut, wie viel Geld sich darin befindet. Es ist in China allgemein nicht üblich, Geschenke vor den Schenkenden zu öffnen. Der Umschlag wird erst später nach der Feier geöffnet, um Respekt zu zeigen. WeChat hat diesen roten Umschlag in die App integriert und ermöglicht vielen Chinesen auf diese Weise, den Umschlag digital zu versenden, ohne direkt vor Ort zu sein. Hier wird das Versenden des Hongbao also 1:1 von der Online-Applikation übernommen, nur eben ohne physische Grenze - was den Transfer viel schneller macht. Der Unterschied zum „normalen" digitalen Geldversenden liegt darin, dass der Betrag auch in der App nach dem Empfang nicht bekannt ist. Erst nachdem man den Hongbao per Klick öffnet, wird der Betrag offengelegt.

Welche sind für Sie die aktuellen Top-Themen in der chinesischen Digitalwelt?

Livestreaming, KOL-Marketing (Key Opinion Leader) und Kurzvideos.

Video-Interview:

Interview: Start-ups, E-Mobilität und KI in China
Till Ammelburg

Till Ammelburg studierte Chinawissenschaften an der Universität Leipzig und der FU Berlin. Er interessierte sich früh für die Dynamiken der gegenwärtigen chinesischen Gesellschaft und Wirtschaft. Seit 2006 führten ihn unterschiedliche Tätigkeiten nach China, zuletzt war er als Berater von deutschen mittelständischen Unternehmen in Shanghai tätig. Seit 2017 ist Till Ammelburg wieder in Berlin und unterstützt bei TechCode europäische Start-ups mit Technologien u.a. aus den Bereichen KI, Mobilität und Industrie 4.0 dabei, im chinesischen Markt Fuß zu fassen.

Herr Ammelburg, bei TechCode unterstützen Sie europäische Start-ups dabei, sich in China zu etablieren. Wie funktioniert die digitale Start-up-Szene in China?

Wenn man sich die Start-up-Szene anschaut, ist diese auch in China, wie auf der ganzen Welt, in Städte bzw. Ökosysteme aufgeteilt. Aktuell sind Shanghai, Peking und Shenzhen die prominentesten Start-up-Städte, aber die Entwicklung geht mit Hangzhou und Wuhan weiter und es kommen ständig neue Städte hinzu. Dabei gibt es in der Szene zum einen die Top-down-Perspektive, in der die Regierung durch Strategien und Investments eine Richtung vorgibt. Zum anderen gibt es aber auch die Bottom-up-Perspektive. Schaut man sich die großen Tech-Konzerne wie Tencent, Baidu und Alibaba an, sind diese nicht aus der Regierung heraus entstanden, sondern hier stecken Vollblut-Unternehmer dahinter. Später ist die Regierung auf diese Unternehmen aufmerksam geworden, sie hat die Entwicklungen für interessant befunden, hat realisiert, wie wichtig KI ist und hat dann entschieden, zu investieren und zu schauen, was sie für sich selbst und die weitere Digitalisierung des Landes verwenden kann. Heute sind Baidu, Alibaba und Tencent zudem nicht nur die größten digitalen Firmen in China, sondern auch starke Investoren, die die digitale Welt vorantreiben. Sie investieren in viele Start-ups, stellen sich breit auf und probieren verschiedenste Geschäftsmodelle aus. Generell hat man in China viel Top-down durch die Regierung mit Initiativen, Strategien und Planung, aber auch eine sehr starke Bottom-up-Unternehmerkultur.

Gibt es grundsätzliche Unterschiede zwischen der Start-up-Kultur in China und Europa?

Ja, absolut. Da würde ich gerne auf Kai-Fu Lee zurückgreifen. Er sagt, in China wollten Unternehmer hauptsächlich Geld verdienen und im Westen wollten

Unternehmer eine Idee haben, die einzigartig und innovativ ist. Im Westen schaut man nicht links und rechts, sondern macht sein Ding. In China ist es für einen Gründer nicht verwerflich, sich funktionierende Geschäftsmodelle und Technologien im Detail anzuschauen, sie zu übernehmen und zu verbessern. Wir stellen in letzter Zeit fest, dass dieser Ansatz sehr erfolgreich ist, insbesondere wenn man sich ein Unternehmen wie Bytedance anschaut, das bestehende Geschäftsmodelle von Facebook und Instagram zunächst „nachgemacht" hat, um diese danach weiter zu innovieren. Das ist ein kultureller Unterschied, den man nennen kann. Gleichzeitig muss man diese Annahmen vor dem Hintergrund der enormen Dynamik in China ständig neu überprüfen.

Welche Herausforderungen haben deutsche Unternehmen, wenn sie nach China gehen, speziell im digitalen Bereich?

Wenn man wirklich von einem Start-up spricht, mit einem digitalen, skalierbaren Geschäftsmodell, steckt die Expansion nach China tatsächlich noch in den Kinderschuhen. Es gibt nur wenig europäische Start-ups, die in China schnell loslaufen und aktiv werden. Die größte Herausforderung, die ich immer wieder sehe, ist, überhaupt erstmal herauszufinden, wie man an den chinesischen Markt oder in das chinesische Ökosystem kommt. Es kostet erst einmal unglaublich viel Zeit herauszufinden, ob es für ein Start-up sinnvoll ist, Ressourcen einzusetzen, bevor es Mitarbeiter dorthin schickt. Die erfolgreichsten europäischen Start-ups sind dabei die, die China nicht nur als Markt betrachten, sondern als Stand-Alone-Markt und ein komplett eigenständiges china-fokussiertes Konzept vom ersten Tag an entwickeln. Im digitalen, hochtechnologischen Bereich ist es sehr komplex und man muss viel für die Kunden vor Ort lokalisieren. In Bezug auf die großen digitalen Firmen, die die Start-up-Phase hinter sich gelassen haben, wie z.B. Uber, LinkedIn, Facebook oder Evernote lässt sich sagen, dass die erfolgreichsten Unternehmen in China diejenigen waren, die Lokalisierung besonders ernst genommen haben. Sie haben ihre Produkte manchmal vollkommen neu erfunden und an die Konsumbedürfnisse des Kunden vor Ort angepasst. Zudem sind diese Unternehmen nicht auf Konfrontationskurs mit der Regierung gegangen, sondern haben sich sehr stark an die regionalen Regularien angepasst. Und nicht zuletzt haben sie viel Autonomie an das lokale, chinesische Management abgegeben und lokale Prozesse aufgebaut.

Für die Lokalisierung können auch bestehende Geschäftsbeziehungen im Heimatmarkt genutzt werden. Spricht man zum Beispiel von einem Start-up aus dem Automobilbereich in Deutschland, so werden viele deutsche Kunden dieses Unternehmens bereits seit langem in China aktiv sein. Über diese vertrauten Geschäftsbeziehungen den chinesischen Markt anzugreifen, ist eine bewährte Strategie. Ein Großteil der deutschen Unternehmen, die heute in China sind, sind durch diesen „Customer Pull"-Effekt nach China gegangen. Besteht die Möglichkeit der bereits vorhandenen Geschäftsbeziehungen nicht, ist und bleibt „Partner" das Zauberwort. Das kann ein Investor, ein chinesischer Joint Venture Partner, ein Co-Founder oder ein einfacher Mitarbeiter sein. Es klingt banal, die größte Herausforderung ist aber wahrscheinlich, diesen Partner ausfindig zu machen.

Wie revolutioniert China die Bereiche E-Mobilität, Autonomes Fahren und KI?

China hat als Staat früh begonnen, Strategien für verschiedene Bereiche zu formulieren und auch umzusetzen. So konnten auch neue Technologien vorangetrieben werden. Dabei hat China gerade bei den NEV (New Energy Vehicles) und den ICV (Interconnected Vehicles) stark Top-down-Anreize geschaffen und Geld zur Verfügung gestellt, nicht nur auf Zentralregierungsebene, sondern auch auf Lokalregierungsebene. Auch bei KI, Blockchain, 5G oder anderen neuen Technologien sehen wir diese Anreizstrukturen. Schaut man sich den Verkehr an, steht China vor größeren Herausforderungen als der Westen, gerade bei der Auslastung, Effizienz, Sicherheit, aber auch Nachhaltigkeit. Nimmt man die Effizienz als Beispiel, hat China erkannt, dass der motorisierte Individualverkehr, dem wir in Deutschland immer noch huldigen, keine Zukunft hat, weil er die Städte einfach zu stark verstopft. Daher werden Konzepte wie E-Mobilität, Autonomes Fahren, Shared Mobility, Smart City und 5G vorangetrieben, um dem statusgetriebenen MIV (motorisierten Individualverkehr), der sowohl für die Regierung (Wirtschaftswachstum) als auch für die Kunden (Status) natürlich noch wichtig ist, auf lange Sicht eine effizientere, nachhaltigere und zukunftsfähigere Mobilitätslösung gegenüberzustellen.

Gleichzeitig versucht China, die wirtschaftliche Wettbewerbsfähigkeit des eigenen Landes zu fördern. Gerade im Bereich E-Mobilität können wir das sogenannte „Leap-Frogging" als Strategie zur Förderung der Wettbewerbsfähigkeit gut beobachten. China versucht durch staatliche Förderung die Entwicklung des Verbrenners zu überspringen, dabei gleich in die E-Mobilität zu gehen und diese immens voranzutreiben, um sich damit im Markt stärker zu positionieren und gegenüber ausländischen Automobilherstellern besser dazustehen.

Trägt die Mentalität der ChinesInnen dazu bei, dass Innovationen in Bereichen wie KI und E-Mobilität schneller akzeptiert werden als in Deutschland?

Ich würde dem zustimmen, aber noch interessanter finde ich: Wie ist so eine „Mentalität" entstanden? Digitale Dienstleistungen und Plattformen haben das ganze Leben vieler Menschen viel stärker als bei uns zum Positiven verändert: Wenn man beispielsweise ein Bauer auf dem Land ist, lebte man bis vor ein paar Jahren noch abgeschnitten von der großen Stadt und an der Armutsgrenze. Heute hat man die Möglichkeit, über Tmall online die eigenen landwirtschaftlichen (oder auch andere) Produkte zu verkaufen. Gerne bringe ich auch das Beispiel der Bäuerin, die ein Tulpenfeld bewirtschaftet. Durch die Digitalisierung kann sie im Handumdrehen ein Nebeneinkommen generieren, indem sie es Touristen ermöglicht, auf sie aufmerksam zu werden und sich vor dem Feld fotografieren zu lassen. Das sind nur wenige Beispiele der einschneidenden, positiven Erlebnisse, die zu einer rationalen, pragmatischen Offenheit gegenüber neuen Technologien führen.

Welche chinesischen Unternehmen aus den Bereichen KI und E-Mobilität sollten wir in Zukunft im Blick behalten?

Für KI könnte man auf die sogenannte „Blacklist" schauen, die die amerikanische Regierung herausgegeben hat mit Firmen, die nicht mehr mit den USA zusammenarbeiten dürfen. Für diese Liste wurde recherchiert, welche Unternehmen die stärksten sind und die fortschrittlichsten Technologien haben. Megvii, Face^{++} und SenseTime sind einige davon. Auch Horizon Robotics ist sehr interessant im Bereich Autonomes Fahren. Es gibt außerdem viele Hidden Champions und Underdogs, die man überhaupt nicht „auf dem Schirm hat". Malong zum Beispiel macht AI Vision-Software.

Im Bereich E-Mobilität sollten wir Nio, Weltmeister oder Byton am ehesten auf dem Radar behalten. Diese neuen E-Autohersteller aus dem Luxussegment werden sich in der Liga von Tesla etablieren und auch die Markenvorherrschaft (die immer noch groß ist) der deutschen Autohersteller in China herausfordern.

Was können wir in den Bereichen Mobilität und KI von China lernen?

Generell ist die Frage nicht einfach zu beantworten, weil Chinas politisches System schwer mit dem unsrigen zu vergleichen ist. In Europa kann man schwer einen Fünf-Jahres-Plan erstellen, aber wir müssen uns verstärkt von einzelnen Werkzeugen der Zentralregierung und auch der Lokalregierungen inspirieren lassen. Im Bereich KI investiert die chinesische Regierung sehr erfolgreich zusammen mit Venture Capitalists in Start-ups und schützt die VCs im Falle eines Ausfalls, wodurch eine positive Investitionskultur gefördert wird. Das ist nur eins von ganz vielen Beispielen. Unternehmen und Universitäten, die in Technologie-Bereichen forschen, werden mit Fördergeldern unterstützt und es gibt zahlreiche konkrete Strategien und Pläne, mit denen Anreize geschaffen werden.

Auch den Ansatz des Testprojekts muss man verstärkt nutzen. Das Berliner Projekt, die Friedrichstraße für eine Zeit als Fußgängerzone zu deklarieren geht in diese Richtung. Es ist zeitlich begrenzt, besitzt einen geringeren Bürokratieaufwand und kann dann im Idealfall mit mehr Rückenwind und konkreten Ergebnissen einfacher durch Gremien gebracht und realisiert werden. Dieses Trial-and-Error-Prinzip ist den Chinesen schon lange in Fleisch und Blut übergegangen. Ich glaube, wir sehen es bereits aktuell im Westen vermehrt, ohne es als „von China gelernt" ausgewiesen zu haben.

Welche sind für Sie die aktuellen Top-Themen in der chinesischen Digitalwelt?

Meiner Meinung nach gibt es vor allem drei Spannungsfelder, die stärker werden: Wirtschaftlich, technologisch und gesellschaftlich.

Im wirtschaftlichen Kontext werden sich mehr chinesische Unternehmen internationalisieren, was zum Spannungsfeld einer Internationalisierung vs. Abschottung vor den USA führen wird.

Akademisch und technologisch findet man auf der einen Seite einen großen Wettkampf im Bereich KI zwischen China und den USA statt. Auf der anderen Seite besteht aber auch eine jahrzehntelange fruchtbare Kooperation. Es wird spannend zu sehen, wie diese fortgeführt werden bzw. wie diese Kooperationen weiter sowohl von China als auch seitens westlicher Länder weiter gestaltet werden.

Im Bereich der Gesellschaft muss man feststellen, dass die Überwachung seitens der Autoritäten zunimmt, dass sich aber auch Datenschutz- und Datensicherheitsbewegungen der chinesischen KonsumentInnen von digitalen Produkten entwickeln – damit entsteht ein weiteres Spannungsfeld und Top-Thema für die nächsten Jahre.

Video-Interview:

Interview: Was China im Bereich Innovationen besser als Europa macht

Nick Sohnemann

Nick Sohnemann ist Gründer und CEO der Hamburger Innovationsagentur FUTURE CANDY und einer der führenden Experten Europas im Bereich Trends und Innovationsforschung. Als pragmatischer Problemlöser und strategisches „Business Brain" unterstützt er seit 2008 Unternehmen auf ihrem Weg zur Innovation. Als Keynote-Speaker für Trend- und Innovationsthemen inspiriert Nick Sohnemann Menschen aus allen Unternehmensbereichen. Für ihn ist klar: „The future is digital."

Herr Sohnemann, um am Puls der Zeit zu bleiben, haben Sie in den letzten Jahren im Bereich Trends und Innovationen immer mehr den Blick auf China geworfen. Was waren Ihre Beweggründe, ausgerechnet nach China zu schauen?

Nach dem Kalten Krieg zwischen den USA und der UdSSR konnte die ganze Welt dabei zusehen, wie aus China eine Supermacht geworden ist. In den letzten Jahren haben wir beobachtet, wie China politisch auf der Weltbühne steht und dort Lücken füllt, die die USA hinterlässt. Durch diese Entwicklung wurde mein Interesse für politische, wirtschaftliche und kulturelle Aspekte geweckt und ich wusste, dass ich mich selbst in China vor Ort informieren muss. Hinzu kommt, dass es immer mehr digitale Firmen, Start-ups und Services aus China gibt, die wir auch im Westen nutzen. So fragte ich mich, wie China es eigentlich schafft, eine derart digitale Infrastruktur herzustellen. Gerade zumal uns das in Europa nicht so gut gelungen ist. Die KP (Kommunistische Partei) hat es geschafft, das Land durch ihren kapitalistischen Ansatz aufzubauen und Wohlstand zu entwickeln. Die digitalisierte Welt Chinas funktioniert allerdings anders als hierzulande. Betrachtet man den Datenschutz, sind die Chinesen viel offener Neuem gegenüber: Sie probieren viel schneller neue digitale Services aus, die dadurch natürlich auch wieder schneller weiterentwickelt werden können. China ist uns somit in vielen Bereichen voraus. Nicht alle technischen Errungenschaften funktionieren dort besser als bei uns. Interessant ist jedoch, dass China all das in den letzten 25 Jahren erreicht hat, in einer Geschwindigkeit, die wir bei uns nicht etablieren konnten.

Bei FUTURE CANDY sind wir davon überzeugt, dass man Innovation anfassen und erleben muss, weshalb wir seit Jahren Reisen ins Silicon Valley veranstalten. Aus unserer Recherche heraus haben wir uns deshalb entschieden, Innovationsreisen auch nach China zu konzipieren und anzubieten. Betrachtet man den chinesischen Markt vor allem in Hinblick auf die zunehmende Digitalisierung, sind die wichtigsten Reiseziele Peking, Shanghai und Shenzhen. Die Reisezeit beträgt sieben Tage, mit sehr vielen Terminen, aber auch viel Informationsgehalt. Durch die Besichtigung der Städte wird den Teilnehmern bewusst, welche Unterschiede es zwischen den einzelnen Orten gibt und warum alle drei gesondert betrachtet werden müssen.

Welche Beobachtungen haben Sie auf der Innovationsreise in Bezug auf Chinas Digitalwelt gemacht?

Als Erstes ist mir aufgefallen, dass die chinesische Regierung ein System entwickelt hat, welches es schafft, Märkte ins Leben zu rufen und das Land nach vorne zu bringen. Das beruht alles auf politischer Arbeit und guter Steuerung, denn sie schaffen es, Pläne schnell umzusetzen. Dabei arbeitet die Kommunistische Partei bzw. die chinesische Politik in Fünf-Jahresplänen. Diese sind sehr abstrakt, aber sehr zeitgemäß und modern. Unter Mao beruhten diese Pläne auf Agrarkennzahlen, beispielsweise wieviel Reis angebaut wird. Heute beinhalten sie inhaltliche Themen wie z.B. das Vorantreiben der Urbanisierung und die einzelnen Schritte, die zum Erreichen dieses Ziels innerhalb einer Zeitspanne von fünf Jahren notwendig sind. Die Arbeitsreferate in der Politik fragen sich beispielsweise, was es genau bedeutet, die Urbanisierung voranzutreiben und gleichzeitig die Luftqualität zu verbessern. Aus Fragen wie diesen entstand auch die Entscheidung, einen nationalen Fond für Elektromobilität aufzusetzen, um umweltschonende Mobilität zu unterstützen. In diesen Fond haben chinesische Wirtschaftsvertreter, Unternehmen, aber auch Privatpersonen viel Geld investiert. Dadurch sind 480 Elektromobilität-Start-ups in China entstanden, die drei Jahre lang von der Regierung gefördert wurden. Nach dieser Zeitspanne zeigte sich, welches Unternehmen ein gutes Produkt hervorgebracht hatte und wer mit der nun entstandenen Konkurrenz in einem Wettbewerbsumfeld überleben konnte. Mit Sicherheit scheitern in einem solchen Prozess viele Unternehmen, wodurch sich der Markt konsolidiert. Auf diese Weise schafft es die Regierung aber Industrien und ganze Wirtschaftszweige zu entwickeln und zu fördern.

Interessant ist in China außerdem, dass viele Unternehmen Genossenschaften sind, was dazu führt, dass die Regierung ebenfalls an ihnen beteiligt ist. So wird im Westen oft der Vorwurf erhoben, in China sei alles vom Staat kontrolliert. Jedoch besitzen Unternehmen große Freiheiten und können freie Wirtschaftsentscheidungen treffen. Schaut man sich abseits der Politik die generelle Entwicklung Chinas an, hat sich das Land in den letzten zehn bis 20 Jahren rasant verändert. Betrachtet man Peking vor zehn Jahren, ähnelte es einem Bangkok von vor drei Jahren, während es heute eher Zürich entspricht. Diese Aufbesserung der Lebensqualität merkt der normale chinesische Bürger auch. In Europa starten wir die Diskussion immer aus der Sichtweise der Menschenrechte oder des Datenschutzes, die auch sehr wichtige Themen sind. Man muss allerdings auch erkennen, dass China sich wahnsinnig entwickelt hat und uns am Markt überholt hat.

Ein konkretes Beispiel für das Innovationsvermögen Chinas ist der von Alibaba gegründete Supermarkt Fresh Hippo, der komplett digitalisiert ist. Dort kann nicht nur vor Ort eingekauft werden, die Produkte können auch online bestellt und bis an die Haustür geliefert werden. Auch die Bezahlung verläuft anders als bei uns: 65 % der Chinesen haben WeChat Pay oder Alipay und können per Gesichtserkennung bezahlen. Dass diese Zahl im Vergleich zu Europa so hoch ist, liegt teilweise an kulturellen Unterschieden: Die Chinesen sind viel offener für neue Services, da sie sehen, wie diese zu einer direkten Verbesserung ihres Lebensstandards führen. In Deutschland dagegen steht man Neuerungen eher skeptisch gegenüber.

Als weiteres Beispiel fällt mir die Stadt Shenzhen ein: Ein Fischerdorf, das in den 1980ern 40.000 bis 60.000 Einwohner hatte und danach als eine Art Gegenpol Pekings in der Nähe von Hongkong gebaut wurde. Heute hat die Stadt 20 Millionen Einwohner und einen gigantisch großen Stadtkern. In genau diesem Stadtkern waren im Jahr 2019 30.000 Taxis unterwegs, die von Verbrennungsmotoren auf elektrische Motoren umgestellt und zum Testen eingesetzt wurden. Dabei gibt es einen großen Unterschied zum Westen. Die Autos sind längst nicht so gut wie ein Tesla oder ein E-Golf. Doch der Umfang, in dem die Autos in Shenzhen getestet werden, ermöglicht es von diesem Betrieb zu lernen und die Autos ständig zu verbessern. So holt China nach und nach auf und überholt uns.

Wenn es um Digitalisierung und Innovationen geht, wie ist das Mindset der ChinesInnen und wie unterscheidet es sich von dem der Deutschen?

Einschränkend muss ich vorab sagen, dass es in China vier verschiedene Arten von Städten gibt. Diese werden in sogenannte Tier 1 bis Tier 4 aufgeteilt. Dabei sind Tier 1-Städte hoch entwickelte Städte mit gebildeten Einwohnern, hohen Mieten und hohen Lebenshaltungskosten, wie Peking oder Shenzhen. Hingegen sind Tier 4-Städte kleinere agrarwirtschaftlich orientierte und technisch nicht ausgereifte Städte. Ich konnte in China nur Eindrücke aus Tier 1-Städten gewinnen und habe vor allem mit Leuten gesprochen, die Englisch sprechen und mir so die chinesische Kultur nähergebracht haben. Das bedeutet, dass ich über das Mindset in den entwickelten Städten sprechen kann, aber nicht über das gesamte Land.

Das Mindset ist in den Tier 1-Städten generell durch Offenheit zu Technologie und technischen Innovationen geprägt. Chinesen haben generell ein sehr hohes Vertrauen in ihre Systeme und auch in ihre Regierung, weil sie gemerkt haben, wie sich ihr Lebensstandard in den letzten Jahrzehnten verbessert hat. Außerdem hat der Servicegedanke einen großen Stellenwert. Wer beispielsweise Schuhe online bestelle, erhält teilweise keine „same-day-delivery" mehr, sondern sogar eine „same-hour-delivery". Das funktioniert unter anderem durch die riesige Workforce, denn China ist das bevölkerungsreichste Land der Erde. Und wenn diese Services entsprechend gut funktionieren, haben die Chinesen auch eine hohe Bereitschaft sie zu nutzen.

Eine weitere Beobachtung im kulturellen Bereich ist, dass UI (User Interface) und UX (User Experience) von chinesischen Apps anders funktionieren als bei westlichen Apps. Eine gute westliche Webseite ist organisiert, strukturiert und übersichtlich. In China sind gut designte Oberflächen laut, unübersichtlich und für uns Westler verwirrend. Eine These von mir ist, dass Chinesen noch eine Entwicklungsstufe hinter uns Europäern im Kapitalismus liegen. Deshalb sind auch Statussymbole wie Schmuck oder Uhren wichtig und man zeigt gerne, was man hat. Jemand mit extrem viel Geld wäre im Westen teilweise nicht zu erkennen, denn mittlerweile fährt man im Smart vor, trägt eine Swatch und zeigt wenig von seinem Reichtum. Interessant ist zu beobachten, was passieren wird, wenn die Chinesen in größerer Zahl diese nächste Stufe erreicht haben. Werden dann Aspekte für sie wichtig, die auch politische Relevanz haben? Darunter würde beispielsweise das Thema freie Meinungsentfaltung, auch in der Politik fallen.

Welche waren die wichtigsten Learnings dieser Innovationsreise für Sie?

Im Innovationsbereich gibt es in China sehr viele Menschen, die viel ausprobieren wollen. China ist also ein guter Testmarkt für Digitalisierung. Wenn Sie mit Ihrem Unternehmen dorthin gehen, haben Sie den Vorteil, dass Sie eine sehr aufgeschlossene Gesellschaft finden, die sehr schnell Ihre Produkte nutzt. Das Problem ist, dass es schwer ist, von außen China zu verstehen. Wir können die Sprache nicht sprechen und vor allem auch nicht lesen. Deswegen müssen wir uns auf Medien verlassen. Wenn ich aber einen Artikel in den westlichen Medien lese, hat dieser Text einen langen Prozess durchgemacht: Ein chinesischer Reporter muss zunächst über das Thema geschrieben haben. Danach muss der Korrespondent der westlichen Zeitung davon gelesen und dann seinen Artikel verfasst haben, bevor ich ihn letztendlich zu lesen bekomme. Die eigentlichen News passieren aber in WeChat. Ein Tipp, den ich Ihnen geben kann, ist, sich WeChat herunterzuladen und zu versuchen, mit Chinesen in Kontakt zu kommen.

Recherchieren Sie, welche WeChat-Gruppen gut sind und welchen Seiten Sie folgen sollen. Deren Inhalte können Sie beispielsweise mithilfe von Übersetzungstools übersetzen. So können Sie versuchen, auch wenn Sie kein Chinesisch sprechen, auf dem Laufenden zu bleiben.

Ein weiteres Learning war für mich, dass in China alles mobil ist und dass viele Plattformen, die wir im Westen kennen, dort keine Rolle spielen. Durch dieses komplett unterschiedliche Ökosystem ist man in China gezwungen, sich von seinen Gewohnheiten zu verabschieden und ganz neue Tools zu nutzen. Somit hat man ein vollkommen anderes digitales Leben vor Ort und es ist spannend, in diesem Zusammenhang umzudenken.

Welche sind für Sie die aktuellen Top-Themen in der chinesischen Digitalwelt?

Das wichtigste Thema ist Künstliche Intelligenz, denn fast alle Services in China basieren auf KI. Weitere Trends sind die internationale Expansion von chinesischen Tech-Riesen wie Alibaba und die moderne Mobilität. In China müssen nicht nur die urbane Welt, sondern auch ländliche Regionen bedient und miteinander verbunden werden und ich denke, dass die nächsten Start-ups im Bereich Mobilität zunehmend aus China kommen werden.

Video-Interview:

Interview: Shenzhen - Die Zukunft Chinas
Wolfgang Hirn

Wolfgang Hirn arbeitete für die Wirtschaftswoche, unter anderem als EU-Korrespondent in Brüssel, und war viele Jahrzehnte Reporter beim manager magazin. Seit 1986 reist der Diplom-Volkswirt regelmäßig nach China und verfolgt so den wirtschaftlichen Aufstieg Chinas mit eigenen Augen. Er hat mehrere Bücher über China und Asien geschrieben, darunter den Bestseller

„Herausforderung China". Seit Juli 2020 gibt er den kostenfreien und unabhängigen Newsletter CHINAHIRN heraus, in den 35 Jahre China-Erfahrung einfließen.

Herr Hirn, Sie sind seit vielen Jahren in China unterwegs. Wie hat sich Shenzhen seit Ihrem ersten Aufenthalt Anfang der 1990er-Jahre verändert?

Viele Wirtschaftsvertreter und Wirtschaftsinteressierte reisen nach Peking und Shanghai und denken, sie hätten China gesehen. Shenzhen hatte in dieser Hinsicht schon immer ein stiefmütterliches Dasein, was ich nach zahlreichen Besuchen der Stadt nicht gerechtfertigt finde. Mittlerweile ist Shenzhen nämlich genauso wichtig wie die Metropolen Peking und Shanghai. Die Besonderheit der Stadt lässt sich unter anderem darauf zurückführen, dass bei der Öffnung Chinas Ende der 70er-Jahre Shenzhen bereits eine Sonderwirtschaftszone war. Neben diesem Startvorteil wurde auch die Nähe zu Hongkong und zu Taiwan als positiv empfunden. Die beiden Standorte wurden damals immer teurer und so fanden Geschäftsleute in Shenzhen eine Alternative zu ihren lokalen Produktionsstandorten. Das stellte den Beginn des Aufstiegs von Shenzhen dar.

Was konnten Sie in Shenzhen im Bereich Digitalisierung und Technologie beobachten?

Die Digitalisierung ist in Shenzhen mit Sicherheit schon weit vorangeschritten, doch sie unterscheidet sich nicht grundlegend vom Digitalisierungsstand der Städte Shanghai und Peking. Ein Bereich, in dem Shenzhen in der Digitalisierung allerdings führend ist, ist die Gesichtserkennung, die zunehmend zum Bezahlen verwendet wird. In einigen Metrostationen kann man in Shenzhen beispielsweise bereits mit Gesichtserkennung Tickets kaufen. Allgemein wird in China kaum noch Bargeld verwendet und ich war auf meinen Reisen immer ein Exot, weil ich mit Bargeld zahlen musste. Das Bezahlsystem ist in China komplett auf das Handy umgestellt und mit WeChat Pay und Alipay extrem einfach gestaltet. Diese Zahlungsplattformen funktionieren allerdings nur mit einem chinesischen Bankkonto und für Nicht-Staatsbürger ist es schwieriger, ein solches einzurichten.

Ein weiterer Aspekt der Digitalisierung in China ist das Taxisystem. Früher stand man noch an der Straße und hat sich ein Taxi gerufen, doch das ist schon seit Längerem nicht mehr der Fall. Über die App Didi Dache ist es nun extrem einfach für Nutzer, ein Taxi zu bestellen und dieses dann in der App zu bezahlen. Im Bereich Verkehr ist Shenzhen besonders fortgeschritten: Keine andere Stadt auf der Welt hat bei der Elektromobilität so massiv investiert wie Shenzhen. Im öffentlichen Nahverkehr gibt es keine Busse und Taxis mehr ohne Elektroantrieb, was die Stadt weitaus ruhiger macht als früher. Denn gerade in großen chinesischen Städten weiß man, wie laut es durch den Verkehr werden kann.

Außerdem sitzt der weltweit größte Hersteller von privaten Drohnen, DJI, in Shenzhen. Sie decken mit ihren Drohnen mittlerweile sehr viele Bereiche ab, unter anderem die Landwirtschaft, wodurch DJI für China ein Riesenerfolg in dieser Zukunftstechnologie ist.

Wie tragen Tencent, Alibaba und Ping An dazu bei, dass China eine digitale Weltmacht wird?

Von den drei genannten Unternehmen sitzen bereits zwei in Shenzhen: Tencent und Ping An. Ping An ist wahrscheinlich ein Unternehmen, das vielen nicht bekannt ist, obwohl es mittlerweile die größte Versicherung der Welt ist. Was diese Versicherung besonders macht, ist die Tatsache, dass sie 25.000 Personen in ihrer Technologie- und IT-Abteilung beschäftigt. Die Vorgehensweise, mit der Ping An Versicherungsbereiche digitalisiert, ist weltweit führend. Daher werden in Zukunft viele europäische Versicherungskonzerne mit Sicherheit nach Shenzhen zu Ping An schauen und sich Inspiration für die Digitalisierung von Versicherungen holen. Denn die Zeiten, in denen China von uns kopiert hat, sind vorbei. Jetzt werfen wir den Blick auf China, um zu beobachten, welche Technologien wir übernehmen können. Ebenso ist es bei Tencent und Facebook. Mittlerweile analysiert Facebook WeChat und die Services, die von Tencent in China angeboten werden, um die eigenen Plattformen wie Facebook und WhatsApp weiterzuentwickeln. In diesem neuen Verhältnis, in dem der Westen China kopiert, sind die in Shenzhen ansässigen Firmen Tencent und Ping An zwei große Player, die eine wichtige Rolle spielen.

In Bezug auf Alibaba, was sind die Taobao-Dörfer und was ist das Besondere daran?

Bisher hatte ich noch nicht die Möglichkeit, ein Taobao-Dorf selbst zu besichtigen. Ich konnte mich jedoch bereits umfänglich informieren, was diese Dörfer sind. Im Grunde spezialisiert sich ein Taobao-Dorf auf die Herstellung eines oder sehr weniger Produkte. Über die E-Commerce-Plattform Taobao von Alibaba können diese teilweise abgelegenen Dörfer mit ihren selbst hergestellten Produkten komplett in den Wirtschaftskreislauf eingebunden werden. Gerade in den Teilen Chinas, in denen der Digitalisierungsboom noch nicht angekommen ist, ermöglicht Taobao ein chinaweites Angebot und die Versendung der Produkte. Nicht jeder Dorfbewohner kennt sich jedoch mit den Systemen der Plattformen von Alibaba aus. Deshalb werden die Dorfbewohner von Alibaba aktiv unterstützt und es wird ihnen konkret aufgezeigt, wie sie am E-Commerce teilhaben und ihre Produkte online verkaufen können.

Sie bezeichnen den chinesischen Managementstil als „pragmatisch, praktisch, gut". Was meinen Sie damit und wie wirkt sich dieser Managementstil auf Innovationen und die Digitalwelt in China aus?

Durch meine Erfahrung in der deutschen Wirtschaft und der Betrachtung Chinas ist mir aufgefallen, dass deutsche Manager sehr perfektionistisch sind. Es muss alles immer zu 110 % stimmen, was uns weltweit auch einen entscheidenden Vorteil im Maschinenbau gebracht hat. Wenn man sich allerdings die chinesischen Manager anschaut, erkennt man, dass diese nicht den gleichen Perfektionsanspruch haben – in China gibt man sich auch mit 80 % zufrieden. Man geht dann relativ früh mit dem Produkt auf den Markt und führt Änderungen, die der Markt und die Kunden verlangen, schnell durch. Das ist eine sehr pragmatische Einstellung und stellt schon einmal einen großen Unterschied zu unserem Managementstil dar. Der zweite wichtige Unterschied zum Westen ist, dass man in China durch die Politik oder die Partei auch langfristiger plant. Während bei uns die Planung teilweise von Quartal zu Quartal mit Einbezug von Shareholder Value erfolgt, werden in China Entscheidungen mittelfristiger getroffen. So kann man auch den Plan „Made in China 2025" als einen mittelfristigen Plan ansehen, der den Chinesen eine Richtung für die zukünftige Entwicklung vorgibt. Dieser sehr ehrgeizige Plan beinhaltet, dass China in zehn Technologien aufholen und zum Teil auch weltweit führend werden will. Dabei haben die Chinesen schlafende Hunde in der Welt geweckt, denn Viele im Ausland waren von diesem ambitionierten Vorhaben erschrocken. In letzter Zeit wird dieses Thema in der Öffentlichkeit in China deshalb nicht mehr so häufig platziert. Die Pläne bestehen jedoch noch immer und zeigen die Planungsfähigkeit der Chinesen und auch deren Ambitionen.

Was hat Sie bei Ihren letzten Reisen an Chinas Digitalwelt am meisten fasziniert und überrascht und was glauben Sie, was wir davon lernen können?

Überrascht hat mich generell, wie weit chinesische Unternehmen bereits sind und welche Diskrepanz herrscht zwischen dem, was wir in Deutschland über China und Innovation denken und was wirklich im Land stattfindet. Viele Menschen denken immer noch, dass China kopiert und selbst nicht innovieren kann. Das stimmt natürlich überhaupt nicht mehr. Wenn man mit chinesischen Unternehmen konfrontiert wird und den Innovationen, die diese bereits hervorgebracht haben, bin ich immer wieder positiv überrascht. Ein weiterer Punkt ist der massive Arbeitseinsatz, der in China geleistet wird. Dort gilt die Regel „neun, neun, sechs" (996): Arbeiten von 9

Uhr morgens bis 9 Uhr abends an sechs Tagen in der Woche. Das ist ein Arbeitseinsatz, den wir in Deutschland in diesem Ausmaß einfach nicht haben. Jedoch wird auch in China bereits darüber diskutiert, ob diese Arbeitszeiten nicht übertrieben sind.

Betrachtet man die 20 größten Digitalkonzerne weltweit, kommt eine Hälfte aus den Vereinigten Staaten und die andere Hälfte aus China. Ich sehe in diesem Bereich nicht mehr realistisch, dass Europa noch aufholen könnte. Natürlich können wir von China lernen und selbst auch große Digitalkonzerne aufbauen. Ich kann mir allerdings nicht vorstellen, dass sich diese Entwicklung bei uns schnell vollzieht. Meiner Meinung nach ist das Feld bereits zwischen den USA und China aufgeteilt.

Welche sind für Sie die aktuellen Top-Themen in der chinesischen Digitalwelt?

Der größte Trend ist Videostreaming, vor allem im E-Commerce. Dazu kommen die digitale Währung und der Bereich E-Health mit Telemedizin und KI-basierten Kliniken.

Video-Interview:

MANAGEMENT SUMMARY

- China wird aller Voraussicht nach bei KI und der Digitalisierung weltführend werden. Dafür gibt es drei Gründe:

    o Erstens: Viele Einwohner, viele Daten

    o Zweitens: Ein Datenschutz, der das verknüpfte Analysieren von Daten erlaubt

    o Drittens: Ein klarer Fokus auf die Entwicklung von KI

- Daraus entwickelt sich eine Dynamik, die bereits deutlich sichtbar und in einigen Bereichen weiter ist als im Westen

- Diese Dynamik kann man in den Branchen, die früh digitalisieren, bereits heute sehen, also z.B. bei FMCG und Retail

7.   China und der Datenschutz

Häufig wird angenommen, China habe keinen Datenschutz. Das ist nicht richtig. China schützt Daten nur anders als der Westen

W ährend der Westen, z.B. mit der DSGVO in Europa persönliche Daten vor Firmen, dem Staat und fremden Staaten schützt, schützt das sogenannte Data Security Law von 2017 in China persönliche Daten vor fremden Staaten, aber nicht in demselben Maße vor Firmen oder dem eigenen Staat. Zum 01.01.2021 ist in China das erste Zivilgesetzbuch der Volksrepublik in Kraft getreten, das unter anderem einen Teil zu Persönlichkeitsrechten beinhaltet und ein neues Zeitalter für das chinesische Zivilrecht einläutet. Nun kann in China gegen den Missbrauch von personenbezogenen Daten geklagt werden. Doch auch hier bezieht sich die Gesetzgebung auf den Schutz von Daten vor anderen Staaten und vermehrt auch vor Unternehmen, aber nicht auf den Schutz vor der chinesischen Regierung.

In Europa bedürfen personenbezogene Datenanalysen immer der Zustimmung – Zweck für Zweck immer wieder neu

D ie Datenschutzverordnung (DSGVO), die europaweit gilt, geht vom Grundsatz aus, dass individuelle Daten eines Einzelnen vor dem Zugriff von Firmen und Staaten zu schützen seien. Datenschutz ist in Europa also Individualschutz der Persönlichkeitsrechte. Mit diesem Grundsatz einher geht ein wichtiger Unterschied z.B. zum Datenschutz in den USA oder in China: Zwar sind Datenanalyen auf aggregierter Ebene ohne Zustimmung erlaubt. Unternehmen müssen aber bei jeder einzelnen neuen Verarbeitung von Daten einer Person auf INDIVIDUELLER Basis das Individuum um Erlaubnis fragen. Dies regelt in Europa Artikel 6 der DSGVO:

„(1) Die Verarbeitung ist nur rechtmäßig, wenn mindestens eine der nachstehenden Bedingungen erfüllt ist: a) Die betroffene Person hat ihre Einwilligung zu der Verarbeitung der sie betreffenden personenbezogenen Daten für einen oder mehrere bestimmte Zwecke gegeben; b) die Verarbeitung ist für die Erfüllung eines Vertrags, dessen Vertragspartei die betroffene Person ist, oder zur Durchführung vorvertraglicher Maßnahmen erforderlich, die auf Anfrage der betroffenen Person erfolgen;" (Europäische Union, 2016).

Das heißt, vereinfacht ausgedrückt, dass Datenanalysen, die auf Individualbasis erfolgen sollen, jedes Mal vorher und zweckgebunden von der jeweiligen Person freigegeben werden müssen. Selbst, wenn die einzelne Person eine pauschale

Analyse ihrer Daten erlauben würde, wäre dies kaum in die Praxis umsetzbar. Denn die Beweispflicht liegt auf Seiten der Unternehmen. Auf Nachfrage müssen sie detailliert den Zweck der Datenanalyse und deren explizite Freigabe nachweisen können. Die zu zahlenden Strafen können für Unternehmen Geldbußen von bis zu 4 % des gesamten Jahresumsatzes des letzten Geschäftsjahres betragen.

Ein Beispiel, das wir bereits im Kapitel „Mythen" kurz erläutert hatten, hilft zum Verständnis der Tragweite: Eine Kundin, nennen wir sie Michaela Müller aus Berlin, muss also z.B. von Tchibo gefragt werden, ob ihre persönlichen Daten für die Anwendung xy analysiert und mit den Bewegungsdaten des Smartphones kombiniert werden dürfen. Eine anonyme Gruppenanalyse dagegen ist erlaubt, also unabhängig von Michaela Müller, z.B. für Frauen in Berlin im Alter von 30 – 49 Jahre. Was auf den ersten Blick für den Laien kaum einen Unterschied macht, hat für Firmen und damit auch den Nutzen von KI im wirtschaftlichen Zusammenhang eine große Bedeutung: Für Firmen wie z.B. Kaffeeverkäufer ist deutlich besser zu wissen, ob Michaela Müller die Kaffeesorte xy gerne trinkt, preissensibel ist UND gerade an einem ihrer Geschäfte in Berlin vorbeigeht - oder ob 70 % der Zielgruppe von Frauen im Alter von 30 – 49 Jahren in Berlin diesem Konsummuster folgen, man aber nicht weiß, wo diese Personen gerade sind. Der Unterschied: Gezielte Ansprache im ersten Fall mit genau dem richtigen Angebot genau dann, wenn Michaela Müller am Geschäft vorbeikommt oder mindestens 30 % Streuverlust im zweiten Fall. Streuverlust heißt nicht nur ein schlechterer Return-on-Investment. Es kann auch heißen, dass diese 30 % nicht sinnvoll Angesprochene die Marke weniger wertschätzen, weil sie sich nicht gut verstanden fühlen und ggf. später weniger wahrscheinlich zu Markennutzern werden.

In China benötigen personenbezogene Datenanalysen nur einmal der Zustimmung

China hat ebenfalls sehr explizite Gesetze, wenn es darum geht, dem Staat Zugriff auf Daten von Einzelpersonen und Unternehmen zu gewähren und wenn es gilt, chinesische Daten vor ausländischen Interessen zu schützen. Die chinesische Gesetzgebung nähert sich offenbar immer mehr der DSGVO an, und es werden kontinuierlich neue Gesetzesentwürfe und Regelungen veröffentlicht, doch diese sind aufgrund der permanenten, schnelllebigen Änderungen sehr unübersichtlich.

Das Cybersicherheitsgesetz vom 1. Juni 2017 regelt einen Teil der Datenrechte des Staates gegenüber Firmen. Es soll für Datensicherheit und den Schutz kritischer Infrastrukturen sorgen, sowie zu einem kleineren Teil den Schutz der Privatsphäre chinesischer Bürger sicherstellen. So zwingt es ausländische Unternehmen zu einem hohen Grad an Transparenz. Bei Nichteinhaltung drohen empfindliche Strafen bis zum Entzug der Gewerbeerlaubnis (Alsabah, 2017). IT-Produkte von Betreibern sogenannter „kritischer Infrastruktur" müssen eine staatliche Sicherheitsprüfung bestehen, Unternehmen müssen bestimmte Daten lokal speichern, einige davon sogar explizit nur innerhalb Chinas. Außerdem sind Unternehmen verpflichtet, dem Staat Zugriff auf Daten von Terrorverdächtigen zu ermöglichen und Unternehmen dürfen Daten nur mit staatlich genehmigten Technologien verschlüsseln. Die Individualdatenschutzrechte der chinesischen Bürger sind im Cybersicherheitsgesetz indirekt dadurch geschützt, dass in China generierte Daten von chinesischen BürgerInnen nach diesem Gesetz auch in China bleiben müssen.

Das am 01.01.2021 in Kraft getretene Zivilgesetzbuch, das aus sieben Teilen, 84 Kapiteln und 1260 Artikeln besteht, beinhaltet unter anderem Kapitel zu den Themen Datenschutz, Persönlichkeitsrechte und Schutz persönlicher Informationen. Während das Cybersecurity Gesetz eine Grundlage für verwaltungsrechtliche Sanktionen darstellt, schafft das Zivilgesetzbuch eine rechtliche Grundlage für Klagen und Zivilverfahren bei Datenmissbrauch und Datenschutzverstößen (China Intellecutal Property Blog, 2020). Doch auch hier gilt: Daten sind vor dem Missbrauch durch Unternehmen gesichert, Individualrechte sind gegenüber dem chinesischen Staat dagegen weniger geschützt. Hier gibt es zahlreiche Vorgaben, viele Behörden, die Daten sammeln und eine Menge Löcher bei der Datenspeicherung.

In China wird tendenziell zuerst gehandelt und erst später reguliert. So wird ständig daran gearbeitet, neue Gesetzesentwürfe zu implementieren, die neu entstehende Bereiche regulieren. Mit solchen Regelungen wird beispielsweise auch der E-Commerce-Bereich eingeschränkt: Im Mai 2017 entwarf Chinas nationales Komitee für die Standardisierung von Informationssicherheitstechnik ein Dokument zum Schutz personenbezogener Daten bei grenzüberschreitenden Transaktionen, das vor allem den Onlinehandel betrifft (Shi-Kupfer & Chen, 2017, S. 2). Das Gesetz, das seit 1. Januar 2019 in Kraft ist, enthält sieben Kapitel mit insgesamt 89 Artikel, die Vorschriften für E-Commerce-Betreiber, Verträge, Streitbeilegung und rechtliche Verantwortlichkeiten im Zusammenhang mit E-Commerce-Geschäften festlegt. Das Gesetz legt mehr Nachdruck auf die Pflichten und Auflagen der E-Commerce-Betreiber und stärkt gleichzeitig den Schutz der VerbraucherInnen. Insbesondere sind die Betreiber von E-Commerce-Plattformen verpflichtet, bei der Registrierung von echten Namen die Cybersicherheit zu gewährleisten, die Sicherheit der Person, des Eigentums der Verbraucher sowie geistiges Eigentum zu schützen. Das Gesetz verbietet es E-Commerce-Betreibern mit marktbeherrschender Stellung, den Wettbewerb auszuschließen oder einzuschränken. Plattformbetreiber, die Transaktionen auf ihren Plattformen in unangemessener Weise einschränken, können mit einer Strafe von 500.000 Yuan (etwa 65.000 Euro), in schweren Fällen bis zu 2 Millionen Yuan, belegt werden. Eine ähnlich hohe Strafe kann auch gegen Plattformbetreiber verhängt werden, wenn sie es versäumen, die notwendigen Schritte gegen die Verletzung von Rechten des geistigen Eigentums durch Händler auf ihren Plattformen zu unternehmen, die ihnen bekannt sind oder bekannt sein sollten (Fung Business Intelligence, 2018, S. 57). Doch selbst mit diesem Gesetz sind die Möglichkeiten der Individualauswertung von KundInnendaten noch immer deutlich größer als in Europa.

Ein Beispiel, wie sich das in der Wirtschaft auswirkt: In China darf z.B. WeChat Daten der eigenen UserInnen analysieren, wenn diese einmal zugestimmt haben. In der Regel erfolgt das bei der erstmaligen Anmeldung bei der App. WeChat weiß dann über die Bewegungsdaten des eigenen Handys, wo sich der jeweilige User oder die Userin gerade befindet, was seine oder ihre persönliche Kaffeevorliebe ist – ausgelesen aus den Bezahldaten von WeChat Pay, und über die Messenger-/Kontakte-Funktion auch, mit wem man wie eng befreundet ist. Daraus kann WeChat mittels KI vorhersagen, wann Michaela Müller, und eben nicht nur eine Gruppe von Frauen, sich vor dem Café eines Kunden, z.B. Starbucks befindet und kann gezielt an Michaela Promotionsnachrichten auf ihre WeChat-App auspielen, die genau auf ihre Vorlieben ausgearbeitet sind. WeChat darf diese Daten auch mit Starbucks teilen, so dass Starbucks nicht nur die eigenen KundInnendaten nutzen kann, sondern auch die von WeChat.

Dadurch ist das verknüpfte Analysieren von persönlichen Daten erlaubt

Das Ergebnis ist eine personengenaue, dauerhafte, aktuelle Analyse der Daten und eine viel passgenauere Angebotsanpassung an die persönlichen Bedürfnisse dieser EINEN Person, nicht einer Personengruppe. Jeder, der im Marketing oder Vertrieb arbeitet, erkennt sofort das Potenzial: Wer KundInnen besser versteht als der Wettbewerb, gewinnt.

Das ist der entscheidende Wettbewerbsvorteil für China, denn KI braucht Daten, um zu lernen – je verknüpfter, desto besser

Was für europäische „Datenschutz-Fühlende" nach einem Zustand klingt, den man lieber nicht erreichen will, ist für Wirtschaftsfokussierte ein klarer Wettbewerbsvorteil: Je mehr Daten eine KI hat, um zu lernen, umso besser. Je verknüpfter die Daten, umso mehr lernt die KI weiter. Und je mehr eine KI lernt, desto besser wird ihr Algorithmus. Das Ergebnis ist mathematisch fast zwingend: Je mehr Daten, je besser die KI, umso mehr und vor allem bessere Insights, also Bedürfnisse, Erkenntnisse über diese Person kann eine KI herausfiltern. Je besser die Insight sind, umso besser versteht eine Marke diese Person, kann ihr bessere Angebote machen, sie besser und ohne Streuverluste über Werbung erreichen, den richtigen Preis zur richtigen Kaufzeit vorschlagen, nach dem Kauf nachfassen, usw.

ChinesInnen haben außerdem eine vergleichsweise entspanntere Einstellung zur Nutzung ihrer Daten als EuropäerInnen

Was aus westlicher Sicht vor allem aus Datenschutzgründen befremdlich anmutet, ist für chinesische KonsumentInnen eher normal. Obwohl ChinesInnen in den letzten Jahren immer öfter gegen Unternehmen geklagt haben, die ihre Daten missbrauchten, sind sie immer noch deutlich stärker bereit, persönliche Daten zu teilen, wenn sie dadurch einen persönlichen Mehrwert erzielen können – und sie sind in ihrem Alltag gewöhnt, mit Chatbots und KI-basierten Apps zu interagieren. Nach einer Umfrage der Boston Consulting Group aus dem Jahr 2014 fand nur die Hälfte aller befragten Nutzer in China, dass man beim Teilen von persönlichen Daten vorsichtig sein müsse, 26 Prozentpunkte weniger als der Durchschnitt der Befragten aus weiteren zehn Ländern. 63 Prozent stimmten zu, dass ihre Kreditkarteninformationen „relativ bis sehr privat" seien. In den USA waren es 87 Prozent, in Deutschland 93 Prozent. (Shi-Kupfer & Chen, 2017, S. 1).

Auch eine neuere Erhebung zeigt dasselbe Bild. „Grundsätzlich ist die Mehrheit der Deutschen nicht bereit, persönliche Daten an Dritte weiterzugeben, auch wenn sie dafür einen finanziellen Vorteil bekommen. Das betrifft insbesondere sensible Daten wie beispielsweise zum eigenen Gesundheitszustand. Allerdings wird die Bereitschaft höher, wenn man im Gegenzug professionelle Ratschläge (z. B. zur Verbesserung der Gesundheit) erhält. Die Haltung der chinesischen Befragten ist konträr dazu. Die Mehrheit ist bereit, persönliche Daten gegen finanzielle oder sonstige Vorteile an Dritte weiterzugeben." (Huawei, 2016)

Das mag auch daran liegen, dass für viele chinesische NutzerInnen die Bequemlichkeit über der Frage des Datenschutzes steht: 96 % gehen, laut Studie, mit Smartphone online, und damit von unterwegs aus (Dorloff, 2019). Vor einem Kauf die AGBs gründlich durchlesen oder mühevoll Formulare ausfüllen, will offenbar kaum jemand. Oder mit anderen Worten „ ... people in China are more accepting of having their faces, voices, and shopping choices captured and digitized. This is another example of the broader Chinese willingness to trade some degree of privacy for convenience." (Lee, 2018, S. 124).

Europa dagegen unterbindet Lernpotenzial für KI durch die DSGVO

Europa tut sich mit der DSGVO aktuell keinen Gefallen, wenn man annimmt, dass Digitalisierung und KI die wichtigsten Tools für die wirtschaftliche Entwicklung sind und KI über Datenmengen lernt. Denn die DSGVO unterbindet zu einem guten Teil die verknüpfte Analyse von Daten. Europäische KIs können daher nicht so schnell und so gut lernen, europäische Unternehmen daher nicht so schnell und gut Angebote entwickeln, die auf guten Insights für KundInnen basieren. Im Gegensatz zu chinesischen Firmen mit chinesischen Daten. Man könnte sagen, wir in Europa wollen schwimmen lernen, aber verbieten große Mengen an Wasser, etwa im Schwimmbad – und erlauben (übertragen gesagt) Schwimmübungen nur unter der Dusche. Dass das nicht so gut sein kann wie in einem Becken aus Wasser, ist völlig klar. Nun müssen wir in Europa nicht notwendigerweise das Datenschutzgesetz ändern oder außer Kraft setzen, es braucht aber dringend eine Lösung für Unternehmen, die KI entwickeln, damit sie die ausreichenden Datenmengen haben, wenn Europa in den nächsten Jahren noch wettbewerbsfähig sein will. Aktuell sieht es nicht danach aus.

Das Ergebnis: Chinesische Firmen werden aller Voraussicht nach weltführend werden – es lohnt sich also, nach China zu schauen

Sie trainieren ihre KI derzeit anhand von chinesischen Daten, entwickeln Angebote und bilden einen Konsummarkt zunächst in China, später in ganz Asien aus. Wenn irgendwann kein Wachstumspotenzial in Asien mehr zu erreichen ist, werden sich diese Firmen nach Europa orientieren, denn Europa ist eine reiche Konsumregion. Hier werden sie sich natürlich an den Datenschutz halten. Die bereits mit chinesischen Daten trainierte KI kann nicht in gleichem Maße mit europäischen Daten lernen. Chinesische Firmen können jedoch zumindest Annahmen treffen für ihre Angebote an europäische KundInnen, basierend auf ihren Erfahrungen mit chinesischen KundInnen. Das wird allemal besser sein als das Angebot von europäischen Firmen, die mit einer nur rudimentär mit europäischen Daten trainierten KI operieren (müssen). Da Menschen von Natur aus den einfachsten Weg gehen – nicht aus Bequemlichkeit, sondern um Energie zu sparen (Bünte, Die chinesische KI-Revolution: Konsumverhalten, Marketing und Handel: Wie China mit Künstlicher Intelligenz die Wirtschaftswelt verändert, 2020, S. 76), werden die Angebote der chinesischen Firmen vermutlich eher gewählt.

Die folgenden Interviews mit Dr. Dennis-Kenji Kipker, Mareike Seeßelberg und Dr. Peter Petermann geben einen aktuell gültigen Überblick über die Unterschiede im Datenschutz zwischen China und Deutschland.

Interview: Datenschutz in China und Deutschland
Dr. Dennis-Kenji Kipker

Dr. Dennis-Kenji Kipker ist unter anderem Vorstandsmitglied der Europäischen Akademie für Informationsfreiheit und Datenschutz (EAID) in Berlin, Legal Advisor beim VDE e.V. in Frankfurt am Main und Geschäftsführer der Certavo GmbH – International Compliance Management. Er ist Autor zahlreicher Publikationen zur Cybersecurity und zum Datenschutz sowie Berater und Gutachter unter anderem für die Max-Planck-Gesellschaft, die Deutsche Gesellschaft für Internationale Zusammenarbeit und das Bundeswirtschaftsministerium.

Herr Dr. Kipker, Sie werden oft gefragt, welche Unterschiede es im Bereich Datenschutz zwischen Deutschland und China gibt. Sie sind aber der Meinung, dass man sich neben den Unterschieden auch die Gemeinsamkeiten anschauen sollte. Was sind denn zunächst die Gemeinsamkeiten in diesem Bereich?

Wenn man an Deutschland und China denkt, kommen zunächst nicht nur Fragen bezüglich der Regulierungsunterschiede auf, sondern auch dazu, wie der Datenschutz durch die unterschiedlichen Systeme der Staaten beeinflusst wird. Doch man muss tatsächlich sagen, dass die Gemeinsamkeiten in letzter Zeit zunehmen, denn das chinesische System hat sich immer mehr an den europäischen Datenschutz angepasst. Viele Prinzipien der Datenschutz-Grundverordnung lassen sich auch in chinesischen Datenschutzbestimmungen wiederfinden. Das „Chinese Cybersecurity Law" hat 2016 erstmals das Thema Datenschutz vertieft reguliert, während aktuell ein neuer Entwurf für ein eigenständiges chinesisches Datenschutzgesetz vorliegt. In diesem Entwurf ist ganz zentral der Umgang mit personenbezogenen Daten reguliert. Dabei ist es gerade interessant, dass der chinesische Gesetzgeber trotz der anfangs erwähnten unterschiedlichen Systeme Prinzipien des europäischen Datenschutzes übernimmt.

Was sind die Unterschiede zwischen der Datenschutz-Grundverordnung (DSGVO) und dem chinesischen Datenschutz?

Generell kann man dazu sagen, dass im chinesischen Datenschutz noch viel im Fluss ist. In China gibt es bisher noch kein einheitliches Datenschutzgesetz und der Datenschutz ist aktuell noch auf verschiedene Themenschwerpunkte verteilt. Wichtig für eine Datenschutzregulierung ist aber auch die Durchsetzung datenschutzrechtlicher Ansprüche. Es ist noch nicht bekannt, wie China im Vergleich zu Europa bei der Ausführung von Sanktionen verfährt und wie Verstöße geprüft und geahndet werden. Da sehe ich aktuell noch Defizite, wenn ich den chinesischen Datenschutz mit dem europäischen vergleiche. Es bleibt abzuwarten, wie sich der Datenschutz mit den neuen Gesetzen in den nächsten Jahren weiterentwickeln wird und ob und wie die Chinesen versuchen werden, ihre Gesetze sowie ihre Durchsetzung an den europäischen Datenschutz anzugleichen.

Inwieweit ist der Datenschutz Ihrer Meinung nach Grundlage für die Digitalisierung Chinas?

Die Chinesen kennen es nicht, ein Grundrecht auf informationelle Selbstbestimmung zu haben, wie wir es in Deutschland kennen. Grob gesprochen zählt in China weniger der Wert des Einzelnen als selbstbestimmtes Individuum als das, was man in der Gruppe oder der Gemeinschaft macht. Deshalb hat der Datenschutz in China auch auf eine gewisse Weise eine andere Grundlage als hierzulande. Das soll allerdings nicht heißen, dass es keinen Schutz des Individuums vor Eingriffen in die Privatsphäre gibt, denn mit den Datenschutzregulierungen wird auch das Ziel verfolgt, dass beispielsweise sensitive Daten geschützt werden.

Was man bei der Regulierung in China auch nicht unterschätzen darf, ist der wirtschaftliche Faktor. Dieser ist gerade beim Thema Datenschutz und Datensicherheit ein ganz bedeutender, denn wenn technologische Produkte aus China ins Ausland vertrieben werden, brauchen diese mittlerweile einen Mindeststandard an Datenschutz. Im politischen Sinne kann das in China einfach dadurch erreicht werden, dass man den Datenschutz im eigenen Land durch entsprechende Gesetzgebung anhebt.

Gerade wenn es um die Gesichtserkennung geht, gibt es in China viele Einsatzbeispiele: Es gibt z.B. Supermärkte, die ohne Personal betrieben werden, in denen sich die Kunden an der Eingangstür mit Face-Scan identifizieren. Seit Ende 2019 muss jeder, der ein Handy kaufen will, ein aktuelles Foto von sich erstellen und mit der Handynummer verknüpfen lassen. Auch die Super-App WeChat kann man nur mit Identifizierung nutzen. Wie werden diese Maßnahmen in China angesehen?

Ich hatte es ja schon anfangs erwähnt, dass man in China eine andere Auffassung vom Datenschutz hat, was gerade auch in der Coronapandemie deutlich wurde. Am Anfang hatte der chinesische Staat ein paar Probleme, die Situation in den Griff zu bekommen, danach wurden aber intensive Maßnahmen der Daten- und Informationsverarbeitung ergriffen. Während hier in Deutschland die Corona-Warn-App freiwillig ist, braucht man in

China diese App, um das Haus zu verlassen und in Supermärkte hineinzukommen. Das ist eine Diskussion, die aktuell in Europa und auch in Deutschland undenkbar erscheint, was unter anderem dem unterschiedlichen Verständnis des Datenschutzes geschuldet ist. Deshalb wird diese App in China deutlich weniger kritisch gesehen als man sie hierzulande bewerten würde.

Auch WeChat, das nicht nur eine Messenger-App ist, sondern ein Super-Tool mit vielen Funktionen, stellt eine zentrale Datensammelstelle in China dar. Durch die verpflichtende Verifizierung bei der Erstellung eines Kontos auf WeChat kommt es zu weniger Falschmeldungen, Fake News und Dark Social-Aktivitäten - alles Themen, die im neuen Jahrzehnt eine zentrale Bedeutung haben. In den letzten 20 Jahren ist es generell vor allem darum gegangen, wie Informationen digitalisiert und verfügbar gemacht werden können und wie der Informationszugang verbessert werden kann. Mittlerweile haben wir einen Status erreicht, in dem man annehmen kann, genug Informationen zu haben und in dem diese nun tatsächlich gefiltert werden müssen. In China ist es in der Gesetzgebung so, dass man von der Anonymität, die wir hierzulande im digitalen Raum haben, absieht. Das Interesse des Einzelnen zählt auch hier weniger als das Gemeinwohl.

Diese Einschränkung der Datensicherheit, gerade in schwierigen politischen Zeiten wie in der Coronapandemie, hat auch in einer gewissen Weise Vorteile, schränkt aber die Privatsphäre enorm ein. Ich sehe Datenkontrolle, so wie diese zurzeit auch in Russland versucht wird, eher kritisch. Allerdings nicht nur unter dem Gesichtspunkt, dass der Datenschutz beschnitten wird, sondern dass man Menschen die Beurteilung über Informationen letztlich nicht nehmen kann und sollte. So würden wir nämlich letztendlich eine Gesellschaft entwickeln, in der jeder von uns in einer eigenen Filterblase lebt. Ich würde vielleicht nur noch „richtige" Informationen erhalten, aber ich wüsste nicht, wer die Informationen für mich herausgesucht hat und wer darüber entschieden hat, ob ich diese überhaupt bekomme. Deshalb kann ich persönlich den chinesischen Ansatz, so sinnvoll er in China auch erscheinen mag, nicht für Europa als sinnvoll erachten.

Wie sehen Sie die Entwicklung des Datenschutzes in China in den nächsten Jahren?

Ich glaube nicht, dass sich die Einstellung gegenüber dem Datenschutz generell ändern wird. Wenn man das vereinfacht betrachtet, haben wir drei Standpunkte zum Datenschutz: Auf der einen Seite haben wir den europäischen Standpunkt mit Bürgerrechten und informationeller Selbstbestimmung. Als zweiten Standpunkt haben wir den amerikanischen Standpunkt. Dort ist der Datenschutz nicht egal, aber er wird unter dem

Gesichtspunkt der Monetarisierung und des finanziellen Wertes von persönlichen Daten betrachtet. Als dritten Punkt haben wir den fernöstlichen Standpunkt, der auch für China gilt, in welchem gesagt wird, dass Datenschutz weniger dem Einzelnen als dem Gemeinwohl dienen muss. Dazu gehört in Asien auch, dass es vermieden wird, einzelne Personen gesellschaftlich bloßzustellen, indem kompromittierende Bilder oder geheime Nachrichten im Netz auftauchen. Das ist in der Vergangenheit nämlich schon des Öfteren vorgekommen. Unter diesem Gesichtspunkt hat der chinesische Datenschutz einen gewissen Mehrwert, auch wenn er das Recht auf informationelle Selbstbestimmung nicht gewährt. Faktisch ist es immer besser für Bürger, wenn die persönlichen Informationen durch Regelungen geschützt werden.

In diesem Bereich wird in den nächsten Jahren mit Sicherheit noch eine große Entwicklung stattfinden. Gerade im Bereich der IT-Gesetzgebung ist der chinesische Gesetzgeber sehr aktiv: Sowohl, was Gesetze angeht, als auch was untergesetzliche Rechtsvorschriften betrifft, wie technische Normen und Standards, die die Gesetzesvorschriften konkretisieren. Der chinesische Gesetzgeber hat in den letzten Jahren schon viel dazu entwickelt und wird in den nächsten Jahren noch sehr viel einbringen. Doch auch, wenn man sich täglich mit den Themen des chinesischen Rechts, der Regulierung und Digitalisierung beschäftigt, ist es sehr schwer, den Überblick zu behalten. Ich glaube, es wird in Zukunft immer schwieriger werden, gerade weil die chinesische Gesetzgebung auch zunehmend wirtschaftlich motiviert ist. Das hat zur Folge, dass Chinesen nach Europa und in die USA blicken, um zu sehen, welche Entwicklungen es dort im Bereich Datenschutz und Datensicherheit gibt und um sich daran zu orientieren.

Was können wir im Bereich Digitalisierung und Datenschutz von China lernen? Gibt es etwas, das wir auch in Deutschland übernehmen könnten?

In Europa gibt es einen höheren Datenschutzstandard und wir haben eine Datenschutztradition seit den 70er-Jahren. Was man allerdings sagen muss, ist, dass China bestimmte Themen wie KI, Big Data und Datennutzung im Zusammenhang mit dem Datenschutz deutlich offensiver angeht, als es in Europa der Fall ist. Ich glaube, dass man dennoch auch in Europa für bestimmte technologische Rahmenbedingungen relativ schnell entsprechende Gesetze schaffen sollte, um für Unternehmen und Forschungseinrichtungen im Einsatz mit neuen Technologien Rechtssicherheit zu schaffen. Das findet in Europa an vielen Stellen noch nicht statt.

Welche sind für Sie die aktuellen Top-Themen in der chinesischen Digitalwelt?

KI ist ein Thema, das in den nächsten Jahren sehr stark reguliert werden wird. Damit zusammenhängend das Thema Datenschutz im Sinne des Schutzes von personenbezogenen Daten und das Thema Datensicherheit in Bezug auf 5G und Telekommunikation.

Video-Interview:

 ## Interview: Datenschutz und Cybersecurity in China
Mareike Seeßelberg

Mareike Seeßelberg, Wirtschaftsjuristin mit Fokus auf chinesisches Recht, ist Senior Consultant des Beratungsunternehmens CHINABRAND IP CONSULTING GmbH. Sie verfügt über langjährige Erfahrung in China und berät namhafte europäische Unternehmen aus diversen Branchen in den Bereichen Intellectual Property und Anti-Counterfeiting, Cybersecurity und Datenschutz sowie Know-how-Schutz in China. Aktuelle Projekte in China umfassen u.a. die Beratung zur Umsetzung des Multi-Level Protection Scheme 2.0. (Cybersecurity) sowie der geltenden Datenschutzvorschriften.

Frau Seeßelberg, was ist der aktuelle Stand für den Schutz persönlicher Daten in China? Wie gehen chinesische Bürger mit der Sammlung von so großen Mengen an Daten um?

Relevant vor allem für Privatpersonen ist das am 01.01.2021 in Kraft getretene Zivilgesetzbuch der Volksrepublik China. Das Zivilgesetzbuch enthält zum ersten Mal in der chinesischen Gesetzgebung ein eigenes Kapitel zu Persönlichkeitsrechten und somit auch zum Schutz personenbezogener Daten. Privatpersonen können nun erstmals wegen einer Verletzung des Persönlichkeitsrechts oder des Missbrauchs von personenbezogenen Daten vor Gericht gehen. Die ersten Klagen sind bereits eingegangen. In einem ersten Fall hat ein Unternehmen auf seiner Webseite die personenbezogenen Daten von Kunden preisgegeben, weil die Produkte, die sie gekauft hatten, mit Coronaviren kontaminiert waren. Der Kläger hat Recht bekommen und der Schaden wurde kompensiert.

Grundsätzlich ist Datenschutz zunehmend ein Thema für chinesische Bürger, aber die Prioritäten liegen meiner Erfahrung nach etwas anders als bei vielen Deutschen. Erstens ist „快捷" (fast and convenient) wichtiger als Datenschutz. Das bedeutet beispielsweise, dass, um die Convenience zu steigern und um bestimmte Dienstleistungen schneller und bequemer zu bekommen, von der Tendenz her chinesische Bürger eher als Deutsche eine App herunterladen und installieren, die Berechtigungen erfordert, die man eigentlich nicht unbedingt geben möchte. Zweitens haben viele Chinesen eher Angst vor Datenmissbrauch durch Betrüger als durch den Staat oder Unternehmen. Das führt beispielsweise dazu, dass Überwachungskameras an bestimmten Stellen ihnen eher ein Sicherheitsgefühl vermitteln als das Gefühl, unnötig überwacht zu werden.

Was sind die Gemeinsamkeiten und Unterschiede zwischen der DSGVO und dem chinesischen Datenschutz?

Rein inhaltlich gibt es viele Gemeinsamkeiten zwischen den Regelungen des chinesischen Datenschutzes und der DSGVO. Es wird deutlich, dass sich der chinesische Gesetzgeber inhaltlich durchaus an der europäischen Gesetzgebung orientiert hat. Es gibt jedoch auch einige relevante Unterschiede. Betrachtet man den deutschen Datenschutz, gibt es die DSGVO und das Bundesdatenschutzgesetz, also zwei konkrete Gesetze, die im Großen und Ganzen alle relevanten Regelungen zum Datenschutz beinhalten. In China steht dem eine große und unübersichtliche Menge an Gesetzen und Verordnungen gegenüber, die sich teilweise gegenseitig widersprechen, und regelmäßig kommen weitere Verordnungen oder verpflichtende Standards hinzu.

Der größte Unterschied ist jedoch, dass in China die kommunistische Partei über dem Gesetz steht. Anders als in Deutschland, wo jeder, auch die Regierung und selbstverständlich auch Parteien, dem Gesetz unterliegt. In China gibt es keine gesetzliche Bindung für die kommunistische Partei – diese kann demnach die Gesetzeslage nach Belieben auslegen oder einfach ignorieren. Ein gutes Beispiel hierfür ist das Social Credit System in China. Dieses System steht dem Datenschutz entgegen, karikiert ihn geradezu. Einerseits gibt es immer mehr Gesetzgebungen, die dazu führen sollen, dass Daten geschützt sind. Andererseits gibt es das Social Credit System, das die chinesische Regierung aufbaut, das nicht nur, wie wir es hier bis zu einem gewissen Grad auch kennen, Informationen über die Kreditwürdigkeit sammelt, sondern teilweise auch sehr persönliche Daten über in China ansässige Personen sammelt, die allen Behörden zur Verfügung gestellt werden sollen und teilweise auch öffentlich abrufbar sind.

In China werden regelmäßig Verordnungsentwürfe zum Cybersecurity-Gesetz veröffentlicht. Gibt es eine Aktualisierung der Cybersicherheitsgesetze? Was ist der aktuelle Stand?

Es gibt das Cybersecurity Law, das bereits 2017 in Kraft getreten ist, das Vorschriften nicht nur zur Cybersicherheit, also der Sicherheit des chinesischen Cyberspaces, sondern auch zum allgemeinen Datenschutz beinhaltet. Seit 2017, vor allem aber in den Jahren 2019 und 2020, haben wir eine große Anzahl an neuen Vorschriften gesehen, die einzelne Teilbereiche nochmals genauer geregelt haben. Beispielsweise welche technischen Produkte in bestimmten IT-Systemen eingesetzt werden dürfen, aber auch konkretere Bestimmungen zum Datenschutz. Nicht alle dieser neuen Verordnungen sind bereits in Kraft getreten, bei vielen handelt es sich nur um Entwürfe und einige hiervon werden möglicherweise nie oder in einer stark abgeänderten Form in Kraft treten. Im Gegensatz zu den Vorschriften in den Entwürfen gibt es auch Vorschriften, die bereits in Kraft sind und umgesetzt werden müssen. Hier ist vor allem das „Multi-Level Protection Scheme 2.0", kurz MLPS, zu nennen. Im Rahmen des MLPS 2.0. müssen Firmen ihre eingesetzten IT-Systeme analysieren und diesen dann nach bestimmten Kriterien eine Sicherheitsstufe zuweisen. Es gibt fünf Sicherheitsstufen, wobei wenig sicherheitsrelevante IT-Systeme die Stufe 1 und hochgradig sicherheitskritische IT-Systeme Stufe 4 zugewiesen bekommen. Stufe 5 ist Behörden und Systemen vorbehalten, die für die nationale Sicherheit relevant sind. Je nach ermittelter Sicherheitsstufe müssen bestimmte Maßnahmen organisatorischer und technischer Art ergriffen werden, um das IT- System abzusichern. Die Umsetzung des MLPS wird seit einiger Zeit verstärkt von den verantwortlichen chinesischen Behörden überprüft. Das ist der aktuelle Stand (Februar 2021) zum Handlungsbedarf im Bereich Cybersecurity Compliance in China.

Im Bereich Datenschutz treten 2021 voraussichtlich zwei neue Gesetze in Kraft: das Datenschutzgesetz und das Gesetz zum Schutz von personenbezogenen Daten. Während das Datenschutzgesetz Vorschriften zur Absicherung des Datenverkehrs im Allgemeinen, also nicht nur personenbezogener Daten, beinhaltet, konkretisiert das Gesetz zum Schutz von personenbezogenen Informationen ausschließlich Vorschriften zum Schutz personenbezogener Daten und zu den Rechten von betroffenen Personen. Diese Gesetze werden in den Compliance-Abteilungen von

Unternehmen mit Niederlassungen in China zu viel Arbeit führen. Konkret werden deutsche Unternehmen, die in China agieren, überprüfen müssen, welche Vorschriften für sie relevant sind, was bei der vorhandenen Menge an relevanten Gesetzen, Vorschriften und Normen und der sich ständig entwickelnden Gesetzeslage keine einfache Aufgabe ist. Ein Thema, das bereits viele Unternehmen beschäftigt, ist die Sorge vor weiteren Einschränkungen des grenzüberschreitenden Datenverkehrs sowie Vorschriften zur lokalen Speicherung bestimmter Daten durch neue Gesetzgebung in China. Die aktuell gültige Vorschrift zum grenzüberschreitenden Datenverkehr ist Artikel 37 Cybersecurity Gesetz, der festlegt, dass Unternehmen, die zur kritischen Infrastruktur gehören und personenbezogene oder wichtige Daten sammeln, diese in China zu speichern haben und eine Übertragung ins Ausland nur nach vorschriftsmäßig erfolgter Sicherheitsbewertung erfolgen darf. Für „normale" Unternehmen gibt es hierzu bislang noch keine neuen Vorschriften zusätzlich zu den bereits bestehenden DSGVO-ähnlichen Vorschriften, wie beispielsweise die Notwendigkeit, Personen darüber zu informieren, dass ihre personenbezogenen Daten ins Ausland übertragen werden und dem Durchführen einer Risikobewertung vor Übertragung der Daten. Zwar deutet sich bereits seit drei Jahren in verschiedenen Gesetzes- und Verordnungs-Entwürfen an, dass es in diesem Bereich neue Vorschriften geben wird, jedoch lässt sich anhand der vorgelegten Entwürfe verschiedener Ministerien erkennen, dass die Meinungen der Ministerien bei den Details weiterer Regelungen noch auseinandergehen.

Welche Beobachtungen lassen sich denn bei den Patentverletzungen im digitalen Bereich in den letzten Jahren machen? Welche Entwicklungen konnte man verfolgen?

Die Art der Verletzung des geistigen Eigentums, also auch von Patenten, hat sich in China in den letzten Jahren verändert. Wir haben zunehmend komplexere Fälle, weil sich viele der Fälscher mittlerweile besser mit den Gesetzen auskennen und gewissermaßen ein „Rechtsbewusstsein" vorhanden ist. Die Fälscher versuchen dementsprechend zunehmend, sich mit ihren Aktivitäten in rechtlichen Grauzonen zu bewegen. Diese Herangehensweise führt dazu, dass man häufig mehr Beweisen sammeln und tiefer argumentieren muss, um vor Gericht Recht zu bekommen. Im digitalen Bereich ist die Rückverfolgung von Fälschungen teilweise ebenfalls komplexer, da die Digitalisierung es Fälschern ermöglicht, ihre Plagiate über das Internet schneller und anonymisiert zu vertreiben.

Die Digitalisierung ermöglicht auch neue Wege des Diebstahls von geistigem Eigentum. Ein Beispiel hierfür ist, vereinfacht gesagt, der Diebstahl von sogenannter „embedded software", also Software, die in Maschinen integriert ist, mit dem Ziel, diese dann in den eigenen Produkten einzusetzen. Ein solcher Diebstahl ist schwer zu erkennen, da Produkte von außen komplett anders aussehen können, jedoch die gleiche Software verwenden und dementsprechend die gleichen Funktionen haben wie die Originalmaschine. In vielen Fällen ist die entsprechende Software nicht durch Patente geschützt und es müssen andere rechtliche Wege gefunden werden, wie zum Beispiel eine Urheberrechtsverletzungsklage, um in China sein Recht durchzusetzen.

Was würden Sie sagen, was läuft in China im Bereich Datenschutz und Cybersecurity gut und was ist verbesserungsfähig?

Problematisch ist vor allem die große Menge an Vorschriften und die damit einhergehende Unübersichtlichkeit. Diese führt in Zusammenspiel mit der sich ständig entwickelnden Gesetzeslandschaft und neuen Vorschriften zu einer gewissen Rechtsunsicherheit. Das ist nicht nur bei ausländischen Unternehmen so. Auch chinesische Unternehmen tun sich schwer, tendieren aber teilweise dazu, die Gesetzeslage eher auf die leichte Schulter zu nehmen. Wenn eine Behörde vor der Tür steht, wird etwas unternommen, vorher aber nicht. Diese Haltung können und sollten sich ausländische Unternehmen mit Niederlassungen in China nicht leisten. Hier erwarten häufig auch die Headquarters im Heimatland, dass Compliance großgeschrieben wird. Wir erwarten, dass die Situation im nächsten Jahr klarer wird: es werden nicht mehr so viele neue Vorschriften wie bisher hinzukommen und es wird sich herauskristallisieren, welche Teile der Vorschriften schlussendlich durchgesetzt werden und welche nicht.

Was gut läuft im Bereich Datenschutz ist die schnelle Umsetzung. Vor ein paar Jahren war Datenschutz noch kein großes Thema in China. Doch innerhalb von wenigen Jahren hat die chinesische Regierung eine umfassende Gesetzgebung für diesen Bereich entwickelt. Die Schnelligkeit, auf Anforderungen und auf Notwendigkeiten zu reagieren und Gesetze auf den Weg zu bringen, ist dabei außergewöhnlich.

Sie sagen, die DSGVO sei ein Vorbild für den chinesischen Datenschutz. Glauben Sie, dass es auch Learnings für den europäischen Datenschutz gibt, wenn man den chinesischen Datenschutz betrachtet?

In diesem Bereich sehe ich eher wenig, was wir übernehmen könnten, weil wir in Deutschland und Europa weitaus mehr Erfahrung und auch schon wesentlich länger Gesetze im Bereich Datenschutz haben. Die Grundlage, auf der die DSGVO in der EU aufbaut, ist auch eine ganz andere als diejenige in China. Zwar ist die DSGVO später als das chinesische Cybersecurity Law in Kraft getreten, jedoch hatten die europäischen Staaten auf nationaler Ebene schon Gesetzgebungen zum Datenschutz. In China war das vorher nicht gegeben. Was ich mir jedoch vorstellen könnte ist, dass sich Unternehmen, die im Bereich KI tätig sind, einen differenzierteren, lockereren Datenschutz in Europa wünschen, da das hohe Datenschutzniveau die Forschung und Entwicklung in diesem Bereich beeinträchtigt. Ich würde jedoch nicht sagen, dass wir hier direkt von China lernen sollten. Man kann die schnelle Entwicklung von KI-Anwendungen in China eher als Denkanstoß und Inspiration nehmen und versuchen, Wege zu finden, um die Entwicklung von KI zu ermöglichen und zu fördern – trotz des vorhandenen hohen Datenschutzniveaus.

Welche sind für Sie die aktuellen Top-Themen in der chinesischen Digitalwelt?

Trend Nummer eins sind für mich, aus Sicht des IP-Consultants, Online-Gerichtsverfahren. China hat bereits seit einigen Jahren Internet-Gerichte, bei denen Verfahren komplett online abgewickelt werden können. Das bedeutet, die Klage kann über das Internet eingereicht werden, Beweise, teilweise per Blockchain gesichert, können online eingereicht werden, und auch die Anhörungen finden online statt. Es muss niemand mehr zum Gericht anreisen. Die Sitzungszimmer der Gerichte sind mit der notwendigen Technik ausgerüstet, so dass virtuelle Verhandlungen problemlos abgehalten werden können. Vor Covid-19 haben diese Gerichte vor allem Fälle mit Internetbezug bearbeitet, aber nach dem Ausbruch von Covid-19 konnte China das Modell der Internet-Gerichte schnell auch auf andere Fälle ausweiten. Wir hatten im Jahr 2020 viele Verhandlungen, an denen unsere chinesischen Anwälte trotz Reiseverbot unkompliziert online teilnehmen konnten. Weitere spannende Themen sind die Experimente mit einer digitalen Währung, die China gerade in Shenzhen durchführt, und E-Commerce Livestreaming.

Video-Interview:

Interview: Chinas digitale Ökosysteme und der Datenschutz – Teil 1

Dr. Peter Petermann

Dr. Peter Petermann verfügt über mehr als 25 Jahre Erfahrung in den Bereichen Werbung und strategische Planung in Kreativ- und Medienagenturen in Europa, den USA und China. Er arbeitet als unabhängiger Berater für Strategie, Marketing und Werbung mit einem besonderen Schwerpunkt in der digitalen Transformation, in E-Commerce und Branding. Von 2016 bis 2019 war er als CSO bei MediaCom China und hat dort traditionelle Marketingansätze innoviert, insbesondere in den Bereichen digitale Medien, aufstrebende Plattformen und E-Commerce.

Herr Dr. Petermann, können Sie bitte zusammenfassen, was die wichtigsten Unterschiede zwischen China und Europa im Bereich Datenschutz sind?

Von Datenschutz in unserem Sinne kann in China de facto keine Rede sein, denn es gibt keine Rechtsprechung oder Gesetzgebung, die es verbietet, Daten zu sammeln. Nicht nur der Staat sammelt permanent Daten über seine Bürger, sondern auch Unternehmen, die spezifische Konsumentendaten auswerten. Während meiner Zeit in China habe ich in einer Mediaagentur gearbeitet; einer unserer Kunden, ein Hersteller von Motorölen für LKW, benötigte für eine Kampagne Informationen über die Nutzungsgewohnheiten seiner Konsumenten. Da es jedoch keine Daten über diese sehr spezifische Zielgruppe gab, mussten wir anders vorgehen. Wir haben an den zehn größten Truck-Stops in China Transponder installiert, mit denen wir Tracking-Cookies auf die Smartphones der Zielgruppe spielen konnten – und das sogar ohne vorher deren Einwilligung einzuholen. Es gab kein Gesetz, das uns dies verboten hätte und so konnten wir genau nachvollziehen, was die Nutzer auf ihrem Handy machten: Content-Präferenzen, App-Nutzung und auch die Geodaten konnten wir tracken. Was aus europäischer Sicht eine Datenschutz-Katastrophe ist, empfinden Chinesen jedoch längst nicht als so dramatisch.

Eine meiner Hypothesen ist, dass in einem Land, in dem die Überwachung durch die Regierung ohnehin lückenlos ist, diese diffuse Angst vor dem Verlust der Privatsphäre, so wie wir sie hier kennen, einfach nicht existiert. Wenn der Staat ohnehin alles weiß, warum sollen dann nicht auch Unternehmen meine Daten bekommen. Eine zweite Hypothese ist, dass es kulturelle und historische Gründe dafür gibt, warum Privatsphäre in China keine so große Rolle spielt wie bei uns im Westen. In China haben die Menschen traditionell immer auf sehr engem Raum gewohnt, zum Beispiel in „Gated Neighborhoods" und tun das teilweise noch immer. Diese Enge und Nähe zu den Nachbarn führen dazu, dass man eigentlich keine Geheimnisse haben kann. Meiner Beobachtung nach gibt es daher so etwas wie eine kulturelle und historische Ungezwungenheit, auch in Bezug auf die eigenen Daten. Allerdings ändert sich das gerade: je mehr Chinesen zur Mittel- oder sogar Oberschicht gehören, je individualistischer die Gesellschaft insgesamt wird, desto stärker wird das Bedürfnis nach einem geschützten privaten Raum; und auch die Datenschutzbestimmungen in China scheinen gerade etwas strenger zu werden.

Was hat Sie am meisten beeindruckt oder erschrocken, wenn es um das Thema Datenschutz geht?

Ich finde es bemerkenswert, wie selbstverständlich und ubiquitär der Einsatz von Überwachungstechnologien ist. Im Prinzip gibt es keinen Winkel in China, jedenfalls keinen öffentlichen Winkel in den größeren Metropolen, an dem keine Kameras stehen. Das ist zwar in manchen anderen Ländern ähnlich, aber China verfügt gleichzeitig über die fortschrittlichste Technologie zur Gesichtserkennung, so dass der Staat theoretisch jederzeit sagen kann, wo sich ein bestimmter Bürger aufhält, wohin er reist, wo er herkommt. Ich sage bewusst „theoretisch", denn ich bin mir ziemlich sicher, dass der Staat diese Abermillionen Datenpunkte nicht wirklich nutzt, beispielsweise um kleinere Gesetzesverstöße zu ahnden. Ein Beispiel: wenn man an einer X-beliebigen größeren Kreuzung steht, gibt es immer wieder Chinesen, die mit ihren Rollern bei Rot fahren, manchmal sogar, wenn ein Polizist mitten auf der Kreuzung steht. Was in Deutschland sofort Bußgelder und Punkte kosten würde, wird in China oft nicht weiterverfolgt – obwohl das mithilfe von Überwachungstechnologie sicherlich möglich wäre. Die Technologie ist vorhanden, aber der Freiraum der Chinesen im täglichen Leben ist doch sehr viel größer, als man sich das von hier aus vorstellt.

Was können wir im Bereich Digitalisierung und Datenschutz von China lernen?

Ich würde mir wünschen, dass wir Deutschen – sowohl auf staatlicher als auch privater Ebene – offener für neue, insbesondere digitale Technologien wären. Ich erlebe immer wieder, dass wir hier sehr viele "Bedenkenträger" haben, die neuen Technologien grundsätzlich erst einmal skeptisch gegenüberstehen. Natürlich ist nicht jede Innovation automatisch toll und man muss auch nicht jeden Trend sofort mitmachen. Aber man kann neue Dinge doch erst mal ausprobieren. Wenn es in China irgendeine neue digitale Technologie gibt, dann gibt es gleich auch immer mehrere Millionen von Menschen, die sie sofort nutzen – einfach, weil sie da ist. Bringt die Technologie keinen nennenswerten Mehrwert, dann verschwindet sie eben wieder. Aber das Momentum, das eine Innovation dort entwickeln kann, bedeutet auch, dass sich sinnvolle Dinge sehr viel schneller durchsetzen, weil sofort ein funktionierendes Geschäftsmodell da ist. Ein Beispiel dafür ist das Bezahlen per Handy: die Technologie dafür gab es in Deutschland schon vor etlichen Jahren; aber erst jetzt setzt sie sich hier langsam durch. In China ging das sehr viel schneller – zum großen Vorteil beispielsweise von sehr vielen Kleinst-Händlern, für die Micro-Payments per Handy essentiell sind.

Ich kann ja verstehen, dass wir Deutschen gerade was Geld und Daten angeht sehr zur Vorsicht neigen. Aber das macht es eben leider für Start-Ups und andere Unternehmer sehr schwierig, neue digitale Technologien zu entwickeln, die uns auch international wieder nach vorne bringen würden. Innovationen aus Deutschland werden so lange getestet und verbessert bis sie perfekt und gleichzeitig obsolet sind. Wir perfektionieren uns zu Tode. Chinas digitale Elite ist da sehr viel smarter aufgestellt, ähnlich wie das Silicon Valley. Dort gibt es eine ausgesprochene Start-up-Mentalität und diese Mentalität wird vom Staat sehr stark gefördert. Ich finde es schade, dass wir weder von staatlicher noch von privatwirtschaftlicher Seite Initiativen haben, die die schlauen Entwickler, die wir hierzulande sicherlich haben, stärker fördern und finanziell unterstützen. Im Gegenteil: die „Bedenkenträger" verhindern bei uns in vielen Fällen echte digitale Innovationen.

Video-Interview:

China arbeitet kontinuierlich an der Implementierung von Gesetzen und Regelungen zum Schutz von Persönlichkeitsrechten und persönlichen Daten, wie zuletzt mit der Einführung des Zivilgesetzbuchs

Wie oben bereits erwähnt arbeitet die chinesische Regierung an zwei neuen Datenrechtsgesetzen, zum einen an einer Aktualisierung des bereits 2017 in Kraft getretenen sogenannten „Data Security Law", zum anderen erstmalig an einem sogenannten „Personal Information Protection Law". Das zweitgenannte wurde im Oktober 2020 als Entwurf öffentlich vorgestellt und hat noch keine Gesetzeskraft (King & Wood Mallesons, 2020). In diesem Entwurf wird erstmalig etwas integriert, das dem Schutz der persönlichen Daten in Europa nahekommt. King & Wood Mallesons, eine auf Asien spezialisierte Anwaltsfirma, bewerten die einzelnen Abschnitte aus ihrer Sicht. Interessierte JuristInnen finden hier weiterführende Hinweise. Wir möchten an dieser Stelle folgenden Abschnitt zitieren, der einen guten Überblick darüber verschafft, welche Anpassungen China im eigenen Datenschutz beabsichtigt, vorzunehmen.

„Artikel 13 des Entwurfs legt erstmals fest, dass die Verarbeitung personenbezogener Daten nur dann rechtmäßig ist, wenn (1) eine Einwilligung vorliegt oder sie (2) zur Erfüllung eines Vertrags, (3) zur Erfüllung gesetzlicher Aufgaben oder Pflichten, (4) zur Bewältigung von Notfällen im Bereich der öffentlichen Gesundheit oder zum Schutz des Lebens, der Gesundheit und der Sicherheit natürlicher Personen in Notfällen, (5) zur Wahrung des öffentlichen Interesses in einem angemessenen Rahmen und (6) in anderen durch Gesetze und Verwaltungsvorschriften vorgesehenen Fällen erforderlich ist. Obwohl der Entwurf neue Rechtsgrundlagen für die Verarbeitung personenbezogener Daten einführt, gibt es immer noch einige Unterschiede zur DSGVO. Die Basis für (4) des Entwurfs ist die Notwendigkeit zum Schutz des Lebens, der Gesundheit und der Sicherheit von natürlichen Personen in einem Notfall, während die DSGVO den Schutz lebenswichtiger Interessen natürlicher Personen vorsieht." (King & Wood Mallesons, 2020).

Auch kann sicherlich unterschiedlich interpretiert werden, was genau unter einer „Wahrung des öffentlichen Interesses in einem angemessenen Rahmen" gemeint ist. Die Abwägung von RichterInnen zwischen persönlichem Recht und dem chinesischen „öffentlichen Interesse" mag anders ausfallen als im Westen. Noch ist diese Formulierung aber nicht Gesetz und wie deren Auswirkungen auf die chinesischen Plattformökosysteme konkret aussehen werden, bleibt abzuwarten.

MANAGEMENT SUMMARY

- Häufig wird angenommen, China habe keinen Datenschutz. Das ist nicht richtig. China schützt Daten nur anders als der Westen

- In Europa bedürfen personenbezogene Datenanalysen immer der Zustimmung – Zweck für Zweck immer wieder neu

- In China benötigen personenbezogene Datenanalysen nur einmal der Zustimmung

- Dadurch ist das verknüpfte Analysieren von persönlichen Daten erlaubt

- Das ist der entscheidende Wettbewerbsvorteil für China, denn KI braucht Daten, um zu lernen – je verknüpfter, desto besser

- ChinesInnen haben außerdem eine vergleichsweise entspanntere Einstellung zur Nutzung ihrer Daten als EuropäerInnen

- Europa dagegen unterbindet Lernpotenzial für KI durch die DSGVO

- Das Ergebnis: Chinesische Firmen werden aller Voraussicht nach weltführend werden – es lohnt sich also, nach China zu schauen

- Und: China arbeitet kontinuierlich an der Implementierung von Gesetzen und Regelungen zum Schutz von Persönlichkeitsrechten und persönlichen Daten, wie zuletzt mit der Einführung des Zivilgesetzbuchs. Es bleibt abzuwarten, wie die zukünftigen Gesetze ausfallen werden und welche Auswirkungen sie auf die chinesische Wirtschaft und die KI-Entwicklungen haben werden.

8. Plattform-Ökosysteme und Super-Apps

In einigen Branchen kann man den Mehrwert der fortgeschrittenen Digitalisierung und KI bereits ablesen

Vor allem in Handel, Finanzdienstleistungen, FMCG und Medienangebote sowie im Reisemarkt wird dies sichtbar (siehe Abbildung 2). Besonders in den vier erstgenannten Bereichen in China fällt auf, dass hier Angebote bereits in gemeinsame Plattformen zusammenwachsen, die Anbieter also bemüht sind, ihre Leistungen zu kombinieren, um mehr Daten auf der einen Seite und eine integrierte KonsumtInnenerfahrung auf der anderen Seite zu generieren.

Hier entstehen sogenannte Plattform-Ökosysteme, die sich deutlich von westlichen Plattformen unterscheiden

Plattform-Ökosysteme sind nach innen offene und nach außen geschlossene Angebote verschiedener Marktteilnehmer unter der Steuerung eines Partners. Alibaba, Tencent, JD, aber auch Microsoft, Apple, Amazon, Facebook sind solche Plattform-Ökosysteme. Der Unterschied zu westlichen Plattform-Ökosystemen ist, dass die Angebote der chinesischen Plattformen so breit aufgestellt sind, dass sie das digitale Alltagsleben der NutzerInnen von früh bis spät bestimmen. Während in den USA eine Plattform entweder eine Handelsplattform (Amazon) oder eine Wissensplattform (Google) oder ein Messenger (Facebook) ist, sind WeChat und Alibaba in China alles in einer Plattform. NutzerInnen müssen das Ökosystem nicht verlassen, um eine bestimmte Funktion zu nutzen. Damit entwickeln sich diese Plattformen zu sogenannten „Gatekeepern" für Marken und deren Angebote, man kommt als Anbieter und NutzerIn quasi nicht mehr daran vorbei.

Jede Plattform hat eine digitale Bezahlfunktion, dadurch haben Unternehmen von der Suche eines Produktes bis zum Kauf alle Daten in einem System und können diese Daten daher nahtlos auswerten

Außerdem ist jede dieser Plattformen mit einer digitalen Bezahlfunktion verknüpft, z.B. WeChat Pay bei WeChat und AliPay bei Alibaba. Dadurch weiß die Plattform nicht nur, was gesucht wurde, sondern auch was wann zu welchem Preis tatsächlich gekauft wurde. Der sogenannte „closed loop" entsteht – die Plattformen haben Daten von der ersten Suche bis zum späteren Kauf in einem geschlossenen System und können diese Daten nahtlos auswerten. Dadurch entsteht eine sehr hohe Qualität an Daten über KundInnen mit der Möglichkeit, diesen KundInnen genau „das Richtige" anzubieten.

Super-Apps wie WeChat entwickeln sich dadurch zum digitalen Alltagsbegleiter

Häufig wird im Westen gesagt, WeChat sei das chinesische Gegenstück zu WhatsApp. Das ist in etwa so wie zu sagen, ein Airbus sei so etwas wie ein Fahrrad. Zwar kommt man mit beiden Fahrzeugen von A nach B. Allerdings bietet ein Airbus weitere Vorteile gegenüber dem Fahrrad: Regenschutz, Verpflegung, einen bequemen Sitz, Geschwindigkeit, Filme, Musik … um nur einige zu nennen. So ist WeChat nicht nur ein Messenger, wie etwa das US-Pendant WhatsApp, sondern ein ganzes digitales Alltags-Organisations-System mit Messenger, Bank- und Kreditfunktionen, Ticketbuchanbieter für Auto, Bahn, Flug und Fahrrad, Buchung und Verwaltung von Arztterminen, Abwicklung der Steuererklärung, Bezahlung von Parktickets usw. Rund 1,2 Milliarden Menschen weltweit (Tencent, 2020), die meisten davon in China, organisieren fast ihren gesamten digitalen Alltag über diese sogenannte Super-App. Auch Alibaba hat weitreichende Angebote, die breiter ausgebaut sind als diejenigen des westlichen Pendants Amazon.

Auf den folgenden Seiten zeigt Dr. Peter Petermann in seinem Interview den Zusammenhang von digitalen Ökosystemen und dem Datenschutz auf, Sven Spöde widmet sich detailliert der Super-App WeChat, Damian Maib entführt die Leser und Leserinnen in die Welt der wichtigsten E-Commerce-Spieler Taobao, Kaola und Pindoudou und Philipp Schaaf wirft ein Schlaglicht auf die Bedeutung von mobilem Banking und Payment. Christina Richter schließt dieses Kapitel mit Einblicken in die Wichtigkeit des QR-Codes in China, ohne den eigentlich digital nichts mehr geht.

Interview: Chinas digitale Ökosysteme und der Datenschutz – Teil 2

Dr. Peter Petermann

Dr. Peter Petermann verfügt über mehr als 25 Jahre Erfahrung in den Bereichen Werbung und strategische Planung in Kreativ- und Medienagenturen in Europa, den USA und China. Er arbeitet als unabhängiger Berater für Strategie, Marketing und Werbung mit einem besonderen Schwerpunkt in der digitalen Transformation, in E-Commerce und Branding. Von 2016 bis 2019 war er als CSO bei MediaCom China und hat dort traditionelle Marketingansätze innoviert, insbesondere in den Bereichen digitale Medien, aufstrebende Plattformen und E-Commerce.

Herr Dr. Petermann, Sie haben mehrere Jahre in China für eine Medienagentur gearbeitet. Was können Sie uns über das komplexe digitale Ökosystem in China erzählen im Vergleich zu dem im Westen?

Wenn ich von digitalen Ökosystemen spreche, meine ich Plattformen von großen Konzernen wie Alibaba und Tencent, die nicht nur über einen Kanal verfügen, sondern über eine Reihe von digitalen Angeboten, die alle nahtlos miteinander verknüpft sind. Diese digitalen Ökosysteme machen es Marketern ungleich viel einfacher, Konsumentendaten über eine Vielzahl von unterschiedlichen Aktivitäten zu sammeln und so wirklich umfassende Käufer-Profile zu erstellen. Mit „Konsument" oder „Käufer" ist übrigens nie eine einzelne Person gemeint, sondern immer nur ein anonymisierter „Nutzer", über den dann allerdings sehr viel bekannt ist – von seinem Shopping-Verhalten bis hin zu seiner Lieblingsmusik. Mit diesem Wissen kann ein Konsument dann an jedem beliebigen Ort in diesem Ökosystem so angesprochen werden, dass die Botschaft besonders wirkungsvoll ist.

Die beiden wichtigsten Ökosysteme in China sind die von Alibaba und Tencent. Beide Unternehmen verfügen über Apps und Services, die praktisch sämtliche digitale Bedürfnisse abdecken – Shopping, News, Entertainment, Social, Gaming, Payment, Maps etc. – und die sozusagen um die jeweilige ursprüngliche „Kernkompetenz" herumgebaut wurden. Alibaba ist groß geworden als Shopping-Plattform und Tencent als Plattform für Gaming und Social Media. Die Ökosysteme dieser beiden Unternehmen sind inzwischen so umfassend, dass beide behaupten, dass ca. 90 % aller Internetnutzer regelmäßig ihre Services nutzen. Und befindet sich ein Nutzer dann innerhalb eines dieser sogenannten „Walled Gardens", dann gibt es keine Notwendigkeit mehr, das Ökosystem zu verlassen. Kauft eine Nutzerin beispielsweise ein neues Kleid auf JD.com (die übrigens noch am selben Tag liefern), dann kann sie direkt von dort für ihre Follower auf WeChat Moments ein Selfie von sich posten, danach aus WeChat heraus ein Didi-Taxi bestellen, um zum angesagtesten Club zu fahren, wo sie selbstverständlich auch schon per WeChat einen Tisch reserviert hat. Alles, ohne das Tencent-Ökosystem zu verlassen. All die Daten, die Tencent dabei über diese Nutzerin sammelt, werden aggregiert zu reichhaltigen Profilen und Käufer-Segmenten, um noch besser abzubilden, wie man potenzielle Kundinnen am besten erreicht. Dazu nutzen sowohl Alibaba als auch Tencent sogenannte „Single User IDs", also Kennungen für jeden einzelnen Nutzer. Anhand der Datenpunkte, die einem Profil so zugeordnet werden, lassen sich dann wiederum eine ganze Reihe von Marketingmaßnahmen ableiten. Aus westlicher Sicht hört sich das natürlich schwer nach dem berühmten „gläsernen Verbraucher" an, aber tatsächlich machen Amazon, Google & Co. das ganz ähnlich – nur dass deren Ökosysteme deutlich schmaler sind als die chinesischen.

Sie haben in China im Marketing-Bereich gearbeitet. Können Sie uns mehr darüber erzählen, wie die Customer Journey dort aussieht und welche Daten in den einzelnen Schritten gesammelt werden?

Grundsätzliche sieht eine Customer Journey in China natürlich genauso aus wie in Deutschland – denn die Bedürfnisbefriedigung ist ja vergleichbar. In China ist so eine Journey jedoch ungleich viel digitaler; wie ja China insgesamt deutlich digitaler ist als Deutschland. Ich habe oben von den großen digitalen Ökosystemen gesprochen und die spielen natürlich auch bei der Consumer Journey eine große Rolle. Marken haben die Möglichkeit, die Konsumentin praktisch jederzeit mit einem passenden Angebot anzusprechen, basierend auf ihren Nutzungsgewohnheiten und ihrer Shopping-Historie, und da der Point-of-Sale tatsächlich immer nur einen Klick entfernt ist, ist die Distanz zwischen Werbebotschaft und Kaufabschluss, zwischen Content und Commerce extrem kurz.

Ein weiterer wichtiger Unterschied zwischen China und Deutschland ist, dass E-Commerce – und vor allem M-Commerce (also Shopping auf dem Smartphone) dort eher die Norm als die Ausnahme ist. Die chinesischen Konsumenten kaufen fast alles online, sogar Autos. Das hat bei einem Land mit der Größe von China enorme Vorteile, insbesondere in den ländlicheren Regionen mit schlechter Infrastruktur: Dank E-Commerce kann man auch im letzten Winkel noch (fast) alles bekommen. Der Nachteil, wenn man so will, ist, dass es immer weniger stationäre Geschäfte gibt. Es gibt beispielsweise in ganz Shanghai nur eine Handvoll Baumärkte, weil es sich einfach nicht lohnt. Und weil alle Bestellungen tatsächlich innerhalb kürzester Zeit und selbstverständlich kostenlos geliefert werden, habe ich mir tatsächlich mal eine einzelne Packung Schrauben online bestellt.

Aus unserer westlichen Sicht erscheint es unter Umständen besorgniserregend, dass chinesische Unternehmen durch das Sammeln von Daten so viel Wissen über die Verbraucher haben. Chinesische Konsumenten sehen das allerdings anders. Tatsächlich erwarten viele Konsumenten, dass Unternehmen wissen, wen sie vor sich haben, zum Beispiel wenn sie in ein Kaufhaus kommen. Das digitale Management des Kaufhauses soll sie wiedererkennen, wenn sie den Laden betreten und ihnen digitale Angebote machen, die ihren Präferenzen entsprechen oder ihnen Coupons aufs Smartphone schicken. Mir leuchtet das ein: mich persönlich nerven Anzeigen und Angebote weniger, wenn sie zumindest potenziell relevant für mich sind. Ich kann dann ja immer noch entscheiden, ob ich das

Angebot annehme oder nicht. Natürlich ist auch in China die Werbung allgegenwärtig, wahrscheinlich sogar noch mehr als bei uns. Aber zumindest ist Werbung entlang der Consumer Journey in China deutlich individueller auf den einzelnen Nutzer ausgerichtet und damit potenziell wirksamer.

Was können wir im Bereich Digitalisierung von China lernen? Was sollten wir auch in Deutschland übernehmen?

Zunächst einmal finde ich es erstaunlich, wie sich China innerhalb kürzester Zeit von einem Entwicklungsland zu einem der technologisch fortschrittlichsten Länder der Welt und zu einer durch und durch digitalen Gesellschaft entwickelt hat. Besonders beeindruckt hat mich in China, wie selbstverständlich auch ältere Chinesen mit digitaler Technologie umgehen. Das trifft zwar stärker auf die Metropolen zu. In ländlichen Teilen, gerade im Westen Chinas, ist die Durchdringungsrate geringer. Aber selbst in den weniger entwickelten Landesteilen spielt die digitale Infrastruktur eine zentrale Rolle, auch für den Fortschritt.

Ein Beispiel dafür ist das mobile Bezahlen. Wie oben bereits erwähnt, ist das Bezahlen per Smartphone in China seit Jahren Gang und Gäbe. Und zwar nicht nur in Geschäften oder der Gastronomie, die mit teuren Geräten ausgestattet sind, sondern auch mit Micro-Payments von Person zu Person. Dazu scannt man mit seinem Handy einfach nur einen QR-Code auf dem Handy des anderen und kann sofort kleine oder große Beträge überweisen. Ich bin dort in der Regel ohne Geldbeutel aus dem Haus gegangen, weil ich praktisch alles mit dem Handy bezahlen konnte. Als ich dann aus China zurückkam, habe ich mir hier sofort Apple Pay auf meinem Handy eingerichtet, und das war auch vergleichsweise unkompliziert. Während man mich Anfang 2019 häufig ratlos angeschaut hat, ist es inzwischen in den meisten Supermärkten unproblematisch, mit dem Smartphone zu bezahlen. Allerdings existiert diese Technologie bei uns schon seit mindestens Fünf Jahren und es hat bis jetzt gedauert, bis sie sich langsam durchsetzt.

Welche sind für Sie die aktuellen Top-Themen in der chinesischen Digitalwelt?

Die chinesische Kurzvideo-Plattform Douyin, hier besser bekannt als TikTok, hat sich von China aus in sehr kurzer Zeit weltweit verbreitet. Während TikTok im Westen tendenziell immer noch eher eine Spaßplattform ist, hat sie sich in China bereits weiterentwickelt und bietet z.B. Tutorials und Online-Education an.

Ein weiteres zentrales Thema ist natürlich künstliche Intelligenz, weil China hier deutlich weiter ist als der Westen, zumindest als Deutschland. Damit zusammen hängen Themen wie Deep Learning und Predictive Analytics aber auch New Retail, Automatisierung und Autonomes Fahren.

Video-Interview:

Interview: WeChat - die Super-App von China
Sven Spöde

Sven Spöde ist Experte für digitale Kommunikation und Online-Marketing in China und Senior Berater für Digitalkommunikation bei der Agentur Oliver Schrott Kommunikation. Seit über acht Jahren unterstützt er deutsche Unternehmen bei der strategischen Kommunikation, im Marketing und Vertrieb zum Einsatz von Tools wie WeChat, WeChat Mini-Programmen, Social CRM, Douyin, Weibo oder auch Mobile Payment-Verfahren wie Alipay oder WeChat Pay. Diese langjährige Erfahrung, sowohl aus B2C als auch B2B, verbindet er mit seinem Hintergrund in der Kognitionswissenschaft.

Herr Spöde, wann wurde WeChat das erste Mal gelauncht und mit welchen Funktionen hat die App angefangen?

WeChat gibt es seit Anfang 2011 und damit mittlerweile über 10 Jahre! Am Anfang war es ein normaler Messenger. Spannend war, dass Tencent, die Firma hinter WeChat, mit QQ schon einen Messenger hatte. Trotzdem hat man dann aber noch WeChat als sogenannten Mobile First-Messenger gelauncht. In WeChat gab es schnell Funktionen wie den berühmten QR-Code-Leser und dadurch die Möglichkeit, auf Inhalte aus der echten Welt zuzugreifen.

Das Spannende ist, dass WeChat es Behörden und Unternehmen ermöglicht, Services und Funktionen anzubieten, die die App an sich nicht von Haus aus mitbringt. Das macht WeChat zu einer Super-App, in der Unternehmen Geschäftsmodelle oder andere Funktionen integrieren können. Was WeChat in erster Linie für den Endkonsumenten mitbringt, ist eine Kommunikationsinfrastruktur für Text-Nachrichten, Sprachnachrichten, Telefonate und Video-Calls. Die beliebteste Funktion nach dem Messenger-Feature ist WeChat Moments (Einführung 2012). Das kann man sich so vorstellen wie den Facebook- oder Instagram-Feed, der Ort, an dem ich meine Essensfotos und Ausflüge teile, wo ich aber auch berufliche Erfahrungen oder Links veröffentliche. Recht schnell gab es 2013 durch die Integration von WeChat Pay auch die Funktion, Geld zu verschicken und mobil zu bezahlen. Diese wurde erweitert, sodass man auch in Online-Shops und Offline-Läden mit WeChat Pay bezahlen kann.

Wie hat sich die App im Laufe der Zeit entwickelt?

Neben diesem Grundgerüst von WeChat wurden nach und nach weitere Funktionen entwickelt, wie beispielsweise ein Taxi zu rufen, Flüge zu buchen, Wasser- und Stromrechnungen zu bezahlen und öffentliche Verkehrsmittel zu nutzen. Ein paar der Funktionen, wie die Integration mit den lokalen Versorgungsgesellschaften, bringt WeChat selbst mit, andere Funktionen, z.B. die Taxibestellungen, laufen mittlerweile über Mini-Programme wie Didi Dache. Mini-Programme gibt es seit Anfang 2017: damit hat WeChat ermöglicht, dass neue Mini-Apps extra für WeChat programmiert werden. Für Konsumenten ist es so möglich einfach und schnell zwischen den digitalen Angeboten verschiedenen Firmen zu springen. Durch die Mini-Programm Infrastruktur, hat WeChat noch einmal den Begriff Super-App neu definiert. Für mich basierte das Erfolgsmodell von WeChat lange Zeit darauf, dass die Super-App über digitale QR-Codes viele Probleme in der echten Welt gelöst hat. So hat sich die App schnell verbreitet und den Alltag der Chinesen digitalisiert.

Auch viele Unternehmen bewerteten positiv, dass es diese chinesische App gab, die sehr viele Leute benutzten. WeChat hat deshalb relativ schnell auch Unternehmen, Medien, Regierungsorganisationen und Bloggern ermöglicht, Informationen zu veröffentlichen. Sie haben einen etwas anderen Weg gewählt als andere Internetkonzerne damals und haben von vorerein definiert, dass diese Art von Accounts andere Funktionen brauchen als ein normaler WeChat-Account. Mit den Offiziellen Accounts (also Unternehmens-Accounts), die 2012 gestartet wurden, ist es Unternehmen innerhalb von WeChat möglich, WeChat Pay und E-Commerce sowie andere Integrationen von Programmier-Schnittstellen anzubieten. Mit der Sonderform der Official Accounts, den Subscription Accounts (Abo Accounts) können Unternehmen und Organisationen Newsletter veröffentlichen. Diese Abo-Accounts befinden sich nicht auf der alleroberesten Ebene auf WeChat, also dort, wo die Direktkontakte zu finden sind, sondern sie liegen in einem eigenen Abo-Ordner. Unternehmen dürfen hier einmal täglich einen Newsletter schreiben. Da China das Desktop-Zeitalter übersprungen hat und sich E-Mails nicht so wie bei uns etabliert haben, verschicken Unternehmen ihre Newsletter nicht via E-Mail, sondern über WeChat.

WeChat führt ständig neue Features ein. Was sind die neusten Funktionen des Super-App-Ökosystems?

Kurzvideo- und Videocontent war bisher in WeChat nicht so gut integriert wie auf anderen Plattformen. Es gab in der Vergangenheit zwar schon Produkte von WeChat, wie die WeChat Bubble Funktion (ähnlich wie Stories auf anderen Kanälen), die sich aber nicht wirklich durchgesetzt haben. Anfang 2020 wurden dann die WeChat Channels gelauncht, die in Richtung von TikTok, aber auch IGTV gehen und es ermöglichen, Video-Content zu veröffentlichen. Das Besondere daran ist, dass die Inhalte nicht nur von meinen direkten Kontakten angesehen werden können, sondern durch Empfehlungsalgorithmen allen Nutzern ausgespielt werden. Während die Videos zuerst ähnlich kurzgehalten werden sollten, wie etwa bei TikTok, sind nun auch deutlich längere Videos von mehreren Minuten in den WeChat Channeln möglich. Dadurch haben Vlog-Formate deutlichen Zuwachs erhalten.

Eine weitere Funktion, die vor Kurzem eingeführt wurde, sind die sogenannten Mini Shops, eine Spezialvariante der Mini Programme. Sie beinhalten bestimmte E-Commerce-Schnittstellen und E-Commerce-Backends und erlauben Usern, relativ einfach einen E-Commerce-Store bei WeChat anzubieten. Diese Stores können auch wiederum in die WeChat Channel eingebaut werden, so können Unternehmen und Influencer etwa per Livestream Commerce direkt aus ihren Mini Shops verkaufen, dies ist ab 2021 sogar für ausländische Unternehmen möglich, um etwa Cross-Border E-Commerce anzubieten.

Zurzeit arbeitet WeChat vor allem an einer neuen mächtigen Such-Funktion: Zuerst wurde die Technologie der Suche durch neue AI-Algorithmen selbst deutlich verbessert und jetzt werden nach und nach neue Möglichkeiten für Unternehmen freigeschaltet auch neben den Official Accounts weitere Formen von Content und Angeboten bereitzustellen. Man kann es sich in etwa so vorstellen, wie die vielfältigen Baidu Content-Marketing Produkte, aber auch frühere Angebote bei Web-Katalogen wie Yahoo. Dazu gehört etwa die Funktion „WeChat Circle", die thematische Communities außerhalb der eigenen Kontakte ermöglicht.

Warum sind wir im Westen nicht so weit bei solchen Super-Apps wie WeChat? Woran scheitert es, Super-Apps auch bei uns einzuführen und was können wir in diesem Bereich von China lernen?

Ein Hauptgrund, wieso wir im Westen keine Super-App wie WeChat haben, ist, dass WeChat in China viele Alltagsprobleme gelöst hat, die bei uns vor 30 Jahren bereits ordentlich und strukturiert nicht-digital gelöst wurden. Deshalb gab es bei uns keinen großen Bedarf für solche Apps. WeChat konnte viele dieser Probleme aber nicht alleine lösen, weswegen sie ihre Plattform für andere Anbieter zur Verfügung stellten und dadurch zu einer Super-App geworden sind.

Die Flexibilität und der Plattform-Gedanke, dass man als App-Anbieter nicht alle Probleme selbst lösen muss, haben in China dazu geführt, dass sich solche Ökosysteme überhaupt entwickeln konnten. In WeChat gibt es jetzt zum Beispiel auch Gerichtsverfahren oder Hochzeiten. Oft ist es aber nicht so, dass WeChat diese Funktionen selbst anbietet, sondern Provinzgerichte schließen beispielsweise das Hochzeitsregister einfach an WeChat an. Dazu muss man sagen, dass eine Hochzeit beim Standesamt in China meistens keine Zeremonie beinhaltet, sondern dies erst bei der Feier danach vollzogen wird. Bei der Registrierung geht es vor allem darum den Ehe-Status durch Einreichen von Dokumenten zu prüfen und den Hochzeits-Pass auszustellen. Es ist also eh ein sehr formaler Akt – diese Dokumente können nun auch digital eingereicht werden, der Identitätsnachweis erfolgt dabei über WeChat.

In Deutschland gibt es immer die Bestrebung, dass die Regierung große Projekte unter Kontrolle haben will und eigene Apps für digitale Dienstleistungen anbieten möchte, die nicht über eine Dritt-App laufen. Auf der anderen Seite bieten die Apps, die ein Plattformpotenzial hätten, diese Möglichkeiten nicht an. Bei uns fehlt die Bereitschaft beider Seiten; da kann man sich mehr Flexibilität und Agilität wünschen. Chinesen sind in dieser Hinsicht sehr pragmatisch. Dadurch, dass sich das Land in den letzten 30 Jahren rapide verändert hat, sind die Leute einen gewissen Wandel gewohnt, wodurch es eine höhere Akzeptanz für Veränderung gibt.

Es kann gut sein, dass sich infolge der Veränderungen, die wir durch die Corona-Pandemie erleben, auch hier bei uns im Alltagsleben einen erhöhten Informationsbedarf bzw. Unbequemlichkeit geben wird: Beispielsweise, ob gerade bestimmte Produkte im Supermarkt vorrätig sind oder wie lange die Wartezeit im Laden ist. Vielleicht gibt es eine Chance zu mehr digitalen Lösungen auch bei uns, dadurch, dass wir in diesen Bereichen jetzt mehr Bedarf haben und die etablierten Lösungen nicht mehr greifen.

Welche sind für Sie die aktuellen Top-Themen in der chinesischen Digitalwelt?

Getrieben durch den Konflikt zwischen den USA und China hat sich die chinesische Tech-Welt im letzten Jahr weiter entkoppelt. Hier wird es spannend zu sehen sein, wie sich dies weiterentwickelt. Auf der einen Seite hat China starke Unternehmen und Technologie in bestimmten Bereichen, in anderen Bereichen, wie etwa Mikro-Prozessoren, ist China nach wie vor stark von amerikanischer Technologie abhängig. Es gab auch schon Initiativen der chinesischen Regierung, den Health-Code, mit dem über WeChat- und Alipay-Mini Programme, das Infektionsrisiko nachgewiesen wird, global einzuführen, um wieder Tourismus zu ermöglichen.

Die chinesische Digitalwelt hat sich auch generell noch mal schneller weiterentwickelt, getrieben durch Big Data und AI-Tools, die Scorings, Personalisierung und mehr ermöglichen. Gepaart mit dem Trend zu mehr und hochwertigerem Content ist die chinesische Digitalwelt nun ein persönlicher Unterhaltungsort geworden – mit vielen sozialen Interaktionsmöglichkeiten.

Hier wird es spannend zu sehen sein, wie sich diese Vorreiter-Rolle und der konträre Trend zum Decoupling weiterentwickeln. Es ist auf jeden Fall eine spannende Zeit mit neuen Möglichkeiten, getrieben durch die rasante Entwicklung.

Aus meiner Sicht gewinnen zudem digitale Inhalte für viele Unternehmen in China rasant an Bedeutung. War es in China noch vor wenigen Jahren eher eine Assistenzposition, die sich um die WeChat-Inhalte gekümmert hat, rückt die richtige Strategie und professionelle Erstellung von Inhalten mittlerweile deutlich nach oben in der Hierarchie. Hier wird sicherlich ein Hauptfokus von WeChat und den anderen Digitalkonzernen liegen, denn nur gute Inhalte, von redaktionellen Texten bis hin zu spannenden Livestreams mit Shopping-Möglichkeit hält die anspruchsvollen chinesischen Nutzer bei Laune.

Video-Interview:

Interview: Taobao, Kaola, Pinduoduo & Co. - Die wichtigsten chinesischen E-Commerce Key Player

Damian Maib

Damian Maib ist Gründer und CEO der Agentur Genuine German. Als Full-Service China Agentur und offizieller TMall-Partner (TP) übernimmt Genuine German von der Strategie bis zur Umsetzung die komplette Wertschöpfungskette zum chinesischen Endkunden. Bekannte Unternehmen wie Cosnova (essence und catrice), Beiersdorf, dm und viele mehr vertrauen auf sein Team in Shanghai und Berlin.

Herr Maib, wie unterscheidet sich das digitale Ökosystem in China im Allgemeinen von dem in Deutschland?

In China ist so gut wie alles digital. Das hört beim E-Commerce und Social Media nicht auf, sondern geht bis zu Haustürschlüsseln oder Zahlungen. Die digitalen Plattformen werden auch im privaten Bereich intensiv genutzt, z.B. für das Bestellen von Essen oder die Nutzung der U-Bahn. Alles wird mit Alipay, WeChat Pay oder sogar über Gesichtserkennung bezahlt.

Wenn wir uns das E-Commerce-System in China anschauen, können wir drei große, relevante Player erkennen. Das sind Alibaba (mit Taobao und Tmall), JD und Pinduoduo. Zudem gibt es im E-Commerce noch kleinere Plattformen für verschiedene Unterkategorien. Im Social Media-Bereich haben wir neben den über China hinaus bekannten Weibo, WeChat (Tencent), Douyin (ByteDance) und Kuaishou, ein sehr diverses und sich immer veränderndes Umfeld. Wir arbeiten täglich mit all diesen Plattformen zusammen, sowohl im Social Media- als auch im E-Commerce-Bereich.

Was sollten wir über Tmall, Kaola und JD wissen? Was unterscheidet diese Plattformen von den westlichen E-Commerce Key Playern?

Tmall und Taobao gehören von Anfang an zu Alibaba. Kaola wurde 2019 von Alibaba akquiriert. JD ist weiterhin unabhängig und hat eine strategische Partnerschaft mit Tencent. Hierbei ist Alibaba (mit Taobao und Tmall) die Nummer eins, JD Nummer zwei. Alibaba und JD teilen seit Jahren unumstritten Platz eins und zwei. Platz drei ist etwas dynamischer und neue Player wie beispielsweise Pinduoduo haben stark an Marktanteil gewonnen.

Im Vergleich zur westlichen Plattform Amazon, die in Deutschland häufig genutzt wird, ist Tmall für mich eine „online Fifth Avenue", in der jede Marke ihre eigene individuell gestaltbare Storefront hat. Die einzelnen

Produktteilseiten sind deutlich kreativer als diejenigen in Deutschland. Die chinesischen Seiten sind ausführlicher, sie erzählen die Geschichte der Marke bildlicher, oft mit Video und heben dadurch die USP (Unique Selling Proposition) der Produkte hervor. Diese Darstellungsweise ist deutlich unterhaltsamer und informativer als bei Amazon. Auf unseren E-Commerce Shops setzen wir bereits auf tägliche Livestreams. Zudem hat jedes HERO Produkt (Top Seller) sein eigenes „Erklärvideo", in dem wir innerhalb von 30 Sekunden die Funktion des Produktes beschreiben. HERO Produkt heißt eigentlich einfach nur, dass es eines DER Top Seller im Shop ist. Auch im E-Commerce lebt das Pareto-Prinzip, 20 % der Produkte ergeben 80 % des Umsatzes. Meist ergeben die HERO Produkte sogar mehr als 80 % des Umsatzes und sind somit die Umsatztreiber.

Kunden auf Tmall und Taobao besuchen die Shops meist über die Taobao-App. Dort sind sowohl Tmall-, wie auch Taobao-Shops sichtbar. Taobao-Shops beinhalten überwiegend Angebote von customer-to-customer und small-enterprises-to- customer. Auf Tmall finden sich authorisierte Flagship Stores der Marken selbst, oder Multi-Brand-Stores von größeren authorisierten Warenhäusern. Die Zielgruppe auf Taobao ist weiblicher als auf JD. Besucher stöbern herum und verbringen viele Stunden auf der Plattform, bevor sie kaufen.

Im Gegensatz zu Tmall und Taobao kaufen die Kunden auf JD deutlich zielorientierter ein. Bei JD gibt es weniger Coupons, die Preise sind deutlich einfacher erkennbar, und im Vergleich zu Tmall / Taobao ist die Zielgruppe eher männlich. Ich selbst zum Beispiel kaufe auch gerne auf JD ein, wenn ich auf der Suche nach Elektronikprodukten bin. Da ich direkt weiß, was ich will, ist es sehr einfach, mit einem Keyword die Produkte einzugrenzen und nach bestimmten Filtern eine Kaufentscheidung zu treffen. Tmall / Taobao bietet für mich eine größere Auswahl und schlägt Produkte vor, die ich intuitiv kaufe.

Mit einer für deutsche Unternehmen besonders interessanten Spezialisierung hat sich Kaola erfolgreich positioniert: Kaola ist ein Pionier im Crossborder-E-Commerce. Das bedeutet, es hat sich auf ausländische Produkte spezialisiert und überzeugt weniger durch das Produktportfolio als durch günstige Preise und gute Deals. Hier handelt es sich wieder, wie bei JD, eher um ein zielgerichtetes Einkaufserlebnis und weniger um Entertainment-Shopping. In den Jahren 2017 bis 2019 hat Kaola sehr erfolgreich eine dominante Position im Crossborder-E-Commerce aufgebaut, insbesondere im Wettbewerb mit Tmall Global, dem Crossborder-Arm von Tmall. Als Kaola Alibaba etwas zu erfolgreich wurde, ist es von Alibaba übernommen worden.

Zusammenfassend lässt sich sagen, dass Tmall sehr stark auf Branding und Entertainment-Shopping ausgerichtet ist, während JD für ein zielgerichtetes Einkaufserlebnis mit einem starken Electronics-Bereich genutzt wird. JD bietet dabei auch eine starke interne Logistikabwicklung an, häufig mit „same-day-delivery". Kaola hat sich auf Crossborder-Produkte fokussiert und besticht durch den Preis.

Zwei weitere wichtige Plattformen sind Xiaohongshu und Pinduoduo. Wie funktionieren sie und was macht sie besonders?

Obwohl Tmall und JD in ganz China bekannt und verbreitet sind, findet sich der Großteil unserer Kunden in Tier-1 Städten entlang der Ostküste, wie beispielsweise in Peking, Shanghai, und Guangzhou. Die relativ neue Plattform Pinduoduo ist im Gegensatz dazu vor allem in den anderen Regionen, in Tier 2-, Tier 3- und Tier 4-Städten, also eher im Westen Chinas, aggressiv gewachsen.

Auf Pinduoduo findet man Produkte zu einem deutlich günstigeren Preis als auf Tmall oder JD. Teilweise auch nicht in der gleichen Qualität, aber der Preis ist sehr attraktiv. Groß geworden ist diese Plattform aber vor allem durch das Konzept des sogenannten Group Buying. Die Kunden bekommen gewisse Deals nur dann, wenn auch fünf oder zehn weitere Freunde gleichzeitig das Produkt bestellen. Diese Verkaufstechnik hat zu einem viralen Wachstum der Plattform geführt. Auf Pinduoduo sehen wir keine Luxusmarken, sondern insbesondere Produkte aus einem Low Price-Segment.

Xiaohongshu, auch Little Red Book genannt, ist für mich eher das Instagram-Pendant. Wir arbeiten seit 2016 mit der Plattform zusammen - damals nicht primär als Verkaufsplattform, sondern noch als Werbeplattform. Dort kooperieren wir mit Influencern, um Kunden in den Tmall-Store oder auf die eigene Webseite zu lenken und zum Kauf anzuregen. In der Zwischenzeit hat Xiaohongshu aber auch angefangen, Onlineshops zu eröffnen und damit Marken zu ermöglichen, selbst auf der Plattform zu verkaufen. Dabei handelt es sich aber nach wie vor eher um eine Social Media-Plattform mit Bild- und Video-Content und ist in jedem Fall nicht mit den großen Playern im E-Commerce vergleichbar.

In China ist E-Commerce auch eng mit dem Thema Video verbunden. Eine wichtige Technik ist dabei das Livestreaming. Welche Plattformen gibt es in diesem Bereich?

Livestreaming ist nicht erst seit 2020 ein Hit, sondern bereits seit mehreren Jahren. Durch Corona hat der Trend aber noch einmal stark an Bedeutung gewonnen. Bei der Frage, welche Plattform Livestreaming anbietet, stellt sich meiner Meinung eher die Frage, welche Plattform es nicht anbietet. Vor allem 2020 haben viele Plattformen Livestreaming eingeführt. Angefangen hat das Phänomen auf Taobao. Innerhalb von Alibaba, also auf Taobao und Tmall, konnte man schon vor einigen Jahren Livestreams schalten. Richtig groß geworden sind Livestreams allerdings erst 2018 und 2019, als in einem Livestream von Li Jiaqi, dem „Chinese Lipstick King", innerhalb von wenigen Minuten Millionen Lippenstifte verkauft wurden. Livestreaming ist sehr stark mit dem Thema E-Commerce verbunden, denn oft schauen sich die User einen Livestream an mit der Intention zu kaufen. Es gibt viele chinesische Konsumenten und Haushalte, die jeden Tag zu einer gewissen Uhrzeit ihren Lieblingsstreamer ansehen. Das hat nicht nur einen Entertainment- oder Education-Faktor, sondern der Konsument weiß auch, dass er von diesem Livestreamer den günstigsten Preis bekommt. Das ist das Versprechen, das die Livestreamer ihren Followern geben und Teil des Abkommens der Livestreamer mit den beworbenen Marken. Als Anbieter für Livestreaming ist Taobao immer noch besonders stark.

Ebenfalls sehr populär sind Douyin (in Europa besser bekannt als TikTok) und Kuaishou. Beide sind Short-Video-Plattformen, die auch Livestreaming anbieten. Die Integration untereinander machen Taobao, Douyin und Kuaishou zu den besten Anbietern für Livestreaming. Dabei geht es vorwiegend um Spontankäufe. Die Entscheidung zwischen „ich möchte das Produkt kaufen" und „ich kann das Produkt kaufen" geht auf diesen Plattformen unheimlich schnell. Für die Plattform ist es deswegen essenziell, einen 1-Click-Checkout zu ermöglichen. Generell kann man sagen, dass immer mehr neue Plattformen versuchen, das Livestream-Feature anzubieten, doch Taobao, Douyin und Kuaishou sind nach wie vor die am besten integrierten Plattformen. Um Livestreaming skalierbar für sich zu nutzen, sollte man als Marke auf die großen drei Player im Livestreaming setzen.

Wenn es um die Nutzung von digitalen Plattformen in China geht, wie ist das Mindset der ChinesInnen und wie unterscheidet es sich von dem der Deutschen?

Ich denke, dass auch deutsche Konsumenten der jungen Generation sehr digitalaffin sind. Das ist vergleichbar mit chinesischen jungen Konsumenten, wobei diese natürlich in China deutlich mehr Optionen haben. Die Offenheit für digitale Plattformen gibt es in Deutschland definitiv, jedoch ist diese in China nicht nur in der jungen Generation, sondern altersübergreifend auch in älteren Generationen mit 60+ zu beobachten. Es ist nicht ungewöhnlich, in China auch noch im hohen Alter Social Media zu nutzen und auf Tmall oder JD einzukaufen. In dieser Hinsicht sind die Deutschen vielleicht noch etwas zurückhaltend. Vor allem ist bei uns eine gewisse Angst vorhanden, Daten preiszugeben, die man so in China nicht sehen kann. In Deutschland ist der Datenschutz noch ein deutlich sensibleres Thema im Vergleich zu China.

Was erleben Sie in China in Ihrer täglichen Arbeit bei Genuine German, was Sie an der digitalen Nutzung der ChinesInnen überrascht?

Für mich ist das mittlerweile Normalität, doch die Leichtigkeit, etwas mit einem Klick zu kaufen oder in einen Kaufrausch zu kommen, ist in China deutlich ausgeprägter als in Deutschland. Auch wenn das Produkt teurer ist, haben chinesische Konsumenten keine Berührungsängste. Sie wissen: Wenn ihnen das Produkt nach dem Kauf nicht gefällt, können sie sofort den nächsten Kurier anrufen, der in einer halben Stunde die Bestellung wieder zurücknimmt. Diese Leichtfertigkeit, Entscheidungen zu treffen, mit dem Bewusstsein, diese schnell auch wieder revidieren zu können und die Leichtigkeit beim Onlineshopping habe ich in Deutschland nicht beobachten können. Kaufentscheidungen finden bei uns noch deutlich überlegter statt.

Was ich in Deutschland sehr vermisse, ist die schnelle Lieferung. Nicht nur beim Einkaufen, sondern auch bei der Essenslieferung ist man in China sehr verwöhnt. Man kommt natürlich auch ohne diese Schnelligkeit zurecht und ich kann durchaus zwei Tage auf Produkte warten, die ich bei Amazon bestellt habe. Es ist nur etwas ungewohnt.

Was können wir von China im Bereich digitale Plattformen lernen und was sollten wir auch in Deutschland einführen?

Das ist natürlich immer eine Frage der Perspektive. Man muss sich klar machen, wovor man Angst hat und wovor man sich schützen möchte. Vom Standpunkt der Bequemlichkeit und der Nutzerfreundlichkeit für den Endkunden aus können sich Deutschland und Europa ein Beispiel an China nehmen, insbesondere, wenn es um die Vernetztheit zwischen verschiedenen Plattformen und um den reibungslosen Prozess in der Customer Journey im Bereich Social E-Commerce geht. Ich habe das Gefühl, dass Instagram und Facebook immer mehr in diese Richtung gehen. Momentan sind diese Kanäle aber alle noch voneinander getrennt und die Integration gestaltet sich hier schwieriger als in China. Das liegt daran, dass in Deutschland eine starke Wettbewerbstrennung herrscht und dass die strategischen Partnerschaften, die chinesische Unternehmen eingehen, um den E-Commerce voranzutreiben, in Europa noch fehlen.

Welche sind für Sie die aktuellen Top-Themen in der chinesischen Digitalwelt?

Um Livestreaming kommt man in China nicht mehr herum, und Virtual Try-ons im Kosmetik- und Fashion-Bereich, mit denen Produkte direkt anprobiert werden können, sind ein wichtiges Thema. Außerdem die Integration und Connectivity zwischen verschiedenen Plattformen.

Video-Interview:

Interview: Mobile Banking und Payment - China erklärt uns die Zukunft
Philipp Schaaf

Philipp Schaaf ist Chief Operations Officer bei Ratepay. Ratepay bietet Lösungen für sicheres Bezahlen für Onlineshops. Neben den Kernbereichen Strategic Projects, Debtor Management und Customer Services treibt er die Themen Marktplatz und Finanzierung voran. Vor Ratepay war der gelernte Diplom-Kaufmann und Sinologe für die Otto Group in verschiedenen Positionen tätig, zuletzt mehrere Jahre in China.

Herr Schaaf, Sie sind seit fast 15 Jahren in China unterwegs. Wie haben Sie China bei ihren ersten Reisen erlebt und wie hat sich die chinesische Digitalwelt in dieser Zeit verändert?

Ich denke, dass jeder, der einmal mit China in Kontakt gekommen ist, bemerkt haben wird, wie schnell sich dort alles verändert. Ich erinnere mich noch sehr gut an meine erste Reise nach China. Damals habe ich den Tipp bekommen, ins Hinterland zu reisen und nicht in die Großstädte. Diesen Tipp habe ich mir zu Herzen genommen und bin quer durch das Hinterland gereist. Flugreisen waren damals noch nicht so verbreitet und so bin ich mit dem Zug gefahren. Nicht mit Schnellzügen, sondern mit solchen, die eine Höchstgeschwindigkeit von 80 km/h erreichten und oft die ganze Nacht durchgefahren sind. Was ich damals auch schon beeindruckend fand, war, wie schnell sich in China alles veränderte. Nicht nur die Züge, die immer schneller wurden, sondern zum Beispiel auch das Bauwesen. Neue Straßen sind über Nacht entstanden und Gebäude wurden schnell errichtet. Diesen Hang zur Veränderung und die Kraft, Pläne umzusetzen und durchzuführen, konnte ich sehr gut mit eigenen Augen beobachten. All das hat dazu geführt, dass das China von heute komplett anders ist als das China von vor 15 Jahren. Heute ist diese Veränderung auch in der Digitalisierung in jedem Lebensbereich sichtbar.

Sie sind auf Payment und Banking spezialisiert. Wie funktioniert Payment in China anders als in Deutschland?

In China sind Payment und Banking sehr stark regulierte Bereiche, in denen es für ausländische Anbieter kaum möglich ist einzutreten. PayPal beispielsweise wird in China nicht genutzt. Dementsprechend gibt es dort lokale Lösungen. Die lokalen Player haben sich durchgesetzt und ihre Services den Konsumentenbedürfnissen angepasst. Der zweite große Unterschied ist die fast endlos große Nutzerzahl und die Verbreitung dieser Dienstleistungen und Services. Innerhalb von zwei bis drei Jahren ist im Kern Shanghais das Bargeld verschwunden. Menschen gehen mittlerweile aus dem Haus und benutzen nur noch ihr Mobiltelefon zum Bezahlen. In diesem Bereich sind die Chinesen viel weiter als wir.

Die großen Player in China im Payment und Banking sind Alibaba mit ihrer Alipay-Lösung sowie Tencent mit Tencent Pay und WeChat Pay. All diese Anbieter haben gemeinsam, dass das Payment als Nebenprodukt ihrer eigentlichen Services eingeführt wurde. Das hatte bei allen Anbietern den Vorteil einer hohen Nutzerzahl gleich zu Beginn, wodurch eine sehr schnelle Marktdurchdringung erreicht wurde. Dadurch wurde die Phase der Kreditkarte als Zahlungsmittel übersprungen und Chinesen sind vom Bargeld direkt zum Mobile Payment übergegangen. Mittlerweile hat sich die Bezahlung per Smartphone aus dem Onlinebereich auch offline, also in stationären Geschäften etabliert. Das Payment über QR-Codes hat sich sehr weit verbreitet und wird intensiv genutzt.

Dazu muss man aber auch sagen, dass das Mobile Payment zwar unglaublich nützlich für die Menschen vor Ort ist, dass man als Ausländer in China allerdings seine Schwierigkeiten damit hat. Als ich beispielsweise vor ein paar Jahren eine Prepaid-Karte für mein Handy kaufen wollte, war es für mich sehr umständlich, da die Rubbelkarten, die es früher gegeben hatte, nicht mehr verkauft wurden. Im Laden wurde mir gesagt, ich könnte mein

Guthaben über WeChat und WeChat Pay aufladen. Doch ohne ein chinesisches WeChat-Konto, das mit einem chinesischen Bankkonto verbunden sein muss, war ich sehr eingeschränkt und musste nach anderen Lösungen suchen.

Wie unterscheidet sich das Mindset der ChinesInnen im digitalen Bereich von dem der Europäer?

Zum einen spielt dabei das sehr starke wirtschaftliche Wachstum eine Rolle sowie die Möglichkeit des Einzelnen, an diesem Wachstum zu partizipieren. Das kann man sehr gut bei den chinesischen Studenten beobachten. Vor zehn Jahren sind viele junge Chinesen für das Studium ins Ausland gegangen, um dort nach dem Abschluss auch einen Job zu suchen und ihre Karriere voranzutreiben. Das hat sich in den letzten Jahren allerdings grundsätzlich verändert. Mittlerweile ist die Zahl der chinesischen Absolventen, die zurück nach China gehen, höher als die Zahl derjenigen, die das Land verlassen. In China sehen mittlerweile Viele die größere Chance, ihre Träume zu verwirklichen. Das, was früher als der amerikanische Traum bezeichnet wurde, lebt jetzt sehr stark in der Mentalität und den Gedanken der jungen Chinesen – allerdings wollen sie diesen Traum in China verwirklichen.

Zum anderen sind es die konkreten Kundenbedürfnisse, die durch die Digitalisierung befriedigt werden. Wenn ich mir vorstelle, ich lebe in einer chinesischen Millionenstadt, in der alle Erledigungen sehr viel Zeit in Anspruch nehmen, während mir gleichzeitig im Job viel abverlangt wird, kommt mir eine Zeitersparnis sehr entgegen. Egal, ob es sich hierbei um die Schlange an der Supermarktkasse handelt oder um das Geldabheben in der Bank. Wenn ich all das in einer App erledigen kann, ist es für mich ein großer Zeitgewinn und hat einen hohen Kundennutzen. Ich denke, der Einsatz solcher digitalen Services hat in der Dichte einer Millionenstadt nennenswertere Auswirkungen als bei uns.

China arbeitet zurzeit mit Hochdruck an der Entwicklung einer eigenen digitalen Währung. Was sollten wir über den digitalen Yuan wissen?

Der digitale Yuan, wie der Name es schon sagt, ist ein Pendant zum Yuan, der chinesischen Währung. Der wesentliche Unterschied zu anderen digitalen Währungen ist, dass er ein Geldmarktinstrument der chinesischen Zentralbank ist, im Gegensatz zu anderen digitalen Währungen wie dem Bitcoin, die sich außerhalb des Systems entwickeln. Für den digitalen Yuan ist die chinesische Zentralbank nicht mehr auf die Druckerpresse angewiesen, sondern kann per Knopfdruck digital Geld erzeugen. Daraus entsteht auch der Vorteil, dass besser nachvollziehbar ist, wann, wie und wo das Geld eingesetzt wird.

Aktuell wird der digitale Yuan bereits in mehreren chinesischen Städten getestet, um weiterentwickelt werden zu können. Für die chinesische Regierung ist es eine weitverbreitete Vorgehensweise, einen gewissen Kreis oder eine Wirtschaftszone auszuwählen, in welchen in einem bestimmten Zeitraum von mehreren Monaten oder Jahren neue Services getestet werden. Wenn sich die Produkte oder Services beweisen, werden sie im gesamten Land ausgerollt.

Was können wir im Bereich Payment und Banking von China lernen?

Was mich in China besonders begeistert, sind der Mut und die Bereitschaft der Bevölkerung, neue Dinge auszuprobieren. Das ist etwas, was wir definitiv auch lernen können. Dazu muss man aber auch sagen, dass aufgrund der Zentralisierung in China alles etwas schneller geht als zum Beispiel in der Europäischen Union. In Europa ist Mobile Payment auch ein aktuelles Thema und in Skandinavien ist es bereits in vielen Regionen etabliert. Doch in China war Mobile Payment schon vor acht Jahren im Einsatz. Bei uns ist diese Entwicklung also deutlich zeitversetzt. China hat uns in diesem Bereich schon längst überholt, weswegen ich glaube, dass wir an dieser Stelle einiges lernen können und müssen.

Meiner Meinung nach wird sich Mobile Payment bei uns allerdings nicht in dem Ausmaß verbreiten können wie in China. Bei uns handelt es sich hierbei nämlich noch immer um eine standardisierte und uniforme Commodity, mit der sich viele Nutzer nicht weiter beschäftigen möchten. Bei mir ist es ähnlich. Wenn mir mit dem Mobile Payment das Leben einfacher gemacht wird, nutze ich es gerne. Doch für diesen Service eine Extra-App herunterzuladen und mich dort neu anzumelden, das ist viel zu viel Aufwand. Ich sehe es auch bei uns ähnlich wie in China: Die etablierten Player wie PayPal und WhatsApp müssen ihre Funktionen und Features erweitern und beispielsweise ermöglichen, Peer-to-Peer Geld zu verschicken oder in stationären Geschäften Mobile Payment als Zahlungsart nutzbar machen. Hierfür muss allerdings schon eine gewisse Infrastruktur vorhanden sein. Zusätzlich wird die Verbreitung dadurch erschwert, dass in Deutschland noch eine gewisse Resistenz existiert, seine sensiblen Zahlungsdaten online anzugeben. Aber es ist eine Frage der Zeit, bis die Bereitschaft der Nutzer vorhanden sein wird. Eine Frage für die Zukunft ist für mich eher: Was kommt nach Mobile Payment? Selbst bei einem Smartphone ist es nämlich unbequem, es immer in der Tasche zu tragen und es regelmäßig aufladen zu müssen. Deswegen bleibt es spannend zu sehen, was die nächste Entwicklungsstufe sein wird.

Welche sind für Sie die aktuellen Top-Themen in der chinesischen Digitalwelt?

Ich glaube, dass die Forschung im Bereich KI in China gerade sehr populär ist und dass diese aufgrund der Masse an Daten sehr gut funktioniert. Beim Thema Robotics werden wir in China in naher Zukunft bestimmt auch viele Fortschritte beobachten. Zurzeit werden vor allem Sprachassistenten genutzt, ich denke aber, dass wir in den nächsten fünf bis zehn Jahren Roboter haben werden, die die Hausarbeit erledigen.

Video-Interview:

Interview: Der QR-Code, der Star der mobilen Revolution in China

Christina Richter

Christina Richter ist Personal Branding- und Kommunikationsstrategin und berät als unabhängige Beraterin Unternehmen aus aller Welt. Seit 2015 ist sie die PR- und Marketingleiterin des in Shenzhen ansässigen E-Commerce-Unternehmens Azoya für Europa. Sie ist Co-Autorin des deutschen Sachbuchs „Digitales China: Basiswissen und Inspirationen für Ihren Geschäftserfolg im Reich der Mitte". Christina Richter hat einen Master-Abschluss in internationalem Informationsmanagement mit dem Schwerpunkt interkultureller Kommunikation.

Frau Richter, wie hat sich China zum Vorreiter der mobilen Internetnutzung entwickelt?

Wenn wir ein paar Jahre zurückgehen, also ins Jahr 2008, hatten wir hier in Europa alle Smartphones. Doch was schon vor den Smartphones gut etabliert war, war das Online Shopping bzw. eine Kultur des Einkaufens über den Desktop. Und daran haben wir uns gewöhnt. Für die Umstellung von

Desktop auf mobile mussten im Westen ganze Internetseiten umgebaut und Prozesse neu aufgebaut werden. Und da würde ich sagen, mussten wir - im Gegensatz zu China - eine extra Schleife ziehen. Denn als sich in China das Internet stärker verbreitete, gab es dort, anders als bei uns, bereits Smartphones. So hat China die Phase des Desktop-Einkaufens und - Bestellens praktisch übersprungen und ist sozusagen von null auf digital gegangen. Dort gab es nicht diesen Zwischenschritt, den wir gegangen sind und der die Entwicklung bei uns im Vergleich verlangsamt hat. Das hat in China dazu geführt, dass sie sofort Lösungen entwickelt haben, die auf kleine Mobile Devices zugeschnitten waren und nicht neu strukturieren und umstrukturieren mussten, so wie das bei uns im Westen der Fall war. Und die Konsumenten waren es von vornherein gewöhnt, alle Aktivitäten über das Smartphone zu steuern.

Ich glaube, dass das einer der Hauptgründe war, warum China digital sehr schnell vorangekommen ist. Ein zweiter Grund ist der QR-Code. Dieser hat dazu beigetragen, dass sich in China ganze Ökosysteme entwickeln konnten: Die Verknüpfung von online und offline und die komplette Payment-Branche sind durch den QR-Code revolutioniert worden. Das hat im Grunde dazu geführt, dass sich China sehr schnell entwickelt hat und uns mitunter auch überholt hat.

In welchen Lebensbereichen werden in China QR-Codes eingesetzt?

Die Frage ist eher, in welchen Bereichen sie noch nicht eingesetzt werden. Der QR-Code ist in China überall zu finden. Was ich beispielsweise mittlerweile auch in Deutschland erlebe, ist, dass in Restaurants und Bars heutzutage ein QR-Code auf den Tischen klebt, sodass man den Code scannen, das Menü anschauen und gleich die Bestellung aufgeben kann. In China ist man schon einen Schritt weiter. Dort kann man seine Bestellung über das Smartphone auch direkt bezahlen. Wenn ich in China beispielsweise im Supermarkt einkaufen gehe, werden QR-Codes eingesetzt, um nähere Informationen über die Produkte zu erhalten oder um sich den Einkauf nach Hause schicken zu lassen. Der QR-Code kann auf ein Plakat oder auf einem Poster an der Bushaltestelle oder in der Bahn angebracht werden, sodass man über den Code online geleitet wird. Außerdem wird er im Healthcare Bereich genutzt, um beispielsweise Termine bei Ärzten online zu vereinbaren. Gerade in Zeiten von Covid-19 hat der QR-Code auch eine smarte Funktion zum Tracken von Krankheitsfällen erfüllt. Ich habe ihn in Tempeln gesehen. Das heißt, ich muss nicht mehr spenden und Geld irgendwo in eine Schale werfen oder in eine Box, sondern ich kann ganz einfach einen QR-Code einscannen und per WeChat oder Alipay bezahlen. Auch auf kleinen lokalen Märkten hat jeder einzelne

Verkäufer an seinem Obst- und Gemüsestand einen QR-Code, denn man scannen kann, um zu bezahlen.

In China haben die großen Tech-Player wie Alibaba und Tencent diese Verknüpfung von online zu offline (und umgekehrt) sehr früh erkannt und für sich eingesetzt. Beispielsweise hat man im Bereich E-Commerce und Logistik immer Schnittstellen zwischen online und offline, an denen man mit der Einbindung von QR-Codes ein bis zwei Schritte sparen kann. So kann man ein Produkt, an dem ein QR-Code angebracht ist, direkt scannen, über ein WeChat Mini-Programm des jeweiligen Shops bestellen und zu einem ausgewählten Ort schicken lassen. Das Gleiche funktioniert auch sehr gut mit Lebensmitteln. Alibaba hat vor einigen Jahren mit Hema ein interaktives Supermarkt-Konzept entwickelt. Hema bietet mir die Möglichkeit, von zu Hause aus eine Bestellung aufzugeben, die ich im Laden abholen kann oder mir vor Ort etwas zu essen zubereiten zu lassen. Andersherum kann ich im Laden einkaufen und mir die Bestellung über eine App nach Hause schicken lassen. Im Grunde genommen kann der QR-Code überall eingesetzt werden, wo eine Schnittstelle zwischen Offline- und Online-Aktivitäten hergestellt werden soll.

Wird sich der QR-Code auch in Deutschland durchsetzen?

Der QR-Code hatte in Deutschland 2005 eine Phase, in der er gehypt wurde und vor allem auf Werbeplakaten von Reiseveranstaltern genutzt wurde. Das war zwar toll, aber keiner wusste, was er damit anfangen soll, weil die breite Masse kein Smartphone hatte. Dementsprechend sind QR-Codes wieder vom Markt verschwunden und kommen eben jetzt erst wieder auf, weil wir sehen, welche Vorteile der QR-Code haben kann. Ich gehe aber davon aus, dass es noch eine Weile dauern wird, bis er sich richtig durchsetzt. Weniger aus technischen Gründen, sondern vor allem aus Mindset-Gründen. Wir zücken nicht sofort, wenn wir einen QR-Code sehen das Handy, Chinesen schon.

Zudem wird er sich wahrscheinlich auch nicht so etablieren können, wie es in China der Fall ist, weil wir keine Ökosysteme haben. Bei uns ist alles noch sehr in Silos verankert. Jede Branche agiert noch sehr stark für sich selbst und es gibt noch keine Schnittstellen zwischen unterschiedlichen Branchen, wie es sie in China gibt. Die Chinesen stellen sehr stark den Kunden in den Fokus und bieten Convenience. Das bedeutet auch, dass es dem Konsumenten völlig egal ist, an welcher Stelle des Prozesses welches Unternehmen und welche Branche involviert ist. Der Konsument möchte am Ende einfach per Knopfdruck etwas bestellen, das am besten gleich ein paar Stunden später geliefert wird. Aber welche einzelnen Parteien an welcher Stelle welche Rolle spielen, ist völlig egal. Ich glaube, dass wir hierzulande noch eher in einzelnen Segmenten oder Branchen denken und dass viel stärkere Synergien geschaffen werden müssten, damit sich der Convenience-Gedanke, bei dem der QR-Code eine große Rolle spielt, durchsetzen kann. Ich glaube, wir werden in diese Richtung gehen, denn es gibt noch viele ungenutzte Möglichkeiten für den QR-Code bei uns, aber ich glaube nicht, dass wir das in dem Maße umsetzen können, wie es in China der Fall ist. Dafür haben wir nicht dieselben Gegebenheiten.

Wie trägt das Mindset der ChinesInnen dazu bei, dass sich QR-Codes in China durchgesetzt haben? Wie ist die Akzeptanz der chinesischen KonsumentInnen?

Das Mindset trägt vielleicht sogar die größte Rolle dabei, dass China digital so weit vorangeschritten ist. In Deutschland sind wir grundsätzlich eher skeptisch und zurückhaltend gegenüber Innovationen, wohingegen ich in China bei chinesischen Kollegen immer wieder feststelle, dass sie unfassbar neugierig sind. Sobald eine neue App erscheint, muss sie sofort ausprobiert werden. Sobald ein QR-Code irgendwo angebracht ist, muss er sofort gescannt werden. Außerdem gibt es in China eine Kultur des Gamings: Alles, was ein bisschen verspielt und spielerisch ist, ist sehr erfolgreich; das sieht man besonders daran, dass Gaming verknüpft wird mit den starken Trends Social Commerce, Livestreaming und E-Commerce.

Das Mindset, Neues schnell und gerne auszuprobieren, kann dazu führen, dass beispielsweise eine App oder ein Produkt innerhalb kürzester Zeit entweder total boomt oder total floppt. Bei uns ist alles etwas moderater und ich denke, unsere Einstellung, unser Mindset, hindert uns daran, digital so fortschrittlich zu sein, wie wir es sein könnten.

Was hat Sie bei Ihrer Recherche zu Ihrem Buch „Digitales China" besonders fasziniert?

Es gibt ein Kapitel im Buch, in dem wir uns mit dem Einkaufen der Zukunft befasst haben. Dabei sind wir auf ein Produkt gestoßen, das unter dem Namen BingoBox bekannt ist. Wobei man sagen muss, dass es sich dabei um ein White Label-Produkt handelt, das unterschiedliche Marken unter dem eigenen Namen angeboten und verkauft haben. BingoBox ist ein kleiner Container-Supermarkt, der via QR-Code 24 Stunden, 7 Tage die Woche zugänglich ist. Als ich das erste Mal bei der Recherche davon gehört habe, habe ich aktiv in Shanghai danach gesucht. Das Interessante war, dass dieser Container direkt vor dem eigentlichen Supermarkt stand. Ich konnte also einerseits entweder in den großen Supermarkt gehen und dort meine Einkäufe tätigen oder auf dem Parkplatz in diesem Container-Mini-Supermarkt die Basics an Produkten bekommen. Ich konnte mit meinem

QR-Code in die BingoBox reingehen, meine Produkte einsammeln und wieder rausgehen. Der Einkauf wurde digital von meinem Account abgebucht.

Was ich noch spannender fand, war eine Erweiterung dieses Container-Supermarktes, die es damals als Prototypen gab: der autonom fahrende Supermarkt Moby Mart. Stellen wir uns vor, dass ich beispielsweise Sonntagabend in der Küche stehe, um etwas zu essen vorzubereiten und mir fällt auf, dass Eier oder irgendein anderes Produkt fehlen und meine Gäste sind schon eingetroffen. Dann könnte ich per App den Moby Mart zu mir nach Hause holen: er fährt vor meine Haustür, ich gehe runter, hole das, was mir fehlt, gehe wieder hoch und habe meine Gäste nicht eine halbe Stunde alleine gelassen, sondern vielleicht fünf Minuten. Der Supermarkt wird komplett autonom und per QR-Code gesteuert. Wenn Produkte ausgehen, wird das Lager informiert und es wird automatisch aufgestockt. Das ist ein Konzept für Wohngegenden, in denen nicht an jeder Ecke ein Supermarkt zu finden ist.

Was können wir vom QR-Code lernen?

Ich denke zunächst einmal die Erkenntnis, dass es ein spannendes Tool ist, um Menschen, die offline unterwegs sind, online zu bringen und sie an sich zu binden.

Wie funktioniert zum Beispiel im E-Commerce der QR-Code in China? Ich gehe in einen Laden und kaufe etwas ein. An der Kasse klebt ein QR-Code, auf dem steht, dass ich 5 % Rabatt auf meinen Einkauf bekomme, wenn ich dem WeChat-Account folge. Ich freue mich über die 5 % und folge der WeChat-Gruppe, in der ich auf mich zugeschnittene Informationen erhalte und mit neuen Angeboten auf dem Laufenden bleibe. Der Vorteil für den Händler ist, dass er die Kunden an sich bindet und mit weiteren Informationen für mehr Umsatz bespielen kann.

QR-Codes sind auch ein interessantes Marketing-Tool für chinesische Touristen im Ausland. Das sind Chancen für Geschäfte in Deutschland, die an populären touristischen Locations ansässig sind. Eigentlich brauchen sie nur einen Aufsteller mit einem QR-Code vor ihre Tür zu stellen, mit dem sie beispielsweise chinesische Touristen ansprechen: So können sie die Touristen auf eine WeChat-Seite leiten, um ihnen besondere Angebote anzubieten. Man kann sehr viel potentielles Geschäft entwickeln, indem man Menschen im Offline-Bereich auf sich aufmerksam macht. Wenn ein QR-Code auftaucht, sind Chinesen sehr neugierig und scannen ihn, um zu schauen, was sich dahinter verbirgt oder ob es Rabatte gibt.

Ich glaube, das ist etwas, das sich bei uns entwickeln müsste. Und ich kann mir durchaus vorstellen, dass es auch machbar ist. Am Ende ist der QR-Code ja ein Tool, um Menschen auf z.B. eine Facebook- oder Instagram-Seite zu lenken und dort die digitale Unterhaltung weiterzuführen. Da wir sehr mobil unterwegs sind und viele Menschen Social Media auch aktiv nutzen, gibt es auf jeden Fall Möglichkeiten, die aktuell noch gar nicht ausgenutzt werden. Für den Einzelhandel ist der QR-Code ein Tool, das man sehr smart einsetzen kann.

Welche sind für Sie die aktuellen Top-Themen in der chinesischen Digitalwelt?

Zunächst einmal Livestreaming, was auch für uns im Westen viel Potenzial hat. Ansonsten breiter gefasst „Social Commerce", also alles, was Einkaufen in Verbindung mit Social Media-Plattformen betrifft. Ein weiteres Thema wäre die Entwicklung des Schulwesens und der digitalen Lernplattformen in China.

Video-Interview:

MANAGEMENT SUMMARY

- In einigen Branchen kann man in China den Mehrwert der fortgeschrittenen Digitalisierung und KI bereits ablesen

- Hier entstehen sogenannte Plattform-Ökosysteme, die sich deutlich von westlichen Plattformen unterscheiden

- Jede Plattform hat eine digitale Bezahlfunktion, dadurch haben Unternehmen von der Suche eines Produktes bis zum Kauf alle Daten in einem System und können diese Daten daher nahtlos auswerten

- Super-Apps wie WeChat entwickeln sich dadurch zum digitalen Alltagsbegleiter, nicht zuletzt mit Hilfe der in China weitverbreiteten QR-Codes

9.   New Retail und New Marketing

Durch die digitale Alltagsbegleitung ändert sich die Customer Journey

E ine typische Kundenreise in Europa sieht so aus (siehe Abbildung 16): Eine Freundin berichtet Ihnen auf WhatsApp von einem neuen Sachbuch, das sie gerade liest. Sie finden das interessant und googlen, wo es das Buch gibt. Amazon bietet es als E-Book an. Sie öffnen die Amazon-App, bestellen das Buch und bezahlen über PayPal, das sich automatisch öffnet. Dort geben Sie Ihre Bezahlinformationen ein und bestätigen über ein Kennwort den Zahlvorgang. Anschließend laden Sie das E-Book auf Ihrer Kindle-App herunter. Für diese Kundenreise haben Sie mindestens vier Apps geöffnet, bei denen Sie sich irgendwann einmal angemeldet und Ihre Zustimmung zur Datenverarbeitung gegeben haben. Bei einigen müssen Sie auch die Suchdaten zum Buch neu eingeben.

Eine ähnliche Customer Journey in China sieht so aus: Eine Freundin erzählt Ihnen auf WeChat von einem tollen neuen Buch. Innerhalb der App bekommen Sie von WeChat Kaufoptionen inklusive Rabatte und Lieferzeiten angezeigt. Sie kaufen das Buch bei JD (im entsprechenden Mini-Programm innerhalb der WeChat-App), bezahlen mit WeChat Pay und laden das E-Book direkt bei WeChat herunter.

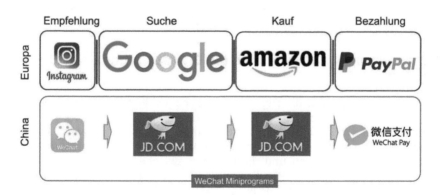

Abbildung 16: Typische Kundenreise in Europa und in China (Bünte, Die chinesische KI-Revolution: Konsumverhalten, Marketing und Handel: Wie China mit Künstlicher Intelligenz die Wirtschaftswelt verändert, 2020, S. 103)

Obwohl die Kundenreisen sehr ähnlich aussehen, gibt es einen entscheidenden Unterschied aus Marketingsicht: In China verlassen Sie nie die erste App, die Sie geöffnet haben. Sie bleiben in EINEM Ökosystem. In der westlichen Kundenreise müssen Sie ständig die Apps wechseln. Damit besteht eine größere Gefahr, dass die Reise abbricht, Sie also nichts kaufen, vielleicht sogar frustriert sind von der Handhabung der Apps und die Händler nichts verdienen.

Für die Plattform-Ökosysteme ist diese nahtlose Customer Journey deshalb von Vorteil, weil sie, wie schon erwähnt, ihre Daten vom Beginn der Suche bis zum Kauf bzw. bis zur Lieferung ineinandergreifend zur Verfügung haben. Über die GPS-Daten des Smartphones weiß die genutzte Plattform außerdem, wo Sie sich befinden, wenn Sie suchen und bestellen, wer gerade bei Ihnen ist (über die GPS-Daten Ihrer Freunde) und wohin Sie sich Dinge liefern lassen. Dadurch steigen, bezogen auf einzelne NutzerInnen, Datenmenge und Datenqualität. Dies ermöglicht einer KI eine sehr viel genauere Analyse. Nur aus diesem Grunde sind Marken in der Lage, viel mehr personalisierte Services und Inhalte anzubieten, im besten Fall bis zu einem „Segment-of-One". Das können Plattformen, die noch stark auf Einzelanwendungen aufbauen, nur erheblich weniger individualisiert anbieten. Mit dieser Datenmenge von sinnvoll miteinander verknüpften Informationen führt die andere Kundenreise auf chinesischen Plattformen zu einem deutlich besseren Angebot für die NutzerInnen und damit zu einer gefühlt besseren, weil passgenaueren nächsten Kundenreise. Es entsteht ein Optimierungszyklus, also ein Kreislauf. NutzerInnen nutzen diese besser passenden Angebote mehr, generieren innerhalb des Systems weitere zusammenhängende Daten, die wiederum bessere Insights erzeugen, wenn sie richtig analysiert werden, die Angebote werden besser, NutzerInnen nutzen sie mehr usw.

Besonders im Retail sieht man die Digitalisierung – New Retail entsteht

Angestoßen durch die Digitalisierungsmöglichkeiten entwickelt sich in China aus dem „normalen" Handel ein sogenannter New Retail, also ein digitalisiertes Frontend und zunehmend auch eine digitale Wertschöpfungskette. Für KundInnen bedeutet das ein bequemeres und interessanteres Einkaufen und die Grenzen zwischen Online- und Offline-Shopping verschwimmen. HändlerInnen können effektiver und effizienter verkaufen, u.a., weil der Warenbedarf viel besser vorhergesagt und automatisch bestellt werden kann. Sowohl out-of-stock-Situationen als auch verderbende Waren aufgrund von geringeren Verkäufen als prognostiziert können so vermieden werden.

Beispiel Lebensmitteleinkauf bei Fresh Hippo

Das von Alibaba entwickelte Supermarktkonzept Fresh Hippo (Hema) ist eine Kombination aus Lebensmittelladen, Restaurant, Warenlager und Fullfillment Center, also Auslieferungszentrum. Mit dieser Kombination entsteht für KonsumentInnen ein neues Einkaufserlebnis, das ihnen quasi „alles aus einer Hand" und so ein hohes Maß an Convenience bietet. Chinesische KundInnen brauchen für alle Lebenssituationen rund um das Thema „Lebensmittel und Essen" nur noch eine App auf dem Smartphone und müssen nur noch zu einem Ort gehen, virtuell oder in der Realität. Im Laden kann der Kunde entweder selbst die Ware aussuchen oder über die App von zu Hause oder im Laden den Einkauf zusammenstellen. MitarbeiterInnen suchen dann aus dem Warenangebot des Ladens die Ware zusammen. Der Checkout erfolgt über Gesichtserkennung oder Scanner-Kassen ohne Kassenpersonal via App (siehe Abbildung 17). Auf Wunsch wird die Ware auch im Restaurant frisch zubereitet und kann vor Ort oder zu Hause verzehrt werden. Fresh Hippo beliefert KonsumentInnen außerdem innerhalb von 30 Minuten in einem Drei-Kilometer-Radius. Dabei ist es egal, ob die Ware oder das Catering online oder im Laden bestellt wurden. Die bestellte Ware wird entweder an die Haustür geliefert oder in einer dem Haushalt zugeordneten Box an der Haustür eingelagert. KundInnen müssen also zur Lieferung der Ware nicht zu Hause sein. Convenience und Geschwindigkeit werden hier zum USP der Marke Fresh Hippo.

Abbildung 17: Bezahlen mittels Gesichtserkennung in einem Fresh Hippo in Shanghai (eigene Abbildung)

QR-Code-Informationen am Regal geben für KundInnen wichtige Zusatzinformationen zur Ware, z.B. Lieferkette oder Herkunft der Ware (siehe Abbildung 18 und Abbildung 19). Frische Ware wird mit großen farbigen Labels gekennzeichnet, die den Anliefertag der Woche zeigen, z.B. „grün" für „Dienstag". Als KonsumentIn lernt man, dass die entsprechende Ware am Dienstag im Laden eingetroffen ist und kann entscheiden, ob diese frisch genug ist.

Abbildung 18: QR-Codes in der Muschelabteilung bei Fresh Hippo in Shanghai (eigene Abbildung)

Abbildung 19: QR-Code auf Taschenkrebs mit Informationen zur Herkunft und Zubereitungsempfehlungen bei Fresh Hippo in Shanghai (eigene Abbildung)

Bei Fresh Hippo sind Frontend und Backend eine Einheit: Die appetitlich ausgestellte frische Ware, wie angemachte Salate, frischer Fisch und anderes, können sich KonsumentInnen im Laden direkt aussuchen. Genau diese Ware bekommen sie entweder frisch im Restaurant gekocht, und können sie direkt essen, oder nach Hause liefern lassen. Gleichzeitig kann sich der Lieferservice nicht nur im Lager bedienen, sondern auch auf die Ware im Shop zugreifen. Dadurch sind beide, Front- und Backend, ein einziges, großes Lager. Für KonsumentInnen hat es den Vorteil, dass sie genau den Fisch bekommen, den sie sich jeweils individuell ausgesucht haben. Für Fresh Hippo ist es positiv, dass durch KI für den Lieferservice immer genau die Ware ausgewählt wird, die verkauft werden muss, um am Ende des Tages nicht vernichtet zu werden, weil sie nicht mehr frisch genug ist. Wenn Warenauslage im Shop und Lager nicht miteinander verknüpft sind, ergibt sich dieser Synergieeffekt nicht. Fresh Hippo kann so also den Wareneinsatz effizienter nutzen.

Diese Kombination von Frontend, Backend, eine Digitalisierung der Wertschöpfungskette und die Nutzung von KundInnendaten mittels KI, die zu einem verbesserten Einkaufserlebnis führt, ist das „neue" an New Retail. Fresh Hippo ist eine der Marken, denen dieser Ansatz auch wirtschaftlich etwas bringt: Fresh Hippo generiert drei- bis fünfmal mehr Einnahmen pro Quadratmeter Ladenfläche als andere traditionelle chinesische Supermärkte und Convenience-Store-Ketten (Norris, 2019, S. 18).

Beispiel Arzt- und Apothekenbesuch in der Shopping-Mall in Ping Ans „One-Minute-Clinic"

Ping An, eigentlich ein Versicherungs- und Finanzdienstleister, nutzt seinen Kundenstamm und seine Daten, um ein vollständiges Gesundheits-Ökosystem aufzubauen, das PatientInnen, Kostenträger und Krankenhäuser miteinander verbindet. Ping Ans Good Doctor ist mit mehr als 300 Millionen NutzerInnen weltweit die größte Online-Plattform für Gesundheitsmanagement. Eine weitere Innovation: Ping An bietet KI-betriebene Cloud-ÄrztInnen in sogenannten „One-Minute-Clinics" in Einkaufszentren an (siehe Abbildung 20). Hier werden die Krankengeschichte und Symptome registriert, E-Visiten angeboten und erste Diagnosen gestellt. Komplexe Fälle werden an die ÄrztInnen im Netzwerk/Callcenter von Ping An weitergeleitet. Darüber hinaus bietet die Klinik direkten Zugang zu 200 Medikamenten und Hauslieferungen durch örtliche Apotheken (Koh, 2019). Ein Arztbesuch fällt nicht im klassischen Sinn unter die Bezeichnung „Handel", allerdings zeigt dieses Beispiel sehr schön, wie sowohl alte Denkmuster als auch die klassische Trennung von „online" und „offline" verschwimmen und dadurch mehr und unkompliziertere Angebote für KundInnen entstehen.

Abbildung 20: Ping Ans „One-Minute-Clinic" in Shanghai (Koh, 2019)

Dabei kommt Live- und Online-Events im Handel eine zunehmend wichtige Rolle zu

Besonders gut kann man diese Entwicklung der Verschmelzung von „offline" und „online" am Beispiel des jährlichen weltweit umsatzstärksten Handelstags, des sogenannten Singles' Day am 11.11. sehen. Ursprünglich von Alibaba erfunden, um in der umsatzschwachen Zeit vor den Neujahrsfeierlichkeiten einen Kaufanreiz zu geben, entwickelte sich dieser Tag zu einem Verkaufsevent für alle chinesischen Händler. Der 11.11. erreicht jedes Jahr neue Umsatzrekorde. Am 11.11.2020 erzielte alleine Alibaba während des 24-stündigen Shopping-Marathons insgesamt einen Umsatz von umgerechnet 74,1 Milliarden US-Dollar. Das ist eine Verdreifachung gegenüber dem Umsatz von 2017 (CNBC, 2020). Der 11.11. ist mit einer Vielzahl von KOL-Livestreams und Produktpräsentationen eine Mischung aus Live-Event und Online-Entertainment.

Auch das Marketing entwickelt sich durch die Digitalisierung deutlich weiter – ein New Marketing entsteht, ein Marketing in Echtzeit

MarketingmanagerInnen wissen durch die verknüpften Daten und durch die Möglichkeit, diese in Echtzeit über KI zu analysieren deutlich mehr und deutlich besser über die Bedürfnisse ihrer KundInnen Bescheid. Das scheint auf den ersten Blick aus einer Marketingperspektive heraus gut zu sein. Denn je besser man seine KundInnen kennt, umso besser kann man Angebote zuschneiden, KundInnen bedürfnisgerecht ansprechen, mit dem richtigen Inhalt zur richtigen Zeit und nahezu streuverlustfrei. Eigentlich eine positive Entwicklung. Allerdings setzen zwei weitere Entwicklungen ein, die die Aufgabe der chinesischen MarketingmanagerInnen nicht unbedingt einfacher, sondern anders machen: Zum einen haben Wettbewerber häufig dieselben Consumer Insights, da sie dieselben Plattform-Ökosysteme nutzen, die die Daten mit derselben KI analysiert zur Verfügung stellen. Man ist also im Zweifel nicht besser als der Wettbewerb. Zum anderen werden KundInnen anspruchsvoller. Wenn man daran gewöhnt wird, immer das richtige Angebot zu genau dem richtigen Preis und passenden Zeitpunkt zu erhalten, wird man das als neuen Standard erwarten. Eine Marke, die hier nicht mithalten kann, wird sehr schnell sehr irrelevant und fällt aus dem Relevant Set der KundInnen heraus. Aus der Option, die Daten schnell und richtig gut auszuwerten, wird ein „Muss". MarketingmanagerInnen, die erfolgreich sein wollen, müssen IN ECHTZEIT wissen, was KundInnen wollen und können, aber müssen auch konstant relevante Angebote machen, damit die Marke aktuell und interessant bleibt. Das ist das „neu" in New Marketing.

Die Aufgaben im Marketing ändern sich für ManagerInnen – langfristige Strategie und kontinuierliches Storytelling werden zum Erfolgsfaktor

Im „klassischen" Management, das auf das sogenannte Consumer Obsession ausgerichtet ist, also auf KundInnen, bestehen die Aufgaben aus insgesamt fünf Schritten (siehe Abbildung 21) sowie einer darauf ausgerichteten optimalen Organisationsstruktur. Consumer Insights legen die Grundlage für das richtige Kundenverständnis. Darauf aufbauend wird die Strategie festgelegt, die langfristig angelegt ist. Passend zur Strategie leitet man dann das richtige Produkt-, Service- und Preisangebot ab. Im vierten Schritt erfolgt die Exekution, also die Werbung und der Vertrieb des eigenen Angebotes. Diese vier Schritte werden abgerundet von einer Messung der eigenen Performance. Dieselben Aufgaben haben auch die Fachleute im Marketing – nur, dass hier aus Strategie Marken- und Marketingstrategie wird.

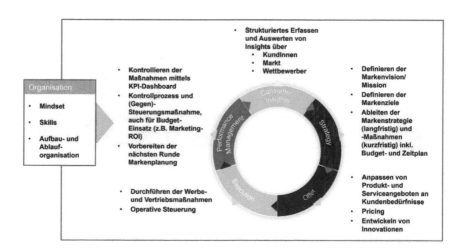

Abbildung 21: Die 6 Aufgaben im Marketing (eigene Abbildung)

Im New Marketing werden viele der Aufgaben, die klassischerweise von ManagerInnen durchgeführt werden, von KI übernommen. Überall dort, wo Daten in ausreichender Zahl vorliegen, ersetzt die Maschine die bisher menschliche Aufgabe, also vor allem bei Consumer Insights, der Produkt-, Service- und Preisanpassung und der Performance-Analyse und -optimierung. Abbildung 22 zeigt dies exemplarisch für die Aufgaben in einer Werbeagentur.

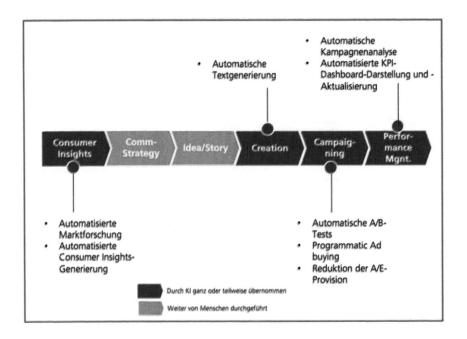

Abbildung 22: Wertschöpfungskette einer Werbeagentur und ihre Veränderung durch KI (eigene Abbildung)

Die Tätigkeit der ManagerInnen beschränkt sich in diesen Bereichen auf der Supervision der Ergebnisse und der Überwachung der Ausführung. In den beiden anderen Bereichen dagegen bleibt weiter viel zu tun, bzw. erhöht sich sogar die Schlagzahl: Die Entwicklung der langfristigen Strategie bleibt weiter die Hoheit der MarketingmanagerInnen. Denn dies ist das Herz der Marke, das man nicht in die Hände einer noch so guten Künstlichen Intelligenz legen sollte. Und bei den Anforderungen, die Marke immer wieder relevant zu machen für KundInnen, also dem Storytelling, erhöht sich sogar die Schlagzahl, die Arbeit für MarketingmanagerInnen wird hier mehr statt weniger. Denn durch den wachsenden Anspruch der KundInnen und die geringere Aufmerksamkeitsspanne muss eine Marke permanent gut und sinnvoll kommunizieren, um wahrgenommen zu werden. In Summe verschiebt sich im New Marketing also das Aufgabenspektrum der Fachleute: Es bewegt sich zunehmend weg von Datenanalyse und Routine hin zu langfristiger Markenstrategie und mehrmals täglicher neuer Stories, um die Marke relevant zu halten. Das alles zusammen sollte zeitnah, idealerweise in Echtzeit, aufeinander abgestimmt werden. Das ist, was New Marketing meint.

Auf den nächsten Seiten zeigt Chien-Hao Hsu verschiedene Marketing-Strategien und Markteintrittsoptionen in China. Lei Cai und Andreas Kleinn erklären digitales Marketing und Social Media, während Dr. Hannes Jedeck über den wachsenden Anspruch der KonsumentInnen, der sogenannten chinesischen „Convenience Society", berichtet. Thorsten Wilhelm entführt die LeserInnen in digitale Events und Dr. Theo Pham zeigt, wie breit Livestreaming in der chinesischen Gesellschaft angekommen ist. Und wie das alles auch für B2B-Kommunikation funktioniert, zeigt uns Theresa Stewart.

Interview: Digital Marketing Strategien und Markteintritt in China

Chien-Hao Hsu

Chien-Hao Hsu ist Gründer und Geschäftsführer der Digital Marketing-Agentur Zeevan. Zusammen mit seinem Expertenteam unterstützt er europäische KMU beim Eintritt in den chinesischen E-Commerce-Markt. Mit Gründung von Zeevan im Jahr 2016 wurde er zum exklusiven Alibaba Global Service Partner sowie zum Exportberater für die Plattformen Tmall Global, JD.com und WeChat.

Herr Hsu, bei Zeevan unterstützen Sie Unternehmen dabei, ihre digitale Strategie für China zu entwickeln. Was würden Sie sagen, welche Grundlagen und Rahmenbedingungen sollte man kennen, wenn man über einen Markteintritt in China nachdenkt?

Es gibt viele Aspekte, die man beachten muss, wenn man über einen Markteintritt in China nachdenkt. Napoleon hat einmal gesagt: „China ist ein schlafender Löwe, lasst ihn schlafen." Nun ist der Löwe aufgewacht und er sieht es als seine Pflicht, die „Ordnung im Dschungel" wiederherzustellen. Im Businessbereich ist es für den Markteintritt in China wichtig, ein gutes Hintergrundwissen über Import und Export zu haben und natürlich auch über Grundlagen in der IT zu verfügen. Hierbei sollte man z.B. wissen, wie eine Webseite in China aufgebaut ist, wie die Social Media-Kanäle funktionieren und wie ein Onlineshop aussieht, um erfolgreich zu sein. Generell ist es erforderlich, sich mit der Funktionsweise der chinesischen Digitalwelt im Allgemeinen auszukennen.

Was sollten wir über Chinas Digitalwelt wissen?

In China ist das Denken in Ökosystemen sehr ausgeprägt. In der Customer Journey wird der Kunde sehr intuitiv von einem Touchpoint zum nächsten geleitet und der gesamte Prozess fühlt sich einfach und vertraut an. Darüber hinaus sind in China im Moment die sogenannten KOL (Key Opinion Leader) ein sehr großer Trend. Dabei sprechen Influencer, insbesondere in Livestreams, über Erlebnisse, Produkte und Marken, die für ihre Follower interessant sein könnten.

Wie unterscheidet sich ein digitales Ökosystem in China im Allgemeinen von dem in Deutschland?

Der Unterschied zwischen Deutschland und China ist, wenn man es plakativ darstellt: In Deutschland funktioniert das System punktuell und linear. Es gibt viele Firmen, die in einem bestimmten Bereich spezialisiert sind. In China ist es eher zirkular und Internetfirmen decken viele Bereiche branchenübergreifend ab: So zum Beispiel Alibaba, die im E-Commerce gestartet sind und danach ihre Geschäfte im B2C- und B2B-Bereich ausgeweitet haben. Dabei hat Alibaba unter anderem eine Marketingfirma, einen Cloud-Service, aber auch Payment-Services und eine eigene Filmproduktion. Die Businessökosysteme sind in China sehr breit aufgestellt, während wir in Deutschland viele einzelne spezialisierte Player haben.

Wenn Unternehmen ihren Markteintritt in China planen, sollten sie Consumer Insights nutzen. Was sollte man über die chinesischen UserInnen und KonsumentInnen wissen?

Zunächst ist es wichtig, sich mit den Werten der chinesischen Konsumenten auseinanderzusetzen. Der wichtigste Wert in China ist die Familie, gefolgt von der Gesundheit. Als dritten Wert würde ich den Erfolg und die soziale Anerkennung nennen, die besonders wichtig für Unternehmen sind. In jede unserer Kampagnen ist der Social Status mit inbegriffen. Ein weiterer Wert ist die Community, denn Chinesen sind stark im Kollektiven verhaftet, während wir in Europa eher individualistisch eingestellt sind. Wenn man dieses Wertesystem kennt, ist es recht einfach, Content und Geschichten davon abzuleiten und zu kreieren.

Können Sie den Prozess beschreiben, den Ihre KundInnen durchlaufen, wenn sie nach China expandieren und mit Ihnen zusammen ihre digitale Strategie planen?

Zunächst führen wir mit den Kunden eine allgemeine Beratung durch. Im ersten Schritt schauen wir uns die jeweilige Branche genau an und erstellen ein Konzept, das beschreibt, in welchen Kanälen das Unternehmen oder das Produkt vorkommen und kommuniziert werden soll. Darauffolgend interagieren wir mit den Plattformbetreibern, z.B. mit Alibaba oder Tencent, die für den Hersteller oder den Händler relevant für eine Vermarktung sein könnten. Danach geht es in die Umsetzung. Wenn man eine Kooperation eingeht, dauert der Onboarding-Prozess drei bis sechs Monate, bis die Produkte online sind, die Firmeninformationen eingepflegt sind und auch das Branding stimmt. Im nächsten Schritt werden laufend Optimierungen durchgeführt.

Ein Zukunftsthema für uns sind Unternehmen, die schon jahrhundertelang in Europa oder den USA funktioniert haben. Diese Unternehmen kommen in der Regel auch bei chinesischen Kunden gut an, sie müssen sich jedoch neu erfinden. Dabei müssen sie sich an die Mentalität und an die Gegebenheiten vor Ort in China anpassen und auch die Markenbotschaft und Markenphilosophie entsprechend neu denken. In diesem Prozess sind die Kreativität und die Anpassungsfähigkeit unserer Kunden gefragt.

Social Commerce ist ein wichtiger Trend in China. Können Sie uns mehr darüber erzählen?

Social Commerce basiert auf Weiterempfehlungen unter Freunden und der Community, wo man sich zugehörig fühlt. Kaufentscheidungen werden stark von Bewertungen oder Kommentaren innerhalb der eigenen User-Freundeskreisen beeinflusst. Auf digitalen Kanälen ist es heutzutage sehr leicht, ein Video aufzunehmen und es breit zu streuen, beispielsweise in der chinesischen App Douyin (TikTok) oder auf anderen Livestreaming-Portalen wie Kuaishou. Der generelle Trend, der sich über digitale Medien sehr schnell verbreitet, ist, dass Menschen über die Erfahrungen sprechen, die sie mit gewissen Produkten oder Marken gemacht haben.

Seit 2018 hat sich langsam der Trend abgezeichnet, dass die KOLs zu KOCs (Key Opinion Consumer) werden. Diese kaufen ein Produkt ein, sind damit zufrieden und nehmen ein Video mit einem Testimonial auf, in dem sie das Produkt vorstellen und welches sie auf verschiedenen Plattformen verbreiten. Diese zwei Trends bilden zusammen den neuen Bereich Social Commerce.

Zusammenhängend mit dem Thema Social Commerce, wie funktioniert Group Buying in China?

Für das Thema Group Buying ist die Plattform Pinduoduo sehr bekannt. Dabei geht es darum, dass Käufer ein Produkt günstiger erhalten, wenn sie es in größeren Mengen bestellen, sich also zusammentun. Vor allem in ländlichen Gebieten, in denen die Infrastruktur noch nicht ausgereift ist, sind bestimmte Waren erst ab einer gewissen Menge verfügbar und können nur über Großbestellungen gekauft werden. Dieses Konzept, das auch mit dem chinesischen Gemeinschaftsgedanken zusammenhängt, hat sich recht schnell durchgesetzt und Pinduoduo ist vor Kurzem an die Börse gegangen.

Online-Shoppingfestivals sind sehr groß und sehr wichtig im chinesischen E-Commerce. Was sollten wir über diese digitalen Events und über Livestreaming in China wissen?

Das bekannteste Shoppingfestival in China ist das sogenannte „11.11" (sprich „Eleven Eleven")-Event, das jedes Jahr am 11. November stattfindet. Ursprünglich ist dieses Event aus einem Studentenscherz an der Universität Nanjing entstanden, der einen Tag für Singles einführte: den sogenannten Singles' Day. Vier ledige Studenten haben sich damals überlegt, dass man am 11.11. (die Zahl 1 symbolisiert einen „Single") einen Event-Tag mit Aktivitäten für Singles auf dem Campus veranstalten könnte. Alibaba hat diese Idee aufgegriffen und daraus ein Shoppingfestival gemacht, mit dem Hintergedanken, dass Singles an diesem Tag besonders einsam sind und mehr einkaufen. Dieser Shoppingtag hat sich so gut etabliert, dass es den Singles' Day mittlerweile seit über zehn Jahren gibt. Beim Singles' Day 2020 wurden laut der Tagesschau innerhalb von 24 Stunden allein von Alibaba umgerechnet 47,7 Milliarden Euro umgesetzt. Dabei lag das Wachstum des Singles' Day in den letzten Jahren immer bei rund 20 bis 30 Prozent. Auf dem Shoppingfestival kann man alles kaufen - von Haushaltsartikeln über Kosmetika bis hin zu Reisen und Autos - was für einen sehr hohen Traffic auf den Verkaufsplattformen sorgt. An nur einem Tag wurden fast eine Milliarde Pakete innerhalb von 24 Stunden verschickt. Weil das Konzept so gut funktioniert hat, hat man zusätzlich den 18. Juni als Shoppingfestival eingeführt, der auch zufällig der Gründungstag von JD.com ist.

Nach und nach werden diese Festivals auch von Livestreamings sowie von diversen Shows und Prominenten begleitet. Gerade in der Coronapandemie konnte man beobachten, dass Livestreaming sehr gut in den ländlichen Regionen Chinas funktionierte. Denn ohne tägliche Märkte, auf denen regionale Bauern ihre Waren verkaufen können, ist es besonders für diese Verkäufer wichtig, online präsent zu sein. Mit Livestreaming, das für den ländlichen Raum von der chinesischen Regierung extra unterstützt wurde, konnten nun regionale Produkte von regionalen Anbietern China-weit verkauft werden. Ich bin der Meinung, dass es ein Trend ist, der uns noch sehr lang begleiten wird, auch international über die Staatsgrenzen Chinas hinaus.

Angeführt von Chinas E-Commerce-Giganten entsteht ein neues Geschäftsmodell: Consumer-to-Manufacturer (C2M). Wie funktioniert dieses Modell?

Führend in diesem C2M-Modell ist die Plattform Biyao. Dieses Unternehmen existiert bereits seit 2013/2014 und wurde von einem der führenden Entrepreneure Chinas gegründet. Die Idee vom C2M-Modell ist, dass durch Daten, die bei der Produktion gesammelt werden, Zwischenhändler oder Mittelsmänner aus dem Verkaufsprozess ausgeklammert werden. Konsumenten bestellen direkt bei Herstellern. Und Hersteller sammeln Daten direkt von diesen Bestellungen mit allen möglichen Variationen und integrieren diese Erkenntnisse in ihre Produktentwicklung und Produktion. So kommt es zu einem direkten Austausch zwischen Hersteller und Kunde, ohne Mittelsmänner (wie. z.B. Zwischenhändler oder Verkäufer) einschalten zu müssen. Alles, was die Konsumenten benötigen, wird über ihre Käufe im Internet durch Big Data erkannt und die Hersteller führen dann anhand dieser Daten eine Bedarfsanalyse durch. Mithilfe der Analyse kreieren sie entsprechende Produkte. Das ist die erste Ebene.

Auf der zweiten Ebene kann der Konsument direkt an den Hersteller herantreten und sagen, welche Produkte er gerne hätte. Dafür werden Plattformen wie Biyao geschaffen. In den letzten Jahren hat sie im Bereich von Haushaltsartikeln, Automobilteilen, Textilien und Lifestyle ein großes Wachstum erlebt. Dieses C2M- oder C2B-Modell (Consumer-to-Business) ist jedoch noch ein Nischenmarkt und hat sich noch nicht breit durchgesetzt. Ich glaube, dass der chinesische Konsument, oder der Mensch generell, es gerne gemütlich und bequem hat. Er geht auf den Markt oder schaut online, welche Produkte es gibt und wählt diejenigen aus, die ihm gefallen und die er haben möchte. Es gibt jedoch nur wenige Menschen, die eine genaue Vorstellung davon haben, welches Produkt sie haben möchten und was hergestellt werden soll. Deswegen glaube ich, dass sich das C2M-Modell nicht wirklich durchsetzen und etablieren wird.

Welche sind für Sie die aktuellen Top-Themen in der chinesischen Digitalwelt?

Ein Thema ist die flächendeckende Einführung von 5G, während gleichzeitig bereits zu 6G geforscht wird. Außerdem die Anwendung von Künstlicher Intelligenz in zahlreichen Bereichen und damit verbunden die Themen Big Data und Data Security.

 Interview: Digital Marketing und Social Media in China
Lei Cai und Andreas Kleinn

Lei Cai ist Mediendesigner mit einem starken Bezug zu Informationstechnologien. Er ist in China geboren und aufgewachsen und zum Studium nach Deutschland gekommen. Andreas Kleinn hat eine tiefe Verbundenheit zu China und hat einige Jahre dort gelebt. Er ist Wirtschaftsingenieur und promoviert im Bereich Entrepreneurship mit Fokus China. Zusammen sind Andreas Kleinn und Lei Cai die Geschäftsführer der Full Service-Agentur für China-Marketing Klai.

Als Full Service-Agentur für digitales Marketing unterstützen Sie bei Klai Unternehmen dabei, ihre Marke mit dem passenden Onlinemarketing in China zu positionieren. Wie funktioniert Digital Marketing in China und was müssen wir über Chinas Digitalwelt wissen?

Was man zunächst über China wissen muss, ist, dass es ein sehr vielfältiges und komplexes Land mit einer ebenso vielfältigen und komplexen Digitalwelt ist. China unterliegt außerdem einer erstaunlichen Dynamik: Die chinesische Digital- und Onlinewelt verändert sich ständig und ist im Fluss. Das heißt, dass auch die Empfehlungen, die wir heute dazu geben, in einigen Monaten bereits überholt sein können. Ansonsten funktioniert digitales Marketing in China ähnlich wie in Deutschland. Dabei muss man jedoch beachten, dass es auf der einen Seite das chinesische und auf der anderen Seite das westliche Internet gibt, was zur Entwicklung unterschiedlicher Plattformen geführt hat. Die Dienste, die wir hier in Deutschland kennen, sind zu einem Großteil in China nicht verfügbar. Dementsprechend sind für das chinesische digitale Marketing vor allem die chinesischen Plattformen wichtig. Ein weiterer Unterschied ist die Tatsache, dass in China alles mobile-only funktioniert und dass die Endkunden weitestgehend mobil über das Smartphone oder Tablet auf das Internet zugreifen. Das sind die Punkte, die China besonders machen: die Dynamik, die unterschiedlichen Plattformen und die mobile Nutzung. Sonst gibt es im chinesischen Digital Marketing ähnliche Maßnahmen und Möglichkeiten, die wir auch in Deutschland nutzen. Es gibt zahlreiche Optionen, Werbung zu schalten, auf verschiedenen Plattformen sichtbar zu sein und Content Marketing zu implementieren.

Wie unterscheidet sich das digitale Ökosystem in China im Allgemeinen von dem in Deutschland?

Das chinesische Ökosystem unterscheidet sich sehr stark vom deutschen durch die vorhandenen Plattformen. In China gibt es Anbieter, die verschiedene Apps und Anwendungen des täglichen Lebens in einer Plattform integrieren und so verschiedene Anwendungen zusammen anbieten. Das Paradebeispiel hierfür ist WeChat, das als Kommunikationsapp angefangen hat und durch zahlreiche Services erweitert wurde. Dadurch ist es in China möglich, eine komplette Customer Journey in einem solchen Plattform-Ökosystem abzubilden, von der Informationsbeschaffung bis hin zum Verkauf und Customer Service.

Wenn man chinesische KundInnen gewinnen will, was sollte man über die chinesischen User und KonsumentInnen wissen?

Gewisse Infrastrukturen und Services, die wir bei uns teilweise überhaupt nicht kennen, sind in China bereits zum Standard geworden. So ist es beispielsweise selbstverständlich, dass man in China überall 4G-Empfang hat, egal ob im Tunnel, in der U-Bahn oder auf dem Berg. Durch diese Infrastruktur haben sich die chinesischen Konsumenten daran gewöhnt, ständig online zu sein, während ihre Ansprüche an die Qualität wachsen. Das stellt E-Commerce vor neue Herausforderungen und auch Chancen, denn chinesische Kunden benötigen sehr viele Informationen zum Produkt und stellen über den WeChat-Account des Händlers zahlreiche Fragen zum Angebot. Antwortet der Händler nicht sofort oder bietet er statt „same-day-delivery" eine Lieferung nach drei Tagen an, geht der Konsument zu einem anderen Shop. Das Kaufverhalten ist anders als bei uns, denn chinesische Kunden sind durch die große Auswahl an Produkten und Services sehr verwöhnt und der Markt ist hart umkämpft.

Können Sie den Prozess beschreiben, den Ihre KundInnen durchlaufen, wenn sie ihre digitale Strategie für den chinesischen Markt planen?

Natürlich ist der Prozess bei jedem Kunden auf eine gewisse Weise individuell, doch der erste Schritt ist zunächst das Kennenlernen. Wir analysieren, was die Firma ausmacht, wie sie aktuell in China vertreten ist und wie die Vertriebsstrukturen aussehen. Zusammen mit dem Kunden entwickeln wir danach eine Strategie, die auf die Ziele des Unternehmens ausgerichtet ist. Wichtig für uns bei der Strategie ist, dass der Markenauftritt für China konsistent gestaltet ist. Denn das Vertrauen der chinesischen Konsumenten in eine Marke ist sehr wichtig, insbesondere wenn es sich um eine deutsche oder ausländische Marke handelt. Das „chinesische" Marketing sollte sich nicht zu sehr vom Marketing im Heimatmarkt unterscheiden, doch die kulturellen Feinheiten in China müssen erkannt und angesprochen werden. Im nächsten Schritt werden die Maßnahmen entwickelt, die eingesetzt werden können, um die Strategien umzusetzen. Das beinhaltet häufig, eine Webpräsenz aufzubauen, einen WeChat-Account zu erstellen und anhand einer Customer Journey zu prüfen, wo man die Zielkunden tatsächlich erreicht. Viele der Maßnahmen können im Digitalbereich von Deutschland aus gesteuert werden. Mit der Zeit wird dann die Strategie an neue Ziele und Entwicklungen angepasst.

Lassen Sie uns über ein paar chinesische Plattformen im Speziellen sprechen. Wie nutzen Sie WeChat und WeChat Work in der Arbeit mit Ihren KundInnen?

WeChat und bald auch WeChat Work sind in China Alltagswerkzeuge, mit denen kommuniziert und die Arbeit koordiniert wird, denn Chinesen verschicken keine E-Mails. Fast die gesamte Kommunikation in China läuft über WeChat und so stellt diese App die Basis der Webpräsenz dar, die wir jedem Kunden empfehlen. Mit einem WeChat Business Account kann beispielsweise die Unternehmenswebsite bereitgestellt werden und Content in Form von WeChat-Artikeln an die Follower verschickt werden. Mithilfe von WeChat Pay haben Konsumenten außerdem die Möglichkeit, Produkte direkt im Shop zu bestellen und zu bezahlen, ohne die App verlassen zu müssen. Als Unternehmen profitiert man in WeChat von der offenen Entwicklungsumgebung, die es erlaubt, selbstprogrammierte Features und andere InApp-Apps zu integrieren.

Tencent bietet für Unternehmen außerdem das sogenannte „WeChat Work" (WeCom) - das ist eine eigenständige App außerhalb von WeChat, die jedoch sehr gut in WeChat integriert ist. Diese App ermöglicht, dass man nicht als Privatperson, sondern als Unternehmen oder Teil eines Unternehmens mit Kunden in Kontakt tritt. In WeChat Work kann man als Marke seine innerbetrieblichen Prozesse steuern, ein eigenes CRM anbinden und allgemein gut über Ländergrenzen hinweg Teams organisieren (Filesharing,

Onlinekonferenzen, etc.). Außerdem ermöglicht die technische Infrastruktur von WeChat Work auch, Livestreaming anzubieten oder Videos von Produkten zu veröffentlichen. Das ist besonders interessant für B2B-Kunden, die eine einheitliche Präsentation der Produkte planen, welche dann noch um Livestreams erweitert werden kann. So kann der Hersteller oder Händler auch komplexes Wissen über Anwendungen oder Produktspezifika kommunizieren. Gerade in der aktuellen (Corona-)Zeit, in der sich das Reisen schwierig gestaltet, ist diese Funktion in China essenziell.

Es gibt zwei Plattformen, über die wir noch nicht gesprochen haben: Baidu und Weibo. Wie funktionieren diese Plattformen und wie werden sie genutzt?

Baidu ist eine Suchmaschine, die Google sehr ähnlich ist und die ein ganzes Universum an Dienstleistungen vereint, wie Navigation, Q&A und B2B-Trading. Die Q&A-Plattform ist in China für den B2B- und B2C-Bereich wichtig, denn hier können Fragen zu Produkten gestellt und von den Händlern beantwortet werden. Ansonsten hat Baidu als Suchmaschine ähnliche Mechanismen wie Google. Auf der Webseite sollte man immer eine Meta-Beschreibung haben, die zu den Anforderungen des Baidu-Crawlers passt. Die richtigen chinesischen Keywords müssen dazu eingearbeitet werden, um in der Suche gefunden zu werden. Außerdem gibt es, wie bei Google, die Möglichkeit, Suchmaschinenwerbung zu schalten, Keywords zu kaufen und durch Anzeigen in der mobilen Version auf sich aufmerksam zu machen. Natürlich gibt es auch Unterschiede zwischen Google und Baidu. So wird auf Baidu in der Desktopsuche beispielsweise keine Werbung geschaltet und das Rankingsystem funktioniert etwas anders als bei Google.

Weibo ist ein Mix aus Facebook, Twitter und Instagram, auf dem Inhalte bereitgestellt werden. Bei diesen Inhalten handelt es sich vor allem um Soft Content mit vielen Bildern, kurzen Texten und sogenannten „Hot Topics". Die Hot Topics sind die populärsten Themen, über die an einem Tag gesprochen wird. Weibo ist dabei eine Plattform, auf der man als Marke viral gehen kann, die aber auch sehr schnelllebig ist. Themen und Inhalte tauchen dort zeitnah auf, sie verschwinden aber auch schnell wieder. Im B2C-Bereich ist Weibo sehr erfolgreich, weil sich sehr viele Stars und Influencer auf der Plattform engagieren. Durch die Zusammenarbeit mit KOLs (Key Opinion Leader) können Marken auf Weibo ihre Zielgruppe direkt ansprechen und einen Community-Gedanken etablieren. Wichtig ist dabei, als Unternehmen tägliches Engagement zu zeigen und viel Content zu kreieren.

Welche sind für Sie die aktuellen Top-Themen in der chinesischen Digitalwelt?

Livestreaming im E-Commerce und Verkaufsevents sind in China extrem populär. Hinzu kommen kurze Videos und die Integration der ganzen Customer Journey. Da in China der gesamte Alltag über das Smartphone organisiert wird und die Menschen weder Hausschlüssel noch Geldbeutel brauchen, ist das Phänomen der „leeren Hosentaschen" ebenfalls ein Trend: Weil man das Smartphone ständig in der Hand hat, ist die Hosentasche leer. Ein weiteres spannendes Thema ist die digitale Währung, die derzeit in China getestet wird.

Video-Interview:

Interview: Convenience Society – Chinas digitaler Luxus der Mühelosigkeit

Dr. Hannes Jedeck

Dr. Hannes Jedeck versteht sich als Vermittler, Übersetzer und Dekodierer der chinesischen Gesellschaft und Kultur in verschiedenen Kontexten. Er ist Koordinator des Sprachprogramms des Konfuzius-Instituts an der Universität Heidelberg und Gründer der „Initiative für den bundesweiten Aufbau von Chinakompetenz" (IBAC) mit dem Ziel, ein Netzwerk aus Chinaexperten aufzubauen und über aktuelle Themen mit Chinabezug in Deutschland zu informieren. Auf dem Blog „China.Digital" berichtet er über seine Erfahrungen zum Thema Digitalisierung im Reich der Mitte.

Herr Dr. Jedeck, Sie sind seit vielen Jahren regelmäßig in China unterwegs. Wie hat sich die digitale Welt Chinas seit Ihrem ersten Besuch entwickelt und verändert?

Bei der Vorbereitung auf dieses Interview ist mir aufgefallen, dass es schon 13 Jahre her ist, seitdem ich das erste Mal in China war. Wie wahrscheinlich die meisten, die China über einen längeren Zeitraum beobachten, fand auch ich die Entwicklung innerhalb dieser Zeit unglaublich. Insbesondere die Geschwindigkeit und der Umfang der Veränderungen in China, gerade auch im digitalen Bereich, haben mich zum Staunen gebracht. Ein Beispiel aus meiner persönlichen Geschichte wäre der Stadtteil Zhongguancun in Peking. Ich habe 2010 für ein Jahr an der Peking University studiert und war öfter dort, um Elektronikartikel zu erwerben. Beim Betreten wurde ich direkt von einem Dutzend Verkäufern angesprochen, die mir Kameras, SD-Karten oder gefälschte iPhones verkaufen wollten. Überall waren kleine Shops, in denen elektronische Produkte für Bastler und Nerds angeboten wurden. Das Gebäude hatte gar keine richtigen Türen, sondern Plastikgardinen, die von der Decke herunterhingen. Heute hingegen ist Zhongguancun eine Art Silicon Valley Chinas, welches auf einem riesigen Gebiet Prototypenfertigungen, Maschinenhallen und schicke Büros hat. Es ist zu einem Start-up-Hub geworden, in dem täglich 80 neue Start-ups gegründet werden. Auch die Tech-Giganten von heute, wie zum Beispiel Baidu oder Lenovo, sind dort groß geworden. Innerhalb von zehn Jahren hat sich Zhongguancun von einem Ort für Elektronik-Nerds zu einem High-Tech-Innovationszentrum gewandelt. Ich war neulich wieder dort und habe es kaum wiedererkannt.

Wenn es um chinesische Start-ups geht, sind diese längst nicht mehr nur Copycats von amerikanischen Firmen. Chinesische Unternehmen sind extrem innovativ und disruptiv geworden. Aus meiner persönlichen Erfahrung kann ich diesen Wandel an den Apps und Kommunikationssystemen, die ich in den letzten 13 Jahren benutzt habe, ablesen. Angefangen habe ich mit QQ, einer Nachbildung des Microsoft Messenger-Dienstes, gefolgt von Renren Wang, einer Facebook-Kopie. Die ultimative App ist nun WeChat, mit vielen Services, die über die Features z.B. von WhatsApp weit hinausgehen. In einem Artikel hieß es neulich, WeChat sei „das ganze Leben in einer App". Als ich das erste Mal in China war, wurden noch die deutsche Ingenieurskunst, die deutsche Qualität und das deutsche Bildungssystem gelobt. Heute wissen die Chinesen die deutsche Gründlichkeit und Genauigkeit immer noch zu schätzen, doch sie entwickeln auch ein neues Selbstbewusstsein, da sie merken, dass sie sich im digitalen Bereich unglaublich schnell weiterentwickeln und eine Führungsposition einnehmen.

Was hat Sie bei ihrer letzten Reise nach China an der digitalen Welt dort am meisten fasziniert und vielleicht auch überrascht?

Das letzte Mal war ich 2019 in China. Dort habe ich eine Studienfreundin getroffen, die schon seit langer Zeit in Shanghai lebt. Wir wollten uns in einem Restaurant treffen, um auf die alten Zeiten anzustoßen. Als wir bestellen wollten, kam kein Kellner. Meine Begleiterin scannte einfach einen QR-Code an der Seite des Tisches und schaute sich das Menü auf dem Smartphone an. Wir wählten alles mobil aus und das Essen wurde, ohne weitere Kommunikation mit einem Angestellten, schnell aus der Küche gebracht. Das Essen wurde von meiner Begleiterin direkt fotografiert, mit der Meitu-App bearbeitet und dann auf WeChat Moments hochgeladen. Erst danach wurde gegessen. Nach dem Essen, wenn es normalerweise zur Bezahlung übergeht, wollte ich meine Freundin einladen. Doch sie sagte, dass das nicht ginge, da sie bereits bei der Bestellung per WeChat bezahlt hätte. Als Nächstes riefen wir uns ein Taxi mit der Didi Chuxing-App. Auf das Taxi mussten wir nicht lange draußen warten, denn wir haben in der App gesehen, wo sich der Taxifahrer befand und konnten somit erst dann das Restaurant verlassen, als das Taxi in der Nähe angekommen war. Im Taxi habe ich mich gefragt, wie man sich fühlt, wenn man in dieser Stadt der Superlative, die niemals schläft, wohnt. Meine Freundin antwortete auf meine Frage: Das Leben in Shanghai sei „convenient". Das war der Moment, in dem ich merkte, wie grundlegend sich China in den letzten Jahren verändert hatte. Vorher war China für mich immer abenteuerlich, wild und exotisch gewesen, aber ich hatte das Land nie zuvor als besonders „convenient" empfunden. Ich glaube, dass gerade die Digitalisierung in China zu einem neuen Lebensgefühl und einer neuen Gesellschaftsform geführt hat.

Wir sprechen heute insbesondere über das Thema „Convenience Society". Was genau ist die „Convenience Society" in China?

Ich habe das Wort „Convenience" gewählt, weil es sehr genau das vermeintliche Ziel der digitalen Lösungen in China beschreibt. Es handelt sich dabei um einen Versuch, ein Leben voller Annehmlichkeiten ohne Leiden zu erschaffen, mit grenzenloser Mobilität und ständiger Verfügbarkeit von Produkten und Dienstleistungen, die man ganz bequem über das Handy buchen und bargeldlos bezahlen kann. Das gehört heute schon für viele Chinesen zum Alltag. Ich glaube, dass dieses Convenience-Prinzip ein wichtiges Versprechen hinter den Digitalisierungsbemühungen in China ist. Zumindest bekommt man diesen Eindruck, wenn man sich die Werbebotschaften der großen Tech-Unternehmen ansieht.

Die Bedeutung der sogenannten „Convenience Society" fasse ich nun in drei Punkten zusammen. Der erste Punkt ist, dass die Convenience Society grundsätzlich sehr offen und positiv gegenüber technischen und digitalen Lösungen, Innovationen und Gründungen ist. Selbst zu gründen wird in China als höchst positiv angesehen. Der zweite Punkt ist, dass die Convenience Society eine Gesellschaft der Unmittelbarkeit, eine Gesellschaft der sofortigen Verfügbarkeit ist. Das verändert auch in einer gewissen Weise unsere Wahrnehmung von zeitlichen Prozessen und von Zeit im Allgemeinen, beispielsweise in Bezug auf das Thema Warten. Der dritte Punkt ist für mich die Kommunikation. Die Convenience Society verändert grundlegend die Art, wie wir miteinander umgehen. Kommunikation wird umfänglicher, schneller und digitaler, aber auch weniger persönlich. Der unmittelbare Kontakt zum Menschen wird tendenziell weniger. Wenn man das am Beispiel des Wartens noch einmal verdeutlicht, habe ich das Gefühl, dass die Post-90er-Generation, die junge Generation Chinas, das Warten hasst und dieses als Zeitverschwendung wahrnimmt. Diese jungen Leute möchten Informationen erhalten, die sofort verfügbar sind, ohne lange suchen zu müssen. Sie erwarten, diese Informationen so präsentiert zu bekommen, dass diese ihnen unmittelbar einen Nutzen bringen. Auch auf Bestellungen von Tmall oder Taobao wollen sie nicht lange warten. Die Digitalisierung verstärkt dieses Phänomen. Das Einzige, worauf Chinesen tatsächlich noch freiwillig warten, ist ein gutes Restaurant. Da kommt es mir so vor, als wäre es umgekehrt. Sie stellen sich dort an, wo schon viele Personen stehen. Aber auch hier setzt sich der Convenience-Gedanke langsam durch, wenn Restaurants wartenden Personen ein Eis ausgeben oder wenn sich Massagesalons in der Nähe von guten Restaurants ansiedeln.

Gibt es auch Bevölkerungsgruppen, die von diesem „convenient" Leben ausgeschlossen sind?

Die Convenience Society gibt natürlich vor, inklusiv zu sein. Es werden vor allem die Vorteile aufgezeigt und es wird erzählt, dass alle Leute ein angenehmes Leben haben können. De facto gibt es aber natürlich auch Bevölkerungsgruppen, die davon ausgeschlossen sind. Zum einen, auch wenn das trivial klingt, braucht man auf jeden Fall ein Smartphone, um an dieser Gesellschaft teilnehmen zu können. Im Rahmen von Covid-19 hat man beobachten können, dass die Chinesen auf ihre Smartphones angewiesen waren, um nachzuweisen, dass sie nicht infiziert waren, um Zugang zu öffentlichen Gebäuden zu erhalten. Heutzutage ist ein Smartphone zwar erschwinglich, dennoch ist es ein Aspekt, der nicht unterschätzt werden darf. Zudem kommt es darauf an, aus welcher Sicht man Services betrachtet: Aus der Sicht derjenigen, die sie in Anspruch nehmen oder aus der Sicht derjenigen, die diese Services anbieten oder bereitstellen. Wenn man etwas auf Taobao kauft, wird es vielleicht am gleichen Tag geliefert, aber wer sind diejenigen, die für diese Lieferungen sorgen? Ich habe in Peking eine ganze

Straße gesehen, in der sich Taobao-Lieferanten am Abend getroffen haben und in sehr ärmlichen Verhältnissen unter Wellblechpappendecken geschlafen haben. Sie sind diejenigen, die beispielsweise von dieser Digitalisierung nicht profitieren und die auch nicht die Gewinner eines convenient Lebens sind.

Haben Sie konkrete Beispiele dafür, wie bestimmte Alltagssituationen in China digital unterstützt ablaufen?

Ich hätte ein lustiges Beispiel, das ich mir in Deutschland nicht vorstellen könnte. In China ist es häufig der Fall, dass auf öffentlichen Toiletten kein Toilettenpapier vorhanden ist. Deswegen haben Chinesen meistens eine kleine Packung Taschentücher dabei. Als ich letztes Jahr in China war, habe ich gesehen, dass die Toiletten mittlerweile einen Toilettenpapierspender mit QR-Code haben, den man scannt, um gegen einen kleinen Betrag Toilettenpapier zu erhalten. Natürlich tauscht man dabei eigentlich seine Daten gegen das Toilettenpapier ein, denn man loggt sich mit WeChat ein und bezahlt mit WeChat Pay. Ich denke, der springende Punkt ist, dass die Chinesen früh erkannt haben, dass Daten der Rohstoff der Zukunft sind. So schaffen sie es, diese Daten auch an Orten zu sammeln, an denen eine notwendige Dienstleistung in Anspruch genommen wird.

Wie unterscheidet sich die chinesische Mentalität im digitalen Bereich von unserem Mindset hier in Deutschland?

Generell kann man sagen, dass Chinesen offen gegenüber Neuem und gegenüber digitalen Lösungen sind. In China sind aktuell die Begriffe *chuangxin* 创新 oder *chuangye* 创业 bezeichnend für die Mentalität der Menschen. Die Begriffe heißen übersetzt, etwas Neues zu erschaffen oder zu gründen. Ich kenne kaum einen jungen Chinesen, der nicht gerade eine eigene Firma gründen will. Das liegt daran, dass in China unter anderem eine höhere Machtdistanz herrscht und die Hierarchien zwischen Manager und Mitarbeiter sehr viel stärker ausgeprägt sind als bei uns. Junge Chinesen, die talentiert und intelligent sind, sind nicht bereit, unter diesen Umständen in einer Firma aufzusteigen und wollen lieber selbst etwas gründen. Dabei gehen sie häufig nach dem Trial-and-Error-Prinzip vor. Im Chinesischen gibt es das Sprichwort „die Steine abtastend den Fluss überqueren". Ich glaube, dass genau dieses Prinzip in der chinesischen Digitalwelt sehr erfolgreich ist, da man nicht von vorneherein einen großen Plan schmieden kann, sondern Schritt für Schritt Neues ausprobiert und sich immer wieder neu an die Gegebenheiten anpasst.

Welche sind für Sie die aktuellen Top-Themen in der chinesischen Digitalwelt?

Die Gesichtserkennung ist in China sehr weit erforscht und wird weiterhin stark vorangetrieben. Onlineshopping und Livestreaming sind weitere wichtige Themen, vor allem unter Convenience-Gesichtspunkten mit dem intuitiven 1-Click-Kaufvorgang.

Video-Interview:

Interview: (Digitale) Events für chinesische KundInnen
Thorsten Wilhelm

Thorsten Wilhelm ist Partner und Geschäftsführer der Eventagentur TAO European Incoming und fokussiert sich auf die Eventberatung für chinesische Kunden in Europa. Als europäisch positionierte Agentur bietet TAO die klassischen Eventdienstleistungen der Organisation von Incentives, Kongressen, Meetings, Messen und anderen Events mit einer klaren Orientierung auf chinesische Erwartungen und Bedürfnisse.

Herr Wilhelm, TAO European Incoming ist auf die Betreuung chinesischer KundInnen aus dem privaten und staatlichen Bereich spezialisiert. Was würden Sie sagen, welche Grundlagen sollte man kennen, wenn man Events für chinesische KundInnen organisiert?

Ich glaube, das Wichtigste ist, eine gewisse Demut mitzubringen. Wenn man proaktiv versucht, dem chinesischen Kunden beizubringen, wie das Eventbusiness in Europa funktioniert, wird man sehr schnell gegen Mauern laufen. Chinesische Unternehmen, die schon in Europa oder im Westen aktiv sind, sind in der Regel bereits erfolgreich und können nicht nachvollziehen, warum sie etwas an ihrer Strategie ändern sollten. Als Dienstleister sollte man im Businesskontext, auch abseits von digitalen Events, offen für die Vorgehensweise der chinesischen Businesspartner sein und nach Möglichkeiten suchen, ihre Ansprüche und Erwartungen umzusetzen.

Welche Erwartungshaltung haben Ihre chinesischen KundInnen und wie unterscheidet sich diese von den Erwartungen der deutschen oder europäischen KundInnen?

Die Erwartungshaltung der chinesischen Kunden ist generell sehr hoch, was mit einem extrem hohen Qualitäts- und Umsetzungsanspruch einhergeht, der nicht einfach zu erfüllen ist. Ausdrücke wie „Nein" und „es geht nicht" haben chinesische Kunden daher nicht in ihrem Vokabular. Sie sind es im Businessumfeld nicht gewohnt, diese Begriffe zu hören – das liegt daran, dass in China vieles ermöglicht und durchgesetzt wird, was wir in Europa für undenkbar halten. Außerdem hat es einen kulturellen Hintergrund, dass ein Nein nicht geduldet wird. Bevor ich nein sage, sollte ich lieber mit einem „vielleicht" oder „lassen Sie mich das prüfen" anfangen.

Wie schaffen Sie es, den chinesischen Anforderungen gerecht zu werden?

Ich bin der Meinung, dass das eine Verständnisfrage ist. Man muss verstehen, was der chinesische Kunde möchte und was er meint, wenn er etwas sagt. Dabei sind wir selbst gefordert, zwischen den Zeilen zu lesen und das Gesagte zu interpretieren. Meine Überzeugung ist aber, dass wir das oft gar nicht oder nur bedingt können. Ich glaube daran, dass man nur dann erfolgreich mit chinesischen Kunden sein kann, wenn man auch chinesische Mitarbeiter mit an Bord holt. Nur diese Mitarbeiter können verstehen, was der Gegenüber wirklich möchte.

Können Sie den Prozess beschreiben, den Ihre chinesischen KundInnen durchlaufen, wenn sie von Ihnen Unterstützung bei der Organisation eines (digitalen) Events in Europa erhalten?

Dieser Prozess ist in der Tat sehr komplex. Man muss wissen, dass wir selten mit dem Endkunden direkt in Kontakt stehen, denn in 99 % der Projekte ist eine chinesische Agentur der Vermittler. Diese Agentur liefert das Briefing und wird dabei selbst vom Endkunden lange im Dunkeln gelassen und mit nur wenigen Informationen versorgt. Das führt wiederum dazu, dass wir als Dienstleister oft nicht genau wissen, was der Kunde letztendlich will. Dabei wird ohne eine konkrete Richtung viel Arbeit umsonst geleistet. Es kommt oft vor, dass die Kunden am liebsten 20 verschiedene Konzepte in 20 verschiedenen Preisklassen und 20 verschiedenen Denkrichtungen hätten. Diese Informationslücke hat wiederum auch einen kulturellen Hintergrund, weil man sich in China nicht traut zu hinterfragen, was der Kunde oder der

Vorgesetzte möchte. Oft erwartet der Vorgesetzte, dass die Mitarbeiter und Dienstleister Aufträge sozusagen von den Lippen ablesen können. Ich muss in diesem Zusammenhang noch einmal betonen, dass der kulturelle und zwischenmenschliche Aspekt in der Arbeit mit chinesischen Kunden nicht unterschätzt werden darf.

Was ist bei den Online-Events für Ihre chinesischen KundInnen anders als bei Live-Events vor Ort?

Im Bereich der digitalen Events haben wir noch weniger Mitspracherecht bei der Umsetzung als vor Ort. Das hat den Hintergrund, dass die chinesischen Unternehmen mit ihrem technischen Know-how sehr weit fortgeschritten sind. Während wir noch mit einer kleinen Handykamera arbeiten, hat der chinesische Kunde das beste und vermeintlich teuerste Material.

Bei Live-Events haben wir als Agentur hier in Deutschland und Europa die Markt- und Know-how-Macht, die uns ermöglicht, unsere Preise durchzusetzen. Doch unsere chinesischen Kunden können das nicht immer nachvollziehen, denn im chinesischen Markt sind die Löhne der Arbeitskräfte aufgrund der hohen Zahl an verfügbaren Arbeitern viel niedriger. In Peking hatten wir beispielsweise einmal ein Event in der Fußgängerzone, bei dem Informationstafeln aufgestellt werden sollten. Am Tag des Events war es sehr windig und die Tafeln drohten in ein gefährliches Wanken zu geraten, sodass uns der technische Verantwortliche der Stadt Peking keine Genehmigung geben wollte. Wir waren schon der Verzweiflung nahe, als mein Partner aus Peking sein Telefon in die Hand nahm, um 20 Minuten später 50 Personen vor Ort zu haben, die unsere Tafeln einfach mit den Händen hochgehalten haben. Daran wird ganz gut deutlich, dass Arbeitskräfte in China keine Frage der Verfügbarkeit oder des Preises sind. Wenn eine Person etwas nicht machen kann, gibt es gleich 100 andere, die bereit sind, einzuspringen. Das ist die Mentalität und Arbeitsweise der chinesischen Kunden. Damit wären wir auch wieder bei der Erwartungshaltung „geht nicht, gibt's nicht" – alles ist in China auf irgendeine Art und Weise möglich.

Sie waren in den letzten Jahren auch viel in China unterwegs, um Ihre KundInnen persönlich zu treffen. Was haben Sie vor Ort im Bereich Digitalisierung erlebt, was Sie fasziniert und vielleicht auch überrascht hat?

Normalerweise bin ich alle sechs Wochen in China. Jedes Mal bin ich fasziniert, wenn ich am Flughafen ankomme und etwas Neues, Innovatives sehe. Wir unterscheiden uns von den Chinesen in erster Linie darin, dass die Chinesen „einfach machen". Wir sprechen in Deutschland zum Beispiel seit Jahren über die Digitalisierung. Sei das die Digitalisierung von Ämtern oder von Schulen, wir sprechen nur darüber, setzen aber nichts in die Tat um. In China ist es faszinierend, welche Innovationen dort tagtäglich umgesetzt werden. Mit dem politischen System müssen wir nicht einverstanden sein, aber wir müssen erkennen, dass die Rahmenbedingungen für die Umsetzung von innovativen Entwicklungen in China deutlich stärker gegeben sind.

Ich übernachte in Peking häufig im selben ein Hotel. Das Hotel ist mit der anderen Straßenseite durch eine Brücke verbunden, die ich jeden Tag überqueren muss und auf der immer an der gleichen Stelle ein Obdachloser sitzt, der eine Blechdose für Kleingeld vor sich stehen hat. Doch in China wird Bargeld fast nicht mehr genutzt und so haben die Passanten unter Umständen kein Kleingeld dabei. Dafür hat der Obdachlose neben seiner Blechdose einen QR-Code, über den man eine digitale Spende an ihn senden kann. Dadurch kann er per Smartphone Geld sammeln. Mit demselben Handy bezahlt er auch ganz leicht im Supermarkt. Für mich ist das beispielhaft dafür, dass die Digitalisierung in China in allen Gesellschaftsschichten komplett etabliert ist. Das fasziniert mich immer wieder, denn in China gibt es nichts, was nicht zu digitalisieren wäre. Der chinesische Bürger bewegt sich 24 Stunden in einer digitalen Welt: Vom Wecker bis hin zum Bezahlen in einem Restaurant, bei der die Rechnung direkt in die Steuererklärung eingegliedert wird – alles ist digital. Davon sind wir in Deutschland meilenweit entfernt.

Haben Sie ein Beispiel dafür, was in China aktuell in der digitalen Eventbranche besonders gut funktioniert?

Diesen digitalen Trend kennt mittlerweile schon jeder: TikTok. Auf TikTok kann man eigene kleine digitale Events veranstalten, man kann Menschen einladen oder auch seine eigenen digitalen Features implementieren. Meiner Meinung nach ist TikTok eine bahnbrechende App und ich gehe davon aus, dass sie in naher Zukunft auch eine starke Relevanz für die Eventbranche haben wird. Besonders spannend wird für uns der Einsatz von TikTok für hybride Online-Offline-Events sein, denn unser Anspruch ist, auch bei digitalen Events eine Offline-Komponente einzubringen. Wir haben alle in den letzten Monaten erlebt, wie praktisch es sein kann, mit neuen Medien wie beispielsweise Zoom zu arbeiten. Dennoch haben wir auch gemerkt, dass digitale Meetings oder digitale Events schnell langweilig werden. Genau in diesem Bereich sehe ich es als unsere Aufgabe, wieder Offline-Features zu implementieren. So sind wir momentan dabei, Tools für TikTok zu entwickeln, mit denen wir diese Online-Offline-Verbindung herstellen können.

Was können wir von China im Bereich digitale Events und Digitalisierung lernen und was sollten wir auch in Deutschland übernehmen?

Es ist zunächst eine gesellschaftliche Frage, welche Trends aus China wir übernehmen wollen. Viele Menschen in Deutschland haben großen Respekt vor und teilweise auch Berührungsängste mit dem Thema Künstliche Intelligenz. Doch wenn wir darüber nachdenken, ist Künstliche Intelligenz für unsere zukünftige Entwicklung notwendig, denn wir können ohne diese Technologie bestimmte Anwendungen nicht umsetzen. Wenn wir beispielsweise das autonome Fahren einführen möchten, brauchen wir die 5G-Technologie und Künstliche Intelligenz, um die Masse an Daten zu bewältigen. Um den Anschluss hierbei nicht zu verlieren, müssen wir uns ansehen, inwieweit uns andere Länder, insbesondere China, überholen. In China herrschen zwar andere Rahmenbedingungen, doch wir sollten einsehen, dass wir auch bei uns Spielräume brauchen, um Neues auszuprobieren.

Welche sind für Sie die aktuellen Top-Themen in der chinesischen Digitalwelt?

Die relevantesten Top-Themen sind die Künstliche Intelligenz und das Social Credit-System mit allen damit zusammenhängenden positiven und negativen Anwendungen und Auswirkungen.

Video-Interview:

Interview: Livestreaming in China
Dr. Teo Pham

Dr. Teo Pham ist Experte für Digitale Geschäftsmodelle, E-Commerce, Online Marketing und Social Media. Dabei interessiert er sich vor allem für die Generation Z, China und das Silicon Valley. Er ist Gründer der Delta School, der Online Business School für digitales Marketing, die Unternehmen beim digitalen Upskilling ihrer Mitarbeiter unterstützt. Dr. Teo Pham ist ein internationaler Keynotespeaker, Podcaster und Business Influencer und wurde als „LinkedIn Top Voice" als eine der wichtigsten Stimmen auf der Plattform ausgezeichnet. Davor war er als Professor für E-Commerce und Online Marketing, als E-Commerce Gründer und im Bereich Media & Venture Capital tätig.

Herr Dr. Pham, Livestreaming im Bereich E-Commerce ist in China bereits seit mehreren Jahren populär. Wie ist der Trend entstanden und wie funktioniert Livestreaming in China? Was sind die Merkmale und Besonderheiten?

Wenn wir im Westen an Livestreaming denken, denken wir zunächst an Twitch und an Computerspiele. Livestreams gibt es zwar auch auf Facebook und Instagram, diese werden aber nicht viel genutzt. In China dagegen ist Livestreaming schon seit Jahren in zahlreichen Lebensbereichen extrem populär. Ich unterscheide zwischen zwei Arten von Livestreaming: eine Art ist reines Entertainment (z.B. die Vorstellung von Hobbys wie Gaming oder Kochen), die andere ist der Bereich E-Commerce, in dem es in Richtung Teleshopping geht.

Live-Shopping setzt sich zusammen aus Livestreams, in denen Produkte präsentiert und verkauft werden. Wenn wir an normales Online-Shopping denken und uns beispielsweise eine Seite wie Zalando vorstellen, gibt es dort Produktdetailseiten mit einigen Bildern und einem Text. Live kann das Produkt allerdings nicht gesehen werden. Wenn man aber einen Influencer hat, der sehr ausführlich das Produkt und die Hintergründe erklärt und gleichzeitig die Kleidung anprobiert oder die Kosmetik aufträgt, werden viel mehr Informationen mitgeteilt. Gleichzeitig ist das auch eine Art von Entertainment und so hat sich das Thema Live-Shopping in China etabliert. Die bekannteste chinesische Vertreterin von Livestreams im E-Commerce ist Viya, die „Queen des Live-Shoppings", die einmal an einem einzigen Tag Waren im Wert von 400 Millionen Dollar verkauft hat. Das heißt, Live-Shopping ist in China kein Nischen-Phänomen, sondern schon wirklich Mainstream.

Warum nutzen wir im Westen Livestreaming nicht so viel? Woran scheitert es, auch bei uns Livestreaming im E-Commerce einzuführen?

Grundsätzlich ist uns China bei allen digitalen Trends fünf bis zehn Jahre voraus. Das war beim Thema Payment schon der Fall, denn WeChat und Alipay gibt es seit langer Zeit in China. Bei uns hat sich Apple Pay hingegen immer noch nicht richtig durchgesetzt und wird nur von den Early Adoptern benutzt. Ich glaube, dass Livestreaming in Deutschland langsam ankommt. Man muss den Streamern allerdings auch einen Grund geben, guten Content zu entwickeln, denn wenn sie dadurch kein Geld verdienen können, werden sie nicht aktiv. Manche Plattformen erzielen Einnahmen für Live-Streamer, indem sie Twitch als Vorbild nehmen: hier können Channels kostenpflichtig abonniert werden. Es gibt Twitch-Streamer, die dadurch viel Geld verdienen, während man bei TikTok als Streamer virtuelle Geschenke bekommen kann. Ein Trend, der ebenfalls aus China kommt: man kann seinem Lieblingsstreamer eine virtuelle Blume oder ein virtuelles Bier schenken, die in Geld umgetauscht werden.

Im Bereich Commerce scheitert Livestreaming bei uns derzeit noch daran, dass es keine guten Formate gibt. Zudem kann Live-Shopping ohne integrierte Payment-Systeme wie bei WeChat nicht einfach umgesetzt werden. Das heißt, Instagram oder TikTok müssten das Thema Shopping besser einbinden, z.B. durch eine PayPal-Integration. Die Frage, die sich derzeit bei uns stellt, ist, wer im Live-Shopping die ersten Schritte machen wird: Shopping-Plattformen wie Amazon und Zalando, die Content implementieren müssten oder eine Content-Plattform, die Shopping einführen könnte? Ich persönlich würde auf TikTok setzen, denn die User dort sind es bereits gewöhnt, sich Livestreams anzuschauen und virtuelle Geschenke zu überreichen. Der Sprung zum Kauf von Produkten wäre für sie somit nicht allzu groß.

In China gibt es mittlerweile sogenannte Influencer-Inkubatoren. Was ist das genau und sieht man diesen Trend auch bei uns in Europa?

Influencer-Inkubatoren kann man sich vorstellen wie professionelle Scouting-Agenturen für Menschen, die besonders gut aussehen oder sehr talentiert sind (z.B. Verkaufstalente) und die als Streamer berühmt werden sollen. Sie bekommen dann ein professionelles Coaching (Kameratraining, Social Media Infrastruktur etc.) und werden als Influencer entwickelt. In Deutschland gibt es auch bereits Talent Agencies, die Influencer unter Vertrag nehmen. Solche Talente, die von null auf geschaffen werden, gibt es zurzeit allerdings eher weniger, denn der Professionalisierungsgrad in Europa ist bei Weitem nicht so hoch wie in China.

Für welche Branchen wird Livestreaming als Verkaufskanal eingesetzt?

Alle Produkte, die man gut demonstrieren kann, sind für Livestreams gut geeignet. Das können zum Beispiel Kochutensilien sein, die in einer Live Cooking-Show verkauft werden. Besonders interessant ist, dass in China gerade auch Erzeuger von landwirtschaftlichen Produkten ganz stark im Livestreaming eingestiegen sind. Bauern, die z.B. Wassermelonen oder Mangos verkaufen, machen Livestreams ohne großen Produktionsaufwand und präsentieren ihre neue Ernte, um zu zeigen, dass die Produkte frisch sind und von ihrer Farm kommen. Es ist sozusagen die digitale Version eines Bauern, der auf den Markt geht und dort seine Produkte anpreist. Über die gute Payment- und Logistik-Infrastruktur haben in China auch einfache Menschen ohne viel Digitalerfahrung die Möglichkeit, direkt an den Kunden zu verkaufen. Neben dem hohen Informationsgehalt, der vermittelt wird, ist der Live-Stream gleichzeitig auch unterhaltsam. Denn beim Livestreaming geht es nicht nur um die Transaktion, sondern vor allem auch um die Unterhaltung. Viele schauen sich die Streams aus Langeweile an und kaufen die Produkte nur nebenbei.

In Deutschland sind wir dagegen eher skeptisch gegenüber E-Commerce und Livestreams. Bis vor ein paar Jahren hätten wir uns gar nicht vorstellen können, Schuhe oder Lebensmittel online zu kaufen, während das alles in China schon lange kein Thema mehr ist. Dort werden sogar Autos für 50.000 Euro innerhalb von Minuten verkauft. Wir sehen im Westen ähnliche Tendenzen bei Tesla. Während hier Menschen bei vielen Produktgruppen aber noch sehr zurückhaltend sind, spielen in China sowohl die Produktgruppe als auch der Preispunkt keine große Rolle. Die Konsumenten sind offener, wichtig für sie ist aber auch, dass der Anbieter eine vertrauenswürdige Quelle ist.

Was können wir im Bereich Livestreaming von China lernen?

Durch Corona wird sich in allen Bereichen, in denen es um reine Content-Vermittlung geht (z.B. Events, Konzerte, Bildung etc.), Livestreaming auch bei uns sehr stark durchsetzen. Die Digitalisierung wird beschleunigt, wir müssen uns aber mehr darauf einstellen als die Chinesen. Denn in China gab es vor Corona bereits Online-Education, es wurde kontaktlos bezahlt, online bestellt und vieles digital erledigt, wodurch die Nutzer besser vorbereitet waren als wir.

Generell denke ich, dass es für Unternehmen auch außerhalb des Livestreamings sehr spannend ist, sich mit China auseinanderzusetzen, selbst wenn man nicht dorthin expandieren möchte. Denn China ist das „Fenster zur Zukunft". Ich habe angefangen, mich damit zu beschäftigen, weil ich mich für digitale Trends interessiere und ich vor ein paar Jahren festgestellt habe, dass die spannenden Entwicklungen nicht mehr aus dem Silicon Valley kommen, sondern aus China. Wenn man sich also gut auf die Zukunft vorbereiten möchte und eine gute Unternehmensstrategie aufbauen möchte, dann ist es auf jeden Fall sehr hilfreich, heute schon zu wissen, was in China passiert.

Welche sind für Sie die aktuellen Top-Themen in der chinesischen Digitalwelt?

Das wichtigste Thema ist definitiv Livestreaming. Ansonsten ist Gaming nach wie vor ein Trend, vor allem in den Bereichen E-Sports, Mobile Games und Gaming über Streaming. Als weiteres großes Thema sehe ich Online-Education, zum Beispiel über Plattformen wie VIPKid.

Video-Interview:

Interview: B2B-Kommunikation in China
Theresa Stewart

Theresa Stewart ist Sinologin, hat in China, Australien und Großbritannien im Bereich Marketing-Kommunikation gearbeitet und ist in der deutsch-chinesischen Community stark vernetzt. Durch ihre mehrjährige Tätigkeit im Management der German Centres in Shanghai und Taicang kennt sie den chinesischen Markt, die Kultur und Institutionen ebenso wie die Belange deutscher Unternehmen. Als Director China verantwortet sie das China-Geschäft der Kommunikationsagentur Storymaker und berät zur strategischen und operativen Umsetzung von internationalen Kommunikations- und Marketing-Kampagnen.

Frau Stewart, wie unterscheidet sich das B2B-Marketing in China allgemein vom B2B-Marketing in Deutschland?

Die einfache Antwort dazu ist: durch die Plattformen. Denn die Plattformen, die wir im Westen kennen, sind in China so nicht vorhanden. Google, WhatsApp, Twitter Facebook und Co. sind in China gesperrt. So sind beispielsweise auch die Facebook-Ads, die man im Westen als Marke schalten würde, in China nicht möglich. Stattdessen werden in China Plattformen wie WeChat, Weibo, Bilibili oder Zhihu genutzt.

Ein zweiter großer Unterschied sind die Themenbereiche und die Art und Weise, wie miteinander kommuniziert wird. Mir fällt dazu ein Beispiel ein, bei dem ein deutscher Backofenhersteller auf WeChat gezeigt hat, wie man die Backöfen mit verschiedenen Rezepten benutzt. In einem Video wurde jeder einzelne Schritt konkret erklärt. Hätte man ein solches Video in Deutschland veröffentlicht, hätten die Kunden gesagt, dass die Firma sie für nicht intelligent genug hält, einen Backofen zu nutzen. Chinesische Konsumenten wussten den hohen Informationsgehalt jedoch zu schätzen. Dieses Beispiel zeigt, wie wichtig es ist, im kulturellen Kontext zu denken.

Wie kommuniziert man in China? Was sind die Unterschiede zwischen der B2C- und B2B-Kommunikation? Nähert sich B2B-Kommunikation in China den B2C-Methoden?

In China gibt es, besonders in letzter Zeit durch die Coronapandemie, verstärkt eine Annäherung der B2B- und B2C-Bereiche. Hinzu kommt, dass es in China viele Firmen gibt, die sowohl auf dem B2B- als auch auf dem B2C-Markt aktiv sind, weswegen beide Bereiche näher beieinander liegen als in Deutschland. WeChat ist dabei die wichtigste, aber nicht die einzige Plattform, auf der diese beiden Bereiche vereint sind. WeChat wird dabei insbesondere für die Steigerung der Brand Awareness genutzt. Die meisten Firmen verwenden hierfür die WeChat Official Accounts, von denen es mittlerweile weit über 20 Millionen gibt. In diesen Official Accounts haben Unternehmen die Möglichkeit, viermal im Monat Pushnachrichten an ihre Follower zu schicken. Das kann man sich wie bei einem Newsletter vorstellen, in dem sehr viel Content geliefert wird.

Spannend ist außerdem das Thema Livestreaming, das in China bereits vor Corona ein klarer Trend war, der durch die Lockdown-Zeit Anfang 2020 enorm verstärkt wurde. Zahlreiche B2C-CEOs haben sich vor die Kamera gestellt und in Livestreams für die Produkte ihrer durch Corona angeschlagenen Firmen geworben. Doch auch im B2B-Bereich ist das Livestreaming relevant, denn mittlerweile gibt es in China mehrere B2B-Messen, die online über Douyin (die chinesische Version von TikTok) oder WeChat gestreamt werden.

Werden im B2B-Bereich in China E-Mail-Newsletter so viel genutzt wie bei uns oder wird eher WeChat verwendet? Gibt es Unterschiede im Aufbau von Newslettern?

E-Mail-Newsletter gibt es in China so gut wie keine. Laut Statistiken findet rund 90 % der Kommunikation, auch in Unternehmen, über WeChat statt. Immer wieder lustig ist es, E-Mails von meinen chinesischen Kollegen oder Kunden zu bekommen, in denen steht: „Ich habe dir auf WeChat geschrieben, schau bitte nach."

Das Format der Newsletter findet man in China auf WeChat. Für diese WeChat-Newsletter ist es sehr wichtig, einen Mehrwert zu bieten und Wissen zu vermitteln, das ist in China sehr beliebt. Daher sind Newsletter nicht nur klassisch auf Angebote ausgerichtet, sie liefern auch Inhalte z.B. in Form einer spannenden Geschichte oder eines Praxistipps, der sofort angewendet werden kann. In China müssen sich Unternehmen besonders viel Mühe bei der Erstellung des Contents für ihre Newsletter geben, denn es gibt unzählige Official Accounts und dadurch viel Konkurrenz. Es ist auch nicht unüblich für WeChat-Nutzer regelmäßig die Liste ihrer abonnierten Official Accounts durchzusehen und die Accounts zu löschen, die lange Zeit nichts mehr gepostet haben. Deshalb müssen Unternehmen in diesem Bereich immer am Ball bleiben. In Deutschland beschäftigen wir uns dagegen vergleichsweise selten mit den abonnierten Newslettern und deabonnieren diese nur, wenn zufällig ein Newsletter zu einem unpassenden Zeitpunkt ankommt.

WeChat ist in China in allen Lebensbereichen unverzichtbar geworden. Auch im B2B-Bereich wird es als Vertriebs-, CRM- und Marketingtool genutzt. Wie werden hier Leads generiert?

Leadgenerierung über WeChat ist sehr wichtig in China. Zunächst muss man jedoch zwischen WeChat und WeChat Work unterscheiden. WeChat Work ist ein eher junger Service, ein Firmenaccount, über den ein Unternehmen mit seinen Nutzern kommunizieren kann. WeChat Work wird zurzeit allerdings nur von großen Firmen verwendet, während 98 % aller Arbeitnehmer das private WeChat nutzen. Die Leadgenerierung funktioniert so, dass ein typischer chinesischer Vertriebler seine Kontakte im eigenen, privaten WeChat-Account speichert. Wenn ein Vertriebler die Firma wechselt, nimmt er diese Kontakte mit und das Unternehmen, für das er vorher gearbeitet hat, verliert alle Leads. Das möchten Unternehmen natürlich unbedingt verhindern – deshalb arbeiten sie zunehmend mit einem WeChat Official Account. Wenn ein Unternehmen einen Official Account hat, kann der Vertriebler neue Leads dazu auffordern, diesem Official Account zu folgen. Nun hat der Vertriebler den Vorteil, dass alle Leads automatisch die Firmen-Newsletter erhalten und er sich Arbeit spart.

Das Unternehmen hat den riesen Vorteil, dass keine Leads verloren gehen. Außerdem gibt es tolle Möglichkeiten über WeChat Miniprogramme, Anreize und zahlreiche Spiele oder Trainingsprogramme für Vertriebler und Kunden aufzusetzen, mit viel Potenzial für die Kunden- und Mitarbeiterbindung. Zusätzliche Leads können außerdem über das Schalten von Werbung oder über KOL-Kampagnen generiert werden. Dabei ist es wichtig, den richtigen Influencer zu finden, der viele, passende Follower auf WeChat hat.

Ein sehr wichtiger Aspekt der Leadgenerierung in China ist auch der Offline-Vertrieb. Dieser funktioniert über QR-Codes, wodurch viele Leads für einen Official Account generiert werden können. Für die WeChat Official Accounts gilt: Wenn ein Kunde den Account anschreibt, hat das Unternehmen nur einen Zeitraum von 48 Stunden, um den Kunden zu kontaktieren. Dieses Zeitfenster gilt es optimal zu nutzen, da anschließend ein direktes Anschreiben des Kunden vorerst nicht möglich ist, da WeChat die Kundendaten schützt.

Was können wir vom B2B-Marketing über WeChat von China lernen?

Der größte Unterschied zu Deutschland im B2B-Marketing ist der nahtlose Übergang von Online- zu Offline-Marketing. Die Nutzung von QR Codes ist in China nicht nur Gewohnheit, sondern im Marketing ein absolutes Muss. Durch die Platzierung der QR-Codes auf Marketingmaterialien, Produktverpackungen und bei Events, können schnell und bequem Leads zum WeChat Official Account gewonnen werden. Davon könnten wir einiges lernen.

Welche sind für Sie die aktuellen Top-Themen in der chinesischen Digitalwelt?

Livestreaming und die damit verbundenen Live Events, wie z.B. für Messen sind neben der Offline-to-Online-Integration wichtige Themen für die chinesische Digitalwelt. Außerdem sollte man sich unbedingt mit den größten Videoplattformen auseinandersetzen, u.a. Bilibili und Douyin.

Video-Interview:

MANAGEMENT SUMMARY

- Durch die digitale Alltagsbegleitung ändert sich die Customer Journey

- Besonders im Retail sieht man die Digitalisierung – ein New Retail entsteht. Beispiele dafür sind der Lebensmitteleinkauf bei Fresh Hippo oder Ping Ans „One-Minute-Clinic" in Shopping Malls

- Dabei kommt Live- und Online-Events im Handel eine zunehmend wichtige Rolle zu

- Auch das Marketing entwickelt sich durch die Digitalisierung deutlich weiter – ein New Marketing entsteht, ein Marketing in Echtzeit

- Die Aufgaben im Marketing ändern sich für ManagerInnen – langfristige Strategie und kontinuierliches Storytelling werden zum Erfolgsfaktor

10. ExpertInnen-Tipps: Das können wir von der Digitalisierung in China lernen

Wir haben nach jedem Interview die befragten ExpertInnen gebeten, drei Tipps zusammenzustellen, die aus ihrer Sicht für europäische ManagerInnen hilfreich sind, die in Europa operieren und sich fragen, was sie von den Erfahrungen in China lernen können. Diese Tipps haben wir entlang der bereits genannten sechs Hauptaufgaben im Management entsprechend strukturiert (Abbildung 23)[1]:

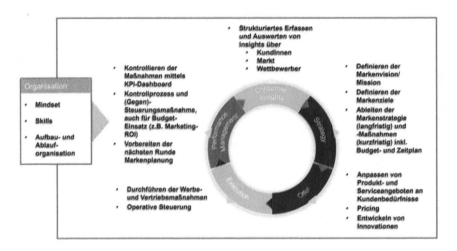

Abbildung 23: Die 6 Aufgaben im Management (eigene Abbildung)

Bevor wir in die Tipps einsteigen, fällt zunächst insgesamt auf, dass die Zuordnung zu den einzelnen Aufgaben nicht immer trennscharf möglich ist. Das erscheint logisch, denn ein Kernmerkmal im Arbeiten mit den digitalen Innovationen in China ist es ja eben, dass viele der Aufgaben gleichzeitig und nicht mehr sukzessive hintereinander erfolgen. Aus Social Media-Interaktionen mit KonsumentInnen im Bereich Exekution werden in Echtzeit gleich auch neue Insights durch eine KI erzeugt, die wiederum in Innovationsprozesse einfließen.

---

[1] Wir haben den Wortlaut der Tipps beibehalten und lediglich geschlechterneutral formuliert.

Als zweites fällt auf, dass fast alle ExpertInnen in ihren Interviews sehr dediziert drauf hingewiesen haben, dass der Hauptunterschied zwischen Europa und China ein sogenannter „Mindset"-Unterschied ist. Während die EuropäerInnen häufig das Erreichte bewahren wollen, und dadurch lange an bisher Erfolgreichem festhalten, versuchen ChinesInnen eher, das Neue positiv zu bewerten und auszuprobieren. Dieser Punkt „schwebt" quasi über viele der einzelnen Tipps und könnte daher als Metatipp gesehen werden. Doch nun zu den Inhalten:

Organisation

Legen Sie sich ein digitales Mindset zu

- Nicht „mobile first", sondern „mobile only"-Mindset! Wie müssten unsere Produkte, Inhalte, Webseiten, Dienstleistungen in einer „mobile only"-Welt aussehen? (Dr. Teo Pham)

- Die chinesische Kultur unterscheidet sich natürlich in vielen Dingen von der westlichen. Das sieht man z.B. bei vielen Anwendungen aus der digitalen Welt bzw. beim gesamten digitalen Ökosystem in China. Als westlicher ManagerInnen benötigt man hier das richtige Mindset. Es ist wichtig, sich dieser Welt zu öffnen und diese Services alle auszuprobieren. Vor allem, wenn man nur die GAFA-Welt[2] kennt. (Nick Sohnemann)

Seien Sie schnell und agil

- Sie müssen schnell, flexibel und offen für unkonventionelle Lösungen sein. Und noch ein Credo: alles was zu digitalisieren ist, WIRD DIGITALISIERT! (Thorsten Wilhelm)

- Mehr Wagemut, Offenheit und Bereitschaft für Fehlerkultur. (Yun Qiu)

- Oft erleben wir bei europäischen ManagerInnen lange und komplizierte Entscheidungswege, wenn unternehmensrelevante Maßnahmen ergriffen werden müssen. Wir sprechen zwar vom agilen Arbeiten mit Scrum Mastern, meinen damit aber immer 14 Tage Vorlaufzeit bis es zu einem Ergebnis kommt. Auch Leitlinien aus der

---

[2] GAFA = Google, Apple, Facebook, Amazon

VUCA[3]-Welt werden meistens nur in Seminarräumen rezipiert, aber wenn es um die Umsetzung geht, werden Dinge trotz allem nach dem bereits vorgelebten Ablauf durchgeführt. Es gibt in vielen Unternehmen kaum eine Fehlerkultur, die es erlaubt, Prozesse auch anders umzusetzen, ohne dass danach Posten neu besetzt werden, wenn etwas nicht funktioniert hat. Wir müssen uns trauen, im globalen Wettbewerb kollaboratives Arbeiten innerhalb von Organisationen unterschiedlicher Größen einzuführen, wo MitarbeiterInnen Verantwortung gerne übernehmen, weil sie wissen, dass sie auch Fehler machen dürfen, um daraus zu lernen und zu einem besseren Ergebnis zu kommen. (Chien-Hao Hsu)

Digital ist gut und nicht immer kompliziert

- Wir brauchen einen Mindsetshift, damit wir digital voranschreiten können. Solange wir in Deutschland alles weitermachen, wie bisher, weil wir es immer so gemacht haben, werden wir digital komplett den Anschluss verlieren. Allein die Tatsache, dass so ein kleines Tool wie der QR-Code ganze Branchen miteinander verknüpft, zeigt eigentlich, dass Digitalisierung nicht immer komplex sein muss. (Christina Richter)

Von China kann man lernen

- Legen sie die alten Begriffe des Kalten Krieges ab. Mit den Begriffspaaren Diktatur-Demokratie, Planwirtschaft-Marktwirtschaft und Freiheit-Unfreiheit kommen Sie nicht mehr weiter, denn die Wahrheit liegt dazwischen. China ist nicht die Sowjetunion oder die DDR. (Frank Sieren)

- Noch vor ein paar Jahren hat China in den Westen geschaut, um von uns zu lernen. In der Digitalisierung ist China uns weit voraus und wir können vieles davon lernen. Meine Empfehlung: Bleiben Sie informiert über die Trends in China und bewegen sich mit Ihrem Unternehmen in die Zukunft. (Theresa Stewart)

---

[3] VUCA = Ein Akronym für die englischen Begriffe „volatility" (Volatilität), „uncertainty" (Unsicherheit), „complexity" (Komplexität) und „ambiguity" (Mehrdeutigkeit), das die Herausforderungen zusammenfasst, vor denen Unternehmen in einer zunehmend digitalisierten und schnelllebigen Welt stehen.

Consumer Insights

Richten Sie Ihr Tun konsequent auf die Kundenbedürfnisse aus

- Von China kann viel in Richtung Dynamik und Kundenzentrierung gelernt werden. Ein hohes Maß an Kundenservice und Verfügbarkeit der Produkte und Services sind dabei ebenso wichtig wie die Bereitstellung aller wichtigen Kundenberührungspunkte auf digitalen Plattformen. Die Nutzung von Chats und Business-Accounts auf den üblichen Social Media-Plattformen können nach und nach die eigene Website oder den eigenen Shop ersetzen. Denn auf Social Media-Plattformen verbringt der potenzielle KundInnen seine Freizeit; der perfekte Ort also für Marketing, zusätzlichen Mehrwert durch Content und E-Commerce. (Lei Cai und Andreas Kleinn)

Sammeln Sie Daten, wo es nur geht

- Bauen Sie intern oder über Partner daten- sowie recherchegetriebene Consumer-Insights-Prozesse auf. In der chinesischen Digitalwelt gehört das zu den Grundlagen für erfolgreiche Unternehmen. Lernen Sie davon. (Till Ammelburg)

- Richten Sie Ihr Insight-Management stark auf Social Media und daraus resultierende „Beta Tests" von Angeboten aus. (Sascha Kurfiss)

- First Party Data: Mit dem zunehmenden Wegfall von Third Party Cookies auf Internetseiten, also die Möglichkeit, als z.B. Werbungtreibender Nutzerdaten auf bestimmen Webseiten zu analysieren, wird die Analyse von potenziellen Verbrauchersegmenten sowie ein Cookie-basiertes Targeting (mehr oder weniger) unmöglich. Unternehmen müssen daher anfangen, selber Daten zu sammeln und massiv in CRM-Technologien investieren. (Dr. Peter Petermann)

Analysieren Sie Daten, um Ihre Zielgruppen so gut es geht zu verstehen

- Nutzen Sie Daten, um KundInnen zu segmentieren und besser zu verstehen. Damit die Zielgruppen gezielter angesprochen werden können. Regelmäßiges Feedback durch Fokusgruppen und Online-Surveys. (Damian Maib)

- Durch WeChat und andere Apps können Kundenbedürfnisse schneller definiert werden; das Feedback (Anzahl der Clicks etc.) ist zeitnah und direkt umsetzbar. Neue bargeldlose Zahlungsmethoden können auch in Europa umgesetzt werden! (Dr. Manuel Vermeer)

Wenn vorhanden, nutzen Sie auch Daten aus China

- Europäische ManagerInnen können Zugang zu Daten über KundInnen, Markt und Wettbewerb erhalten, die durch die digitale Revolution in China gesammelt werden. Diese lassen sich gegebenenfalls für Weiterentwicklungen, F&E oder Lernprozesse verwenden. (Stefanie Liliane Meyer)

Verwenden Sie KI, um Daten auszuwerten

- Mit der DSGVO haben ManagerInnen in Europa im Gegensatz zu China mehr Hürden, einfachen Zugang zu verwertbaren Daten zu finden. In China hat man weniger das Problem zu Daten zu gelangen, sondern wird mit der Herausforderung konfrontiert, zu viele Daten auf einmal zu haben und effizient auswerten zu müssen. So gehören KI-gesteuerte Systeme schon sehr früh zum operativen Alltag und weiten sich fortwährend in allen Lebensbereichen aus. In Europa müssen wir daher auf KI einen sehr großen Fokus legen und höhere Prioritäten setzen. Für viele mittelständische Unternehmen mag es dem kurzfristigen Anschein nach im Moment nur geringe Kosten-Effizienz zu bringen, da nicht viele zugängliche Daten vorhanden sind. Aber langfristig wird die KI-basierte Technologie unsere Zukunft bestimmen, indem sie präzise und vorkognitive Einsichten von KundInnen, Markt und Mitbewerber möglich machen. (Chien-Hao Hsu)

Legen Sie den Fokus auf vielversprechende Zielgruppen und Wettbewerber

- Von der Generation Z lernen. Junge KonsumentInnen, gerade in China, sind die fortschrittlichsten InternetnutzerInnen der Welt. Man muss sie und ihre Werte und Gewohnheiten verstehen, respektieren und berücksichtigen. (Dr. Teo Pham)

- Beobachten der Aktivitäten des Wettbewerbs auf den relevanten Apps; daraus lernen und direkt umsetzen! (Dr. Manuel Vermeer)

Lassen Sie sich von neuen Erkenntnissen inspirieren

- Ein Blick nach China lohnt sich, um Ideen und Zukunftstrends zu analysieren und für den eigenen Heimatmarkt zu bewerten. (Philipp Schaaf)

Strategy

Beobachten Sie den Wettbewerb und analysieren Sie neue Geschäftsmodelle

- Allgemein lässt sich festhalten, dass viele Produkte in Zukunft für den asiatischen Markt gebaut und dann in Europa zweitverwertet werden. Das ist eine Umkehrung der bisherigen Verhältnisse. Ein Paradigmenwechsel. Es ist wichtig, sich das zu vergegenwärtigen: Für alle Produkte wird der chinesische Markt in Zukunft der Hauptmarkt sein und nicht der westliche Markt. Die Forschungs- und Entwicklungsabteilung sollte deshalb auch in China angesiedelt sein. (Nick Sohnemann)

- Besser, Sie überschätzen Ihren neuen Wettbewerber als sie unterschätzten ihn, dann erleben Sie keine bösen Überraschungen. Sein Land an den besten dieses Landes zu messen und das andere Land an den schlechtesten verzerrt nur die Lage. Weil wir den Aufstieg Chinas nicht wahrhaben wollen, weil wir, die westliche Minderheit der Welt, gerne noch weiter die Spielregeln der Mehrheit bestimmen wollen, sind wir in diese Falle getappt. Vermessen Sie die Stärken und die Schwächen Chinas realistisch, auch wenn das Ergebnis ernüchternd sein mag. (Frank Sieren)

- No company is an island: Nutzen Sie Opportunitäten durch Partnerschaften, Kooperationen und gesellschaftliche Ereignisse und agieren Sie im Team gemeinsam und schnell. Chinesische Unternehmen verstehen es hier oft besser, eigene Pläne und externe Opportunitäten zusammenzubringen. (Sven Spöde)

- Europäische ManagerInnen können Geschäftsmodelle, die durch die digitale Revolution in China neu entstanden sind, für den europäischen Markt durchspielen oder auf diesem erproben. Diese Geschäftsmodelle können unter Umständen an länderspezifische Besonderheiten angepasst werden und/oder als Grundlage für unternehmerische Inspiration dienen – als positive oder negative Benchmark. (Stefanie Liliane Meyer)

Stellen Sie alles in Frage und wagen Sie Innovationen

- Werden durch die digitale Revolution (neue) chinesische Produkte und Dienstleistungen angeboten, können sich für europäische ManagerInnen daraus Chancen für die Entwicklung unternehmerischer Ziele ergeben – entweder, um chinesische Produkte und Dienstleistungen zu kopieren und modifizieren, zu ergänzen oder um diesen sogar entgegenzuwirken bzw. diese abzufedern. (Stefanie Liliane Meyer)

- Innovationen angehen! (Dr. Dennis-Kenji Kipker)

- China prescht in Sachen Digitalisierung nach vorne, beispielsweise in den Bereichen IoT, Smart Home & Smart City, KI und Plattformen. In vielen Branchen kommt es jetzt darauf an, chinesische Innovationen sehr genau zu beobachten, zu analysieren und zu bewerten. Wir haben mit Patentrecherchen in Originalquellen und in chinesischer Sprache sehr gute Erfahrungen gemacht. (Mareike Seeßelberg)

Auch Ihre Markenstrategie sollte mit einbezogen werden

- Lernen Sie von Chinas Erfolgen, indem Sie Ihre Mission und Vision einer Marke oder eines Produkts zurückstellen. Konzentrieren sie sich auf das zu lösende Problem. Seien sie stets bereit, sich komplett neu zu erfinden. (Till Ammelburg)

- Deutsche Unternehmen sollten sich mehr auf die digitale Markenführung konzentrieren und können dabei von vielen chinesischen Unternehmen lernen. Hier ist die interaktive Markenführung wichtig, die in China sehr interessante Ausprägungen zeigt. WeChat spielt oft eine große Rolle. (Mareike Seeßelberg)

Planen Sie langfristig

- Längerfristige Unternehmensziele und Visionen setzen. Sowohl Marken- als auch Marketingstrategien entwickeln. (Yun Qiu)

- Lassen Sie sich nicht von einer komplexen Rechtslage entmutigen! (Dr. Dennis-Kenji Kipker)

Offer

Consumer first

- Die KundInnen und ihre Bedürfnisse bei allen Schritten der Produktentwicklung ins Zentrum stellen, auch was die digitalen Angebote betrifft. In China können wir Service auf höchstem Niveau erleben. Im digitalen Raum können wir lernen, wie UX Design funktioniert und wie man digitale Angebote für die KundInnen „convenient" macht. (Dr. Hannes Jedeck)

- Anpassung von Produkt- und Serviceangeboten an Kundenbedürfnisse vornehmen. „Der Kunde ist König". Wenn man seine KundInnen und Zielgruppen durch gute Research und Erfahrung versteht, fällt es einfacher die Angebote dementsprechend zuzuschneiden. Der nationale und internationale Wettbewerb schläft nicht, Produkte und Dienstleistungen müssen so dynamisch sein wie der Markt. (Damian Maib)

- Sich viel mehr an die Kundenbedürfnisse orientieren und für besonders gute Kundenerlebnisse/Kundenfreundlichkeit im eigenen Angebot sorgen. (Yun Qiu)

Die Erfahrung zeigt: Was in China erfolgreich ist, kommt auch zu uns

- Europäische ManagerInnen müssen sich mit digitalen Servicedienstleistungen aus China, die sich im chinesischen Alltag durchgesetzt haben, fortlaufend beschäftigen. Denn die meisten innovativen Applikationen wurden bereits von mehreren Millionen Internet-Usern angewendet und haben sich gegen viele Konkurrenten am Markt bewährt. Man beobachte z.B. nur die Entwicklungen von Douyin, wo viele angebotene Features aus China in westlichen Apps (Instagram, Facebook, etc.) in ähnlicher Form adaptiert wurden. Die Tendenz zeigt: Was in China zuerst gelebt wird, kommt auch in den Westen. (Chien-Hao Hsu)

Convenience wird wichtig

- Analysieren Sie genau die aktuellen Einschnitte in der Customer Journey durch Pandemie-Restriktionen: die chinesische Digitalwelt bietet auf viele „convenience"-Probleme Antworten, die auch agil und schnell umgesetzt werden können. (Sven Spöde)

Schaffen Sie Online-merge-Offline/360-Grad-Erlebnisse

- Stärkeres Ineinandergreifen von Online2Offline und Offline2Online forcieren. Z.B. auch einmal einen Store nur als Showroom mit QR-Codes gestalten. (Dr. Hannes Jedeck)

- Ein 360-Grad-Shopping-Erlebnis bieten: Online und offline kombinieren, sowie Commerce und Content, analog, digital, on-demand oder live. Anspruchsvolle KundInnen wollen alle Touchpoints. (Dr. Teo Pham)

Seien Sie schnell mit Innovationen und testen Sie agil

- In keinem Land der Welt herrscht schon für Start-ups solch ein intensiver Verdrängungswettbewerb. Nur die besten Ideen, Konzepte und Umsetzungsstrategien werden sich bewähren. Diesen Pool an kontinuierlicher Innovation kann man hervorragend nutzen, um das eigene Angebot zu hinterfragen und zu verbessern. (Philipp Schaaf)

- Aufbau schnellerer Innovationszyklen, um Produkte und Serviceangebote zu optimieren. (Sascha Kurfiss)

- Werfen Sie alle Vorstellungen Ihres Produkts über Bord und schauen Sie sich genau an, was die Kundenbedürfnisse sind. Dies funktioniert nur über Testen an KundInnen. Chinesische Unternehmen sind in dieser Hinsicht extrem agil. Lernen Sie davon und bauen Sie schlanke Prozesse im Bereich Produktanpassung auf. (Till Ammelburg)

- Um Innovation beschleunigen zu können, teilen chinesische ForscherInnen und EntwicklerInnen einen Entwicklungsprozess in viele einzelne Schritte auf und setzen große Teams an jeden dieser Schritte. Die Ergebnisse werden dann wieder zusammengeführt. Dadurch wird die Innovation in China industrialisiert. Die Projektteams lösen die Probleme bei Entwicklungen durch die Versammlung aller MitarbeiterInnen am runden Tisch, das Prinzip lautet „huddle and act". Der Informationsfluss ist bereichsübergreifend und mit kurzen Wegen über Abteilungsgrenzen hinweg sehr schnell. Konsequenterweise sind F&E-Abteilungen in China immer in der Nähe der Fertigung angesiedelt.

  Die Zuständigkeit der Teams nur für einen einzigen Entwicklungsschritt garantiert einen engen Fokus und eine maximale Innovationskraft. Die einzelnen Innovationsteams haben innerhalb ihres Zuständigkeitsbereichs große Freiheiten, agieren unabhängig voneinander und sind nur zur pünktlichen Fertigstellung des Projekts angehalten. Das daraus resultierende Produkt muss nicht von vornherein perfekt sein – Verbesserungen werden anhand von Kundenbewertungen in der Regel erst später vorgenommen.

Die Vorteile dieser Industrialisierung von Innovation liegen auf der Hand. Durch die Aufteilung der Innovationsprozesse können chinesische Institute und Unternehmen ihre Entwicklungszeiten verkürzen und die Projektkosten niedrig halten. Die Zeit bis zur Markteinführung reduziert sich, die Fähigkeit, beschleunigte Innovation schnell zum Massenabsatz zu führen, nimmt zu. Durch die Industrialisierung von Innovation erzielen chinesische Unternehmen auf den schnelllebigen technologischen Weltmärkten einen klaren Wettbewerbsvorteil. Sie können zügig und flexibel auf veränderte Marktbedingungen reagieren und relativ schnell neue Märkte erschließen. Deutsche Unternehmen sollten die Herausforderung erkennen und diesen Ansatz ebenfalls verfolgen. (Mareike Seeßelberg)

Execution

Content gewinnt Relevanz und generiert Umsatz

- Nicht nur in China ist Content King. Auf der chinesischen Plattform WeChat können Sie ohne einen spannenden Mehrwert in Ihren Posts nicht punkten. Auch in Europa werden wir von Informationen überflutet. Stellen Sie sicher, dass Ihre Posts und Ihr Marketing einen Mehrwert für die KundInnen bieten. (Theresa Stewart)

Seien Sie schnell

- In China wird schnell und entschlossen umgesetzt. Die Digitalisierung hat die Märkte dynamisch und schnell gemacht, hier muss man mithalten. (Damian Maib)

- Agilität und Flexibilität sind der Schlüssel in solch einer dynamischen Hypergrowth-Umgebung. Der Erfolg jeder Strategie bemisst sich an ihrer Umsetzung. Die organisatorische Fähigkeit zu erlangen, auf alle Eventualitäten flexibel reagieren zu können, bestimmt den Erfolg entscheidend mit. (Philipp Schaaf)

Marke nicht vergessen

- Branding First: Aufteilung des Budgets über Branding- und Aktivierungs-Maßnahmen im Verhältnis 60:40. (Dr. Peter Petermann)

Probieren Sie Neues aus: Neue Medien, neue Apps, QR-Codes

- Stellen Sie sich jeden Tag die Frage: was weiß ich über neue Medien, Trends, Kanäle: TikTok, Clubhouse, Among Us... und vieles mehr? (Thorsten Wilhelm)

- Steht auf Ihrer Visitenkarte noch eine Fax-Nummer? Nutzen Sie wenn möglich immer und überall in Ihrer Face-to-Face-Kommunikation einen QR-Code, dann zwingen Sie sich sozusagen zur Digitalisierung Ihrer Kommunikation. (Thorsten Wilhelm)

- Einfach ausprobieren und eine Marketingaktion mit QR-Code planen. Den Code zusammen mit der Werbebotschaft auf Banner oder Plakate drucken und beispielsweise Menschen beim Spaziergang auf eine Marketingwebsite oder einen Social Media-Kanal ziehen. Idealerweise gibt es auf der Seite ein Goodie, z.B. einen Rabatt auf den nächsten Einkauf oder ähnliches. (Christina Richter)

- Social Media Apps wie Douyin (Tik Tok) erreichen eine signifikant größere Kundengruppe als Facebook & Co. Hieraus können europäische ManagerInnen lernen, wie man KundInnen scheinbar spielerisch, aber dennoch hochprofessionell anspricht, den eigenen Bekanntheitsgrad erhöht und dabei noch „cool" ist. (Dr. Manuel Vermeer)

Livestreaming und Videos werden Trend

- Der chinesische Markt ist ein Vorreiter für digitale Trends, u.a. sieht man das auch an dem Erfolg der Kurzvideo-App TikTok, die aus China kommt. Der moderne Mensch liest immer weniger und freut sich, Informationen in prägnanten Videos präsentiert zu bekommen. Mit Videocontent gewinnen Sie also nicht nur in China. (Theresa Stewart)

- Ein großer Trend 2021 wird das Thema Livestreaming sein. Hier auch in Europa frühzeitig die passende Plattform auswählen und nach Influencern (z.B. über Influencer-Agenturen) suchen, die zum eigenen Produkt passen. (Dr. Hannes Jedeck)

Performance Management:

Daten, Daten, Daten und immer an die KundInnen denken

- Predictive Analytics: verstärktes Investment in ökonometrische Modelle zur besseren Allokation von Budgets über Kanäle, Portfolios und Varietäten; Auswertung von Big Data entlang der Consumer Journey, um Vorhersagen über Kaufzyklen, Nachfrage und Kommunikation zu treffen. (Dr. Peter Petermann)

- Zahlen sagen mehr als Worte: Jeder der mit digitalen Kampagnen aktiv ist, weiß, dass das Tracken der Zahlen das A und O ist. Natürlich kann eine Kampagne mithilfe von QR-Codes nur funktionieren, wenn Menschen überhaupt verstehen, was sie mit einem QR-Code anfangen sollen. Daher ist es wichtig, früh zu prüfen, ob der Markt bereit ist. (Christina Richter)

Zusammenfassend kann man sagen: Insgesamt fällt auf, dass viele der Tipps und Hinweise nicht nur in eine der fünf Kernaussagen fallen, sondern übergreifend sind. Dies spiegeln auch die Empfehlungen der ExpertInnen rund um die Organisationstipps: Unsere ExpertInnen raten dazu, die bisher im Westen erfolgreich eingesetzte Arbeitsweise der Abteilungen, Fachbereiche und „Silos" sowie ein Mindset, Erfolgreiches zu bewahren, mit Blick auf die chinesischen Digitalerfolge zu hinterfragen: Eine konsequente Ausrichtung allen Tuns auf KonsumentInnenbedürfnisse, das Sammeln und Nutzen aller Daten, Mut, Bestehendes (auch die bisherige Markenstrategie) zu hinterfragen, sind aus ihrer Sicht die Elemente, die in Organisation, Consumer Insights und Strategie wichtig sind. Besonders in der Angebotsentwicklung – aber nicht nur dort – sollte die Arbeitsweise agil, abteilungsübergreifend und mit Mut zu Innovation und Fehlern aufgebaut sein. In der Exekution, also in Werbung und Vertrieb wird ein schnelles Anbieten immer wieder neuer Contents relevant sowie neue Interaktionsformen mit KonsumentInnen wie Livestreaming, QR-Codes, neue Apps und mehr. Die Erfolgsmessung sollte genau wie die Consumer Insights-Phase soweit es geht auf Daten basieren und möglichst vorhersagend sein.

Die vorherigen Kapitel dieses Buchs sowie die ExpertInnen-Tipps haben deutlich gezeigt, wie fortgeschritten die Digitalisierung in China bereits ist und wie dort mit KI und Co. Wirtschaft, Handel und Marketing transformiert werden. In China entstehen aktuell viele Zukunftstechnologien und wir sollten das Land nicht unterschätzen. Um am Puls der Zeit zu bleiben, ist es unabdingbar, dass wir uns mit den Entwicklungen dort beschäftigen und uns davon inspirieren lassen. Denn von der „Digitalisierung Made in China" können wir noch viel lernen.

MANAGEMENT SUMMARY

- **Insgesamt:**
  - o Vernetzt und agil arbeiten, auf Datenbasis, mit Konsumentenzentrierung und Mut zur Veränderung und Innovation
  - o Die Aufgaben im Marketing ändern sich für ManagerInnen – langfristige Strategie und kontinuierliches Storytelling werden zum Erfolgsfaktor

- **Für die einzelnen Arbeitsschritte:**
  - o **Organisation** im Unternehmen: Mit digitalem Mindset, ohne Silos, agil und schnell
  - o **Consumer Insights:** Consumer first, Daten sammeln, sammeln, sammeln; alle Daten auswerten, die vorhanden sind, an Digitalisierung und KI nutzen, was geht und von Wettbewerb und China lernen
  - o **Strategy:** Alles in Frage stellen, was bisher funktioniert hat, auch die Markenstrategie mit einbeziehen, vom Wettbewerb und neuen Geschäftsmodellen lernen, langfristig planen und Innovationen wagen
  - o **Offer:** Consumer first, nach China blicken, Convenience in den Fokus rücken, online-merge-offline mitdenken, Innovationen schnell und agil auf den Markt bringen
  - o **Execution:** Auch hier: Schnell sein, die eigene Marke mitberücksichtigen, Content wird wichtig, Livestreaming nutzen, Neues ausprobieren
  - o **Performance Management:** Fokus auf Daten legen, Predictive Analytics aufbauen

11. Serviceteil: Die wichtigsten Fachbegriffe zu Digitalisierung und KI

Geht es Ihnen auch so? Viele der Begriffe rund um die Digitalisierung und KI sind zwar irgendwie klar, aber so richtig gut definieren kann man sie nicht? Dann sind Sie nicht alleine. Tatsächlich geben sich z.B. MarketingmanagerInnen in D-A-CH bei der Einschätzung des eigenen Wissens rund um KI keine guten Noten. Auf einer Skala von 1 – 7, wobei 1 bedeutet, überhaupt kein Wissen zu haben und 7 bedeutet, sich richtig gut auszukennen, liegt der Durchschnittswert in 2021 gerade mal bei knapp unter 4 – also sogar knapp unter dem Mittelwert ((Bünte, Künstliche Intelligenz - die Zukunft des Marketings - Welle 3, 2021)[4]. Das KI-im-Marketing-Team von KIRevolution (Claudia Bünte, Jan Donaj und Till-Hendrik Schubert), haben diese Tatsache zum Anlass genommen, die wichtigsten Begriffe rund um Digitalisierung und KI kurz und knapp zu erklären und auf der KI-Wissensseite KIRevolution.com zu veröffentlichen. Die Liste wird regelmäßig aktualisiert.

Die nun folgenden 13 Begriffe sind meistgesuchten Begriffe im deutschsprachigen Internet in 2021.

---

[4] Studie abrufbar ab Mai 2021

ALGORITHMUS

Algorithmen auf einen Blick:

Ein Algorithmus bezeichnet das Verfahren, ein vorgegebenes Problem durch Abfolge von Anweisungen unter festgelegten Regeln zu lösen. Diese bilden quasi eine Schritt-für-Schritt-Anleitung für Rechenoperationen des Computers. Algorithmen sind in der modernen Welt nicht mehr wegzudenken und reichen von simplen in Kaffeemaschinen bis hin zu komplexen, wie z.B. dem Google Page Rank Algorithmus.

Was ist ein Algorithmus:

Ein Algorithmus bezeichnet ein Verfahren, um ein vorgegebenes Problem durch Abfolge von Anweisungen unter festgelegten Regeln zu lösen.

Wie funktioniert ein Algorithmus:

Da ein Algorithmus eine Art Leitfaden von Anweisungen darstellt, lässt sich die Funktionsweise sehr gut durch ein Flowchart darstellen (siehe Grafik). Ein Eingabebefehl führt zu einer Abfolge von verschiedenen Anweisungen, die nacheinander abgearbeitet werden und so zum gewünschten Ergebnis führen. Einen simplen Algorithmus zu programmieren ist nicht besonders schwer. Vereinfacht gesagt transformiert man alle benötigten Rechenoperationen in einen Leitfaden, den der Algorithmus nun befolgt und so zu einem Ergebnis gelangt. Diese grundlegende Funktionsweise wird mit anspruchsvolleren Problemen zunehmend komplexer zu programmieren. Aus diesem Grund gibt es Methoden, bei denen sich der Algorithmus selbst erstellt und sich auch weiterentwickeln kann. Dies ist z.B. bei Deep Learning und bei manchen Machine Learning-Lernmethoden der Fall.

Beispiele für einen Algorithmus:

Algorithmen findet man in jedem Bereich.

Es gibt eher klassische Algorithmen, z.B. in
- Betriebssystemen
- Haushaltsgeräten
- Software wie Lohnabrechnungssystemen

Aber auch komplexe Algorithmen, die durch Künstliche Intelligenz weiterentwickelt werden, z.B.

- Navigationsassistenten
- Suchmaschinen
- Vorschläge bei Streamingdiensten
- E-Commerce-Vorschläge

Algorithmen in der Zukunft:

Algorithmen bilden die Grundstruktur für die Lösungen vieler Problemstellungen durch Computer. Klassische Algorithmen werden in der Informatik immer ihre Daseinsberechtigung haben, sie sind relativ einfach zu programmieren und erfüllen Ihre Aufgaben konstant. An deren Stellen führen leistungsfähigere Algorithmen zu Künstlicher Intelligenz. Diese Entwicklung wurde und wird durch Big Data (große Datenmengen) immer weiter vorangetrieben und ist aus der aktuellen und zukünftigen Welt nicht mehr wegzudenken.

BOTS/CHATBOTS

Bots/Chatbots auf einen Blick:

Die Bezeichnung „Bot" leitet sich vom englischen Wort für „Roboter" ab. Wie Roboter aus Metall sind Internet-Bots darauf programmiert, spezifische, sich wiederholende Aufgaben zu erfüllen. Dazu führen sie auf Basis von Algorithmen und Skripten vorab klar definierte Befehle aus, die damit Aufgaben von Menschen ersetzen. Bots sind also Computerprogramme, die eigenständig und automatisiert agieren und in ihrer Funktion nicht auf die Mitwirkung oder Überwachung durch Menschen angewiesen sind. ABER: Bots, anders als KI, lernen nicht notwendigerweise dazu. Es gibt „Roboter"-Bots, die automatisierte Abfolgen durcharbeiten und „KI"-basierte Bots, die sich selbständig weiterentwickeln. Typische Bots sind Chatbots und Avatare (= figürliche Chatbots) auf Internetseiten mit der Rolle, mit KundInnen zu interagieren, Webcrawler, die Internetseiten analysieren und Botnets, die Spam- und Phishing-Angriffe ausführen.

Was ist ein Bot:

Die Bezeichnung „Bot" leitet sich vom englischen Wort für „Roboter" ab. Wie Roboter aus Metall sind Internet-Bots darauf programmiert, spezifische, sich wiederholende Aufgaben zu erfüllen. Dazu führen sie auf Basis von Algorithmen und Skripten vorab klar definierte Befehle aus, die damit Aufgaben von Menschen ersetzen. Bots sind also Computerprogramme, die eigenständig und automatisiert agieren und in ihrer Funktion nicht auf die Mitwirkung oder Überwachung durch Menschen angewiesen sind.

Wie funktioniert ein Bot:

Da wir in diesem Buch die wirtschaftliche Seite der KI betrachten, gehen wir hier auf die sogenannten Chatbots ein, denn diese finden vor allem in der Wirtschaft Anwendung. Chatbots gibt es grob gesagt in zwei Varianten: „Scripted" und „Unscripted". Scripted heißt, dass sich die Programmierenden vorab Gedanken dazu machen, was der Bot auf welche Frage und in welcher Reihenfolge antworten soll. Ähnlich wie ein Drehbuch wird hier also die Kommunikation getextet (gescripted). Erst dann wird programmiert. Der Chatbot kann nicht selbständig lernen oder andere Vorschläge in der Kommunikation machen als die, die er vorgegeben bekommen hat. Unscripted ist KI-basiert. Die Programmierenden geben einen Grundalgorithmus vor und der Chatbot versucht nun, mittels Kommunikationsbeispielen zu interagieren. Über die Reaktion des Partners („hat meine Frage beantwortet"/"hat meine Frage nicht beantwortet") lernt die KI mit der Zeit die richtige Antwort und das richtige Timing. KI-basierte Chatbots sind aufwändiger beim Einrichten, aber auf lange Sicht besser, weil sie individuell auf die jeweilige Person eingehen können. Geschriebene Bots sind beim Aufsetzen einfach - hier gibt es schon gute Software-as-a-Service-Angebote, wie z.B. von aiaibot.com oder puppeteers.de. Sie kanalisieren Frageströme von KundInnen, die immer wieder gleich und vergleichsweise einfach zu beantworten sind, weg vom kostenintensiven Callcenter hin zu günstigeren Website-Interaktionen mit KundInnen. Spezialfragen können sie aber nicht beantworten.

Beispiele für einen Bot:
- Gesundheits-App ADA
- KIM, unser Chatbot auf der ersten Seite von KIRevolution (KIRevolution.com), der KI-Wissensseite von Prof. Dr. Bünte, Till-Hendrik Schubert und Jan Donaj
- Viele Internetseiten großer und kleiner Firmen

Chatbots in der Zukunft:

Chatbots werden zunehmend mittels KI lernen und mit den Assistenzsystemen wie Siri, Alexa und Co. zusammen unseren Alltag managen - immer persönlicher und immer besser.

BIG DATA

Big Data auf einen Blick:

Big Data (deutsch „große Datenmengen") ist schnell erklärt. Sie ist die Grundlage, das „Futter" für Analysen mittels Computer, also für Data Science, KI, Machine Learning, Computer Vision und vieles mehr. Diese großen Datenmengen entstehen u.a. durch Smartphones, die Bewegungs- und Nutzungsdaten der NutzerInnen sammeln und für Analysen verfügbar machen. Ohne Big Data keine KI, ohne KI keine Assistenzsysteme für Menschen.

Was ist Big Data:

Big Data (deutsch "große Datenmengen") ist schnell erklärt. Sie ist die Grundlage, das "Futter" für Analysen mittels Computer, also für Data Science, KI, Machine Learning, Computer Vision und vieles mehr. Diese großen Datenmengen entstehen u.a. durch Smartphones, die Bewegungs- und Nutzungsdaten der NuterInnen sammeln und für Analysen verfügbar machen. Ohne Big Data keine KI, ohne KI keine Assistenzsysteme für Menschen. Die DSGVO, also die Datenschutzverordnung in Europa schränkt die Möglichkeit, diese Daten zu analysieren, allerdings ein - und zwar stärker als etwa die Datenschutzverordnung der USA oder Chinas. Vereinfacht gesagt erlaubt die DSGVO die Analyse von personenbezogenen Daten nur, wenn derjenige aktiv zugestimmt hat. Und zwar jedes Mal wieder. Das verhindert weitestgehend in Europa das verknüpfte Analysieren von Daten, etwa die Kombination von Daten auf dem Smartphone mit z.B. Daten von Google oder Facebook zu dieser Person. Das ist z.B. in China anders. Big Data ist also auch in Europa Grundlage von KI und Co. - allerdings können die Daten hier nicht so umfänglich analysiert werden wie in anderen Ländern.

Wie funktioniert Big Data:

Big Data meint einfach nur das Sammeln von strukturierten oder unstrukturierten Daten als Grundlage für Analysen, z.B. im Bereich Data Science oder durch Künstliche Intelligenz. Da unsere technischen Möglichkeiten immer besser werden, Daten zu sammeln und zu speichern, werden die Grundlagen für die genannten Analysemethoden immer besser.

Aktuell werden vor allem Daten von Smartphones und dem Internet genutzt und analysisert. Laut Kai-Fu Lee (Buch: AI-Superpowers: China, Silicon Valley und die neue Weltordnung) ist das aber erst die erste Welle von KI und Co. Er nennt diese Welle die „Internet-KI": UserInnen bewegten sich online, eine KI könne dadurch Daten sammeln und interpretieren. Die für ein lernendes System notwendigen „Output"-Orientierungen seien beispielsweise „hat geklickt" versus „hat nicht geklickt", „hat gekauft" versus „hat nicht gekauft", „war lange auf einer Seite" versus „war nicht lange auf einer Seite". Endprodukte seien dabei z.B. das Empfehlungsmarketing, „User, die diesen Artikel angesehen haben, haben sich auch für diesen Artikel interessiert". Die KI lerne persönliche Vorlieben des Users, die sie online verfolgen könne. Daraus ergebe sich über die Verweilzeit ein besseres Empfehlungsmarketing – eine Entwicklung, die UserInnen erkennen können als eine „Verbesserung des Internets" (S. 107). Eine Kombination von Online- und Offline-Verhalten erfolge dabei aber noch nicht.

Beispiele für Big Data:
Überall dort, wo Daten gesammelt werden, fällt „Big Data" an:
- Kameras am Bahnhof
- Bewegungs- und Nutzungsdaten des Smartphones
- Wetterdaten
- Kassenbons von Supermärkten, Kreditkarten

Big Data in der Zukunft:
Big Data ist gut, Smart Data ist besser. In der nächsten Phase nutze Kai-Fu Lee zufolge eine KI nicht die Daten, die online entstehen, sondern die vorliegenden Daten von Wirtschaftsunternehmen mit dem Ziel, das jeweilige Unternehmen weiterzuentwickeln. Auch hier sind eine sinnvolle Analyse und ein Lernen der KI nur möglich, wenn die Daten in strukturierter Form vorliegen, zahlreich sind und ein gewünschter Output gelabelt werden kann. Nicht jedes Unternehmen und nicht alle Industrien haben diese Datenqualität, sodass anzunehmen ist, dass nur bestimmte Firmen KI hier sinnvoll nutzen können. Ein Beispiel dafür ist der Finanzbereich, und hierbei sind es vor allem kreditgebende Unternehmen, denn für diese ist das Ausfallrisiko und damit ein Verlust des Kreditgeldes sehr hoch. Wer einen Kredit beantragt, muss eine Vielzahl von Angaben über sich, seine Familie und seine Vermögensverhältnisse preisgeben. Kreditunternehmen haben damit strukturierte Kundendaten. Und sie verfügen über die wichtige Output-Variable, nämlich „Kreditausfall" versus „Kredit zurückgezahlt". Eine KI kann damit lernen und berechnen, mit welcher Wahrscheinlichkeit ein Kreditbeantragender ausfällt – und zwar VOR dem Abschluss des Kreditvertrages. Daraufhin können Kreditunternehmen entscheiden, ob sie z.B. den Zins anheben, um das Risiko besser abzusichern oder ob sie AnwärterInnen von vornherein ablehnen. Big Data und KI werden also weiter Einzug in neue Bereiche unseres Lebens halten.

COMPUTER VISION

Computer Vision auf einen Blick:

Computer Vision ist quasi das Sehorgan für einen Computer. Dieser Teilbereich des Machine Learning ermöglicht dem Computer das Erkennen, Verarbeiten und die Informationsgewinnung von visuellen Datenquellen. Untersucht werden visuelle Datenquellen mithilfe von Farbanalysen oder Patchanalysen. Diese Analysen lassen den Computer sehr genau erkennen, was sich auf einer visuellen Datenquelle wo befindet.

Was ist Computer Vision:

Computer Vision ist quasi das Sehorgan für einen Computer. Dieser Teilbereich des Machine Learning ermöglicht dem Computer das Erkennen, das Verarbeiten und die Informationsgewinnung von visuellen Datenquellen. Untersucht werden visuelle Datenquellen mithilfe von Farbanalysen oder Patchanalysen. Bei diesen Analysen werden Farben einzelner Pixel erkannt oder die Betrachtung von sogenannten „Patches" (dt. Flecken) genutzt. Die Algorithmen der Computer Vision werden dann auf das Erkennen von Objekten, die diese Pixel oder Patches bilden, trainiert. Dazu nutzen sie große Mengen von Bildern und Videos zum Trainieren. Dieses Training lässt Computer sehr genau erkennen, was sich auf einer visuellen Datenquelle wo befindet. Computer im Smartphone können so beispielsweise QR-Codes erkennen und in einen Link verwandeln, Filter von Social Media-Plattformen werden innerhalb von Millisekunden auf unser Gesicht angepasst und der Spurhalterassistent eines Fahrzeugs gibt eine Warnung aus, wenn man zu nah an die Fahrbahngrenze kommt.

Wie funktioniert Computer Vision:

Mittels Computer Vision erkennt ein Computer Pixel in einer Bild- oder Bewegtbildquelle, z.B., welche Farbe dieses Pixel hat und in welches Farbschema es passt. Bei der Farberkennung gibt es aufgrund von äußerlichen Einflussfaktoren wie z.B. Lichteinstrahlung, Tageszeit oder Position des Objekts immer abweichende Farben in einer Bildquelle. Durch die erschwerte Bestimmung der einzelnen Farbcodes wird diese Analyse ungenau. Eine aussagekräftigere Analyse bietet dabei das Analysieren (Betrachten) von visuellen Datenquellen in Patches oder Flecken ohne Farbe. Hierbei werden bei den Patches die umliegenden Bereiche eines Pixels mit in die Analyse einbezogen. Diese Analyse ermöglicht Umrisse von Objekten zu identifizieren. Die Pixelflecken gibt es in vielen Varianten und werden kombiniert zur Analyse einer Datei eingesetzt. Sucht ein Computer Vision-Algorithmus jetzt z.B. „Augen" auf einem Bild, sucht er nach kreisförmigen dunklen Anordnungen, die von hellen Pixeln umrandet sind. Durch das maschinelle Training dieser Algorithmen entstehen im Laufe der Zeit immer genauere Annahmen über visuelle Inhalte von Daten.

Beispiele für Computer Vision:

- Gesichtserkennung z.B. mit dem Smartphone
- Erkennen von Bar- oder QR-Codes
- Filter von Social Media-Plattformen, die passgenau auf dem Gesicht dargestellt werden

Computer Vision in der Zukunft:

Die Genauigkeit der Computer Vision-Algorithmen wird in der Zukunft weiterhin zunehmen. Ein großer Meilenstein wird dabei die Realisierung von autonomem Fahren sein. Dann kann sich ein Fahrzeug mithilfe visueller Erkennungsmechanismen (Kamera, Radar, Lidar, etc.) im Straßenverkehr fortbewegen. Auch die Früherkennung von Krebs wird sich durch Computer Vision weiterentwickeln, die optimale Bewirtschaftung von Ackerflächen mittels Bildaufnahmen wird in Zukunft möglich sein. Auch die bedarfs- und bedürfnisgesteuerte Handels- und Ladenflächensteuerung wird weiter optimiert werden. Die Entwicklung der Computer Vision wird durch die zunehmende Durchdringung von Digitalisierung immer mehr Bereiche des Arbeits- und Privatlebens beeinflussen.

DATA MINING

Data Mining auf einen Blick:

Data Mining beschreibt die Verarbeitung von großen, ungeordneten Datenmengen (Big Data) mithilfe von mathematischen und statistischen Methoden. Data Mining ist ein Teilbereich des Machine Learning und wurde durch die immer größer werdenden Datenmengen im Zuge der Digitalisierung notwendig. Das Prinzip des Data Minings versucht Zusammenhänge zwischen Datensätzen zu erkennen. Dafür werden beim Data Mining verschiedene Methoden verwendet.

Was ist Data Mining:

Data Mining beschreibt die Verarbeitung von großen, ungeordneten Datenmengen (Big Data) mithilfe von mathematischen und statistischen Methoden. Data Mining ist ein Teilbereich des Machine Learning und wurde durch die immer größer werdenden Datenmengen im Zuge der Digitalisierung hervorgebracht. Das Prinzip des Data Mining versucht Zusammenhänge zwischen Datensätzen zu erkennen. Dafür werden beim Data Mining verschiedene Methoden verwendet. Es gibt die Klassifikation, Assoziation, Segmentierung und Prognose. Durch diese verschiedenen Methoden werden verwertbare, strukturierte Informationen aus ungeordneten Datensätzen gewonnen.

Wie funktioniert Data Mining:

Das Data Mining bedient sich verschiedener mathematischer und statistischer Methoden, um Zusammenhänge aus Datensätzen zu generieren. Generell lässt sich sagen, dass Data Mining vier Methoden nutzt und diese auch miteinander kombiniert werden können. Es gibt die Methoden „Klassifikation", „Assoziation", „Segmentierung" und „Prognose". Die Klassifikation ist dabei die Zuordnung von Daten zu einer bestimmten Klasse. Diese Zuordnung wird aufgrund von Entscheidungsregeln getroffen. Klassen können z.B. das Alter oder die Steuerklasse von Personen sein. Bei der Assoziation werden Zusammenhänge nach bestimmten Regeln geprüft. Ein Beispiel dafür ist, wie oft an einem Imbiss mit einer größeren Auswahl die Kombination Currywurst und Bier gekauft wird. Wenn diese Kombination häufig gekauft wird kann man eine Assoziationsregel zwischen Currywurst und Bier aufstellen. Die Segmentierung beschreibt die

Bildung von Gruppen aufgrund von Ähnlichkeiten. Betrachtet man zum Beispiel alle Personen auf einem Marktplatz, kann ein Segment gebildet werden für alle Frauen, die eine Handtasche tragen und alle Männer, die Zeitung lesen. Die Prognose gibt Auskunft über eine mögliche zukünftige Entwicklung. Dabei werden durch Vergangenheits- oder Erfahrungswerte Entwicklungen prognostiziert. Hier könnte durch die Betrachtung von Börsenkursen Annahmen über deren möglichen zukünftigen Verlauf getroffen werden.

Beispiele für Deep Learning:

Im Marketing wird Data Mining zum genaueren Festlegen einer Zielgruppe oder eines Kundensegments verwendet. Medienhäuser verwenden Data Mining, um RadiohörerInnen und FernsehzuschauerInnen personalisiertere Empfehlungen zu geben. Die Gesundheitsökonomie wird durch Data Mining unterstützt, indem genauere Diagnosen getroffen werden können durch den Vergleich mit ähnlichen Patienten.

Data Mining in der Zukunft:

Der Trend der zunehmenden Datenmenge wird weiterhin bestehen. Damit wird auch Data Mining weiter nötig und wichtig sein. Die Datenmengen werden so groß werden, dass vermutlich die Prozessorleistung, die zur Analyse der Daten notwendig ist, an ihre Grenzen kommt.

DATA SCIENCE

Data Science auf einen Blick:

Data Science (zu Deutsch „Datenwissenschaft") hat keine feste Definition. Zusammengefasst könnte man sagen, sie nutzt verschiedene Disziplinen und kombiniert diese, um aus Daten Wissen zu generieren.

Was ist Data Science:

Data Science (zu Deutsch „Datenwissenschaft") hat keine feste Definition. Zusammengefasst könnte man sagen, sie nutzt verschiedene Disziplinen und kombiniert diese, um aus Daten Wissen zu generieren. Zu diesen Disziplinen gehören: Mathematik, Statistik, Informatik, Mustererkennung, Programmierung - um nur einige zu nennen. Das Berufsfeld eines Data Scientists umfasst auf der einen Seite das Analysieren von Daten, um Erkenntnisse und Handlungsempfehlungen zu generieren. Auf der anderen Seite ist seine/ihre Aufgabe, diese Ergebnisse so zu kommunizieren, dass das Unternehmen oder die Organisation diese Empfehlungen verstehen und umsetzen kann.

Wie funktioniert Data Science:

Kurz gesagt geht es bei Data Science darum, aus Daten Wissen zu generieren und diese in Handlungsempfehlungen umzusetzen. Je nach Fragestellung sind dazu andere Daten und andere Analysemethoden zu wählen. Die Frage nach einer Zielgruppensegmentierung für ein Unternehmen wird anders analysiert und beantwortet als die Frage nach Vorhersage des Wetters in einer bestimmten Region.

Beispiele für Data Science:

Alle Fragestellungen im Unternehmen, die klassischerweise mittels Marktforschung beantwortet werden:

- Klimaforschung
- Weiterentwicklung Künstlicher Intelligenz
- Wahlprognosen

Data Science in der Zukunft:

Da immer mehr Daten gesammelt und analysiert werden können, wird das interdisziplinäre Feld der Data Science wichtiger werden.

DEEP LEARNING

Deep Learning auf einen Blick:

Deep Learning ist ein Bereich von Machine Learning, bei dem ein Computer versucht, die Denkprozesse eines menschlichen Gehirns nachzuahmen, um Gemeinsamkeiten in Daten festzustellen. Deep Learning verfügt über eine hohe Genauigkeit, die häufig die Gehirnleistungen von Menschen übertrifft. Das Training wird durch eine große Datenmenge und vielschichtigen sogenannten „Neuronalen Netzen" durchgeführt. Durch Deep Learning kann ein autonom fahrendes Auto beispielsweise Stoppschilder von Vorfahrtschildern unterscheiden oder Menschen und deren Bewegungsintention erkennen. Es eignet sich also zum Lösen sehr komplexer Probleme.

Was ist Deep Learning:

Deep Learning gehört zum Bereich Machine Learning. Es kommt immer dann zum Einsatz, wenn andere maschinelle Lernverfahren an ihre Grenzen stoßen. Deep Learning ist an die Struktur des menschlichen Gehirns angelehnt: Die Deep Learning-Algorithmen versuchen, Datenmengen so zu analysieren wie ein menschliches Gehirn. Über sogenannte „neuronale Netze" über die in sehr kurzen Zeiträumen viele Daten vernetzt analysiert werden können.

Wie funktioniert Deep Learning:

Deep Learning besteht aus einer mehrschichtigen Struktur von Algorithmen, die man „Künstliches Neuronales Netz" nennt. So wie wir unser Gehirn nutzen, um Muster zu erkennen und verschiedene Arten von Informationen zu klassifizieren, kann man ein Künstliches Neuronales Netz darauf trainieren, die gleichen Aufgaben mit Daten durchzuführen (z. B. Clustering, Klassifizierung oder Regression). Dadurch können unbeschriftete Daten anhand von Ähnlichkeiten gruppiert oder in verschiedene Kategorien einsortiert werden.

Beispiele für Deep Learning:

Autonomes Fahren stützt sich besonders beim Erkennen und Differenzieren von Objekten auf das Deep Learning.
In der Medizin nutzt man es beispielsweise in der Krebsforschung, um Krebszellen automatisiert zu erkennen.

Smart Home ist ein weiteres Feld, das bei Spracherkennung und Präferenzbildung Deep Learning nutzt.

Deep Learning in der Zukunft:

Deep Learning-Algorithmen werden mit zunehmender Datenmenge immer besser. Da sich die verfügbare Menge an Daten immer weiter vergrößert, entscheiden sich immer mehr EntwicklerInnen für das Deep Learning als Analysemethode.

KÜNSTLICHE INTELLIGENZ

Künstliche Intelligenz auf einen Blick:

Künstliche Intelligenz (KI) ist der Versuch, menschliches Lernen und Denken auf den Computer zu übertragen und ihm damit Intelligenz zu verleihen. Statt für jeden Zweck programmiert zu werden, kann eine KI eigenständig Antworten finden und selbstständig Probleme lösen - kurz gesagt: Selbständig lernen. KI ist ein Teilbereich der Informatik.

Was ist Künstliche Intelligenz:

Künstliche Intelligenz (KI) ist der Versuch, menschliches Lernen und Denken auf den Computer zu übertragen und ihm damit Intelligenz zu verleihen. Statt für jeden Zweck programmiert zu werden, kann eine KI eigenständig Antworten finden und selbstständig Probleme lösen - kurz gesagt: Selbständig lernen. Dabei kann KI schon viele Fähigkeiten des Menschen nachahmen und ist in vielen dieser Bereiche schon besser als der Mensch, etwa bei Lesen, Schreiben, Sehen. Aber alle Fähigkeiten zusammen kann eine KI noch nicht gleichzeitig ähnlich gut wie ein Mensch durchführen.

Wie funktioniert Künstliche Intelligenz:

KI wird zwar schon seit den 1940er Jahren entwickelt, aber erst nach der Jahrhundertwende bekommt sie zunehmend wirtschaftliche Bedeutung. Denn erst seitdem sind drei „Zutaten" für eine KI vorrätig: Viele Daten zum Lernen, kostengünstige Computerrechenleistung und die theoretischen Grundlagen. Es gibt verschiedene Wege, wie eine KI lernt. Machine Learning, Computer Vision und Deep Learning sind nur drei Beispiele, die ebenfalls in einem KI-Wissen erklärt werden. Alle Methoden haben gemeinsam, dass ein Computer mit einem einfachen Anfangsalgorithmus - also einer Abfolge von Rechenschritten - beginnt, neue Daten zu analysieren. Im Laufe der Zeit korrigiert dieser Computer dann auf Basis der Analyseergebnisse seinen eigenen Algorithmus. Er lernt oder anders: Er programmiert sich um. Das kann mit oder ohne die Unterstützung von Menschen passieren. Im Ergebnis ist ein Computer nach einiger Lernzeit schneller als ein Mensch, weil er schneller mehr Daten analysieren kann als ein Mensch. Ein Beispiel, bei dem dies sehr eingänglich ist, ist die sogenannte Computer Vision. Einmal trainiert, kann ein Computer in

Minuten hunderttausende von Röntgenbildern auf eine bestimmte Veränderung hin untersuchen - RöntgenärtzInnen bräuchten dafür Monate, wenn nicht Jahre.

Beispiele für Künstliche Intelligenz:

Unsere Welt ist heute schon durchzogen von KI-basierten Anwendungs-beispielen:

- Die Bildschärfeeinstellung der Kameras im Smartphone
- Röntgenbildanalysen beim Arzt
- Die App ADA gibt KI-lerndende Gesundheitsdiagnosen bei Angabe von Symptomen
- Alexa, Siri und Co. entwickeln sich zu brauchbaren Alltagsassistenten
- Google Duplex ruft für Privatleute im Restaurant an und bestellt einen Tisch oder macht Friseurtermine

Künstliche Intelligenz in der Zukunft:

Die KI ist gekommen, um zu bleiben. Sie wird sich im Laufe der Zeit in alle Lebensbereiche hineinentwickeln und viele Assistenzaufgaben für Menschen übernehmen. Wie weit dies passiert, liegt auch an uns Menschen. Wir brauchen, wie bei allen Technologien klare Regeln, was eine Technologie darf und was sie nicht darf.

MACHINE LEARNING

Machine Learning auf einen Blick:

Machine Learning (dt. Maschinelles Lernen) ist ein Teilbereich der Künstlichen Intelligenz (KI). Maschinelles Lernen (ML) ist eine Sammlung von mathematischen Methoden der Mustererkennung. Sie konzentriert sich dabei auf die Entwicklung von Anwendungen, die aus Daten lernen und ihre Genauigkeit im Laufe der Zeit verbessern. Es gibt beim Machine Lerrning verschiedene Formen des Lernens: Supervised Learning, Unsupervised Learning, Reinforcement Learning. Der Kern von Machine Learning und allen drei Lernmethoden ist es, jeweils einen Algorithmus zu erstellen und zu optimieren, um aus Daten zu lernen und um Vorhersagen, Entscheidungen zu treffen.

Was ist Machine Learning:

Machine Learning (dt. Maschinelles Lernen) ist ein Teilbereich der Künstlichen Intelligenz (KI). KI wiederum gehört zu Data Science. Machine Learning konzentriert sich auf die Entwicklung von Anwendungen, die aus Daten lernen und ihren Algorithmus im Laufe der Zeit durch mehr Daten verbessert. Beim Machine Learning wird Künstliche Intelligenz darauf trainiert, über Algorithmen Aussagen (Vorhersagen, Entscheidungen) über Daten zu treffen. Je umfangreicher die Algorithmen sind, desto besser ist die daraus entstandene KI und umso genauer werden ihre Aussagen. Diese Verbesserung der Algorithmen wird durch das kontinuierliche Füttern der Künstlichen Intelligenz mit weiteren Daten gewährleistet.

Der Kern von Machine Learning ist es, mit Künstlicher Intelligenz aus Daten zu lernen und Vorhersagen, Entscheidungen daraus abzuleiten.

Wie funktioniert Machine Learning:

Man unterscheidet bei den Lernmethoden in das sogenannte „Supervised Learning", „Unsupervised Learning" und „Reinforced Learning", häufig auch „Reinforcement Learning" genannt.

Beim Supervised Learning (dt. überwachtes Lernen) gibt man der KI die gewünschte Aufgabe mit Lösung vor. Z.B. einen Datensatz von Bildern und jedes Bild enthält eine Bezeichnung, ein Label davon, was es zeigt. Dann wird die KI gebeten, alle Bilder einer Katze herauszusuchen. Die KI entwickelt einen Algorithmus, der versucht, Katzen auf Bildern zu erkennen. Die Ergebnisse werden dann mit dem Überwachenden, einem Menschen geteilt. Dieser verhält sich dabei wie ein Lehrender und hilft der KI, besser zu werden. Sortiert also aus, welche Bilder der KI Katzen sind und welche nicht. Mit dieser Information optimiert die KI ihren Algorithmus. Ziel des konstanten Weiterentwickelns ist es dabei, die Genauigkeit der Ergebnisse immer weiter zu verbessern.

Mit Unsupervised Learning (dt. unüberwachtes Lernen) sind die Beobachtungen im Datensatz nicht beschriftet und die Algorithmen lernen, die Struktur aus den Eingabedaten zu erschließen und dafür notwendige Parameter eigenständig zu definieren. Künstliche Intelligenz passt dabei den eigenen Algorithmus an die gegebene Datenlage an und kommt zu Analyseergebnissen, die sie dann auf neue Daten anwendet. Diese Lernmethode kann länger dauern, aber auch genauer sein.

Beim sogenannten Reinforcement Learning (dt. bestärkendes Lernen) trainiert eine KI sich via trial-and-error und bekommt quasi „Belohnungen" für das richtige Ergebnis. Der Computer versucht nun, Strategien zu entwickeln, diese Belohnungen zu optimieren. Die Belohnungen verstärken also die Lösungsfindung – Hierbei ist es wichtig, der Künstlichen Intelligenz die Freiheit zu geben, eigene Lösungen zu finden, die man als Mensch eventuell nicht betrachten würde. Das bestärkende Lernen gilt als eine der vielversprechendsten Ansätze zum Erreichen einer Allgemeinen Künstlichen Intelligenz, welche nicht nur Probleme aus einem Gebiet, z.B. der Bilderkennung, sondern viele Probleme aus verschiedenen Bereichen, etwa auch der Spracherkennung und der Kommunikation mit Menschen lösen kann.

Beispiele für Machine Learning:
Machine Learning wird eingesetzt, Muster und Strukturen zu finden, daher nutzt man Machine Learning z.B. um Produkte, Filme und Songs auf der Grundlage dessen, was wir zuvor gekauft, gesehen oder gehört haben vorzuschlagen.

Weitere Aufgabenbereiche sind z.B. Spam-Detektoren, die verhindern, dass unerwünschte E-Mails in unseren Posteingang gelangen oder medizinische Bildanalysesysteme, um Tumorbildung früher als ein Mensch zu erkennen.

Machine Learning in der Zukunft:

In der Zukunft können wir noch mehr erwarten: Die Menge an Daten (Big Data) wird immer umfangreicher, Computer leistungsfähiger und DatenwissenschaftlerInnen entwickeln immer bessere Algorithmen. Machine Learning wird in unser Privat- und Arbeitsleben immer mehr Funktionen übernehmen. Dabei wird es vermutlich auch immer schwerer fallen, die Entscheidungen einer KI nachvollziehen zu können.

NATURAL LANGUAGE PROCESSING

Natural Language Processing auf einen Blick:

Natural Language Processing (NLP) beschreibt die Schnittstelle zwischen der Linguistik und der Computer Science. NLP beschreibt die Erkennung, Verarbeitung und Informationsgewinnung eines Algorithmus aus natürlicher Sprache. Natürliche Sprache ist von Mensch zu Mensch individuell, deshalb versuchen NLP-Algorithmen mithilfe von Text- und/oder Tonbausteinen Zusammenhänge zu erkennen und zu identifizieren. Es wird demnach die natürliche Sprache in ein System gebracht, dass der Computer versteht.

Was ist Natural Language Processing:

Natural Language Processing (NLP) ist ein Teilbereich der Künstlichen Intelligenz, der die Schnittstelle zwischen Linguistik und Computer Science darstellt. NLP (dt. natürliche Sprachverarbeitung) beschreibt die Erkennung, Verarbeitung und Informationsgewinnung eines Algorithmus aus natürlicher Sprache. Da sich die Anwendung der natürlichen Sprache individuell von Mensch zu Mensch unterscheidet, z.B. durch Dialekte, Akzente oder grammatikalische Fehler, versuchen NLP-Algorithmen Zusammenhänge aus Text- oder Tonbausteinen zu erkennen und zu identifizieren. Es wird demnach die natürliche Sprache in ein System gebracht, dass der Computer versteht. NLP ermöglicht es einem Computer natürliche Sprache sowohl in gesprochener Form als auch in textlicher Form zu erkennen, zu verarbeiten und Informationen zu Gewinnen.

Wie funktioniert Natural Language Processing:

NLP-Algorithmen können sowohl gesprochene Sprache als auch geschriebene Sprache verarbeiten. Generell kategorisiert man die Sprache in Sätzen vorerst in einzelne Bausteine, wie Nomen, Adjektive oder Adverbien, um die Sprache dem Computer zugänglicher zu machen. Zu textlichen Bausteinen muss der Computer jedoch auch Zusammenhänge verstehen, wenn z.B. ein Wort mehrere Bedeutungen hat. Hierfür werden dem Computer Satzbauregeln beigebracht, sozusagen Grammatik. Auf diese beiden Kategorien hingehend werden Sätze oder Wortzusammenschlüsse getestet und machen es dem Algorithmus möglich, natürlich Sprache zu verstehen. Einfache Befehle wie: „Stelle mir einen Wecker für 07:00 Uhr" können dadurch mit einem Smartphone ausgeführt werden. Betrachtet man jetzt nochmals den Unterschied zwischen geschriebener und gesprochener Sprache, wird bei der gesprochenen Sprache zunächst, statt die Texte zu verarbeiten, die Audioquelle verarbeitet. Dabei werden die Audiowellen, die bei der Aussprache erzeugt werden vom Algorithmus erkannt und mittels Audiomuster verarbeitet. Dabei werden Wörter durch die genaue Erkennung der Sprache und die Betrachtung im Kontext des Satzes erkannt.

Beispiele für Natural Language Processing:

- Diktieren von Texten. Man Spricht in ein Mikrofon, der NLP-Algorithmus erkennt die Sprache und schreibt die Wörter digital auf
- Sprachsteuerung auf dem Smartphone
- Korrektur von Texten auf inhaltliche und grammatikalische Schwachstellen
- Übersetzung von Texten in andere Sprachen
- Schreiben mit dem Chatbot. Chatbots ermöglichen die automatisierte Beantwortung von Texten z.B. im Kundenservice ermöglicht der Chatbot eine genauere Identifikation des Problems und eine zielgerichtete Weiterleitung an richtige Ansprechpartner

Natural Language Processing in der Zukunft:

Die nächste Stufe der natürlichen Sprachverarbeitung ist die Generierung von natürlicher Sprache. Das beschreibt die Natural Language Generation. Es wird ermöglicht, dass ein Computer ohne vorgegebene Sätze ganze Texte generieren kann. Hierdurch können Themeninhalte vorgegeben werden und der Algorithmus schreibt darauf basierend ganze Texte. Einsatz findet diese Technologie bereits heute in der Berichterstattung für Börsenneuigkeiten oder Wetternachrichten.

NEURONALE NETZE

Neuronale Netze auf einen Blick:

Künstliche Neuronale Netze sind ein Teilgebiet des Deep Learning und folgen dem Aufbau des menschlichen Gehirns. Ein neuronales Netz ist eine Ansammlung von einzelnen Informationsverarbeitungseinheiten (Neuronen), die schichtweise in einer Netzarchitektur angeordnet sind. Im Zusammenhang mit Künstlicher Intelligenz spricht man von künstlichen neuronalen Netzen.

Was sind Neuronale Netze:

Künstliche Neuronale Netze (KNN) versuchen, ähnlich wie das menschliche Gehirn, Informationen zu verarbeiten, indem Informationsverarbeitungs-einheiten (Neuronen) miteinander vernetzt werden: Die Neuronen (auch Knotenpunkte) eines künstlichen neuronalen Netzes sind schichtweise in sogenannten Layern angeordnet und in der Regel in einer festen Hierarchie miteinander verbunden. Die Neuronen sind dabei zumeist zwischen zwei Layern verbunden. Durch diese Vernetzungen können viele Informationen gleichzeitig analysiert werden.

Wie funktionieren Neuronale Netze?

Ein Neuronales Netz besteht im Allgemeinen aus einer Sammlung von verbundenen Knoten, Neuronen genannt. Diese künstlichen Neuronen sind den biologischen Neuronen nachempfunden.

Die typische Architektur eines Neuronalen Netzes besteht aus mehreren Schichten.

Die erste Schicht bezeichnet man als Input Layer (Eingabeschicht). Die Input Layer erhält Daten, aus denen das neuronale Netz lernen soll. Die Eingabeschicht hat so viele Neuronen wie es für die Aufgabe zu erfassende Daten gibt.

Die zweite Schicht ist die sogenannte Zwischenschicht, auch Aktivitätsschicht oder verborgene Schicht (von engl.: hidden layer). Je mehr Zwischenschichten es gibt, desto tiefer ist das neuronale Netz, im Englischen spricht man daher auch von „Deep Learning". Diese Zwischenschicht ist verborgen, man „sieht" nicht, welche Analysen hier stattfinden. Theoretisch ist die Anzahl der möglichen verborgenen Schichten in einem künstlichen neuronalen Netzwerk unbegrenzt. In der Praxis bewirkt jede hinzukommende verborgene Schicht jedoch auch einen Anstieg der benötigten Rechenleistung, die für den Betrieb des Netzes notwendig ist. Es gibt also eine Computerkapazitätsgrenze, keine Schichtengrenze bei NN.

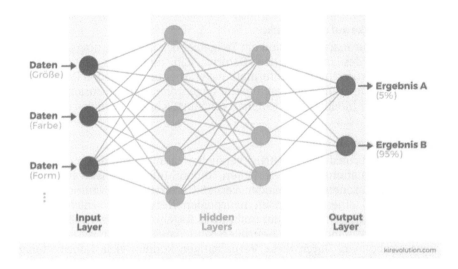

Abbildung 24: Neuronale Netze (Eigene Darstellung)

Wie funktionieren Neuronale Netze:

Die dritte und letzte Schicht wird als Output Layer (Ausgabeschicht) bezeichnet; hier werden die Ergebnisse dargestellt, die das neuronale Netz ermittelt hat. Das können z.B. Klassifizierungen der Daten des Input Layer sein. Um diese Klassifizierung vorzunehmen, muss das Netzwerk über Algorithmen mathematische Operationen durchführen. Diese Operationen werden in den Hidden Layers (versteckten Schichten) zwischen dem Input- und Output-Layer ausgeführt.

Eine Klassifizierung könnte z.B. die Definition der Rasse eines bestimmten Hundes anhand von Bildern sein. Hierfür werden die Bilder in die Input Layer eingegeben. Das Bild wird, um ihnen einen Zahlenwert zuzuteilen, in seine Pixel aufgebrochen. In den Hidden Layers wird nun mit diesen Werten gerechnet. Im Beispiel zeigt das Output Layer z.B. anschließend an, dass es sich bei diesem Bild zu 2 % um einen Pudel, 95 % um einen Terrier und 3 % um einen Schäferhund handelt. Je mehr Daten eingegeben werden, umso genauer wird die Zuordnung.

Beispiele für Neuronale Netze:

Durch die Fähigkeit, Muster aus unstrukturierten Datenmengen zu erkennen, werden Neuronale Netze im Deep Learning immer bedeutsamer. Sie werden z.B. in der Spracherkennung, Schrifterkennung und Bilderkennung genutzt, halten aber auch in Frühwarnsystemen oder bei Übersetzungssoftware Einzug. Mit Neuronalen Netzen können Klassifikationen und Regressionen durchgeführt werden und sie eignen sich auch für Clustering oder der Verringerung von Datendimensionen.

Neuronale Netze in der Zukunft:

Neuronale Netze werden die Verbreitung von Deep Learning weiter vorantreiben, da ihre Anwendung sehr vielfältig ist. Genau wie andere Arten von KI benötigen NN Daten, um zu lernen: Je mehr Daten, umso besser und schneller lernt eine KI mittels NN. Die Kraft von einem Neuronale Netz ist durch die Leistung des Computers begrenzt. Je komplexer die Aufgaben sind, desto mehr Rechenleistung wird für die steigende Anzahl an Hidden Layers benötigt. Und: Ein großer Teil der Lernleistung findet „hidden", also verborgen statt. Zu schnell und zu komplex für Menschen. Dadurch steigt auch das Unbehagen vieler Menschen, mit den Ergebnissen zu arbeiten, die im Verborgenen entstehen.

REINFORCEMENT LEARNING

Reinforcement Learning auf einen Blick:

Beim sogenannten Reinforcement Learning (dt. bestärkendes Lernen) trainiert eine KI sich via trial-and-error und bekommt quasi „Belohnungen" für das richtige Ergebnis. Der Computer versucht nun, Strategien zu entwickeln, diese Belohnungen zu optimieren. Die Belohnungen verstärken also die Lösungsfindung – Hierbei ist es wichtig, der Künstlichen Intelligenz die Freiheit zu geben, eigene Lösungen zu finden, die man als Mensch eventuell nicht betrachten würde. Das bestärkende Lernen gilt als eine der vielversprechendsten Ansätze zum Erreichen einer Allgemeinen Künstlichen Intelligenz, welche nicht nur Probleme aus einem Gebiet, z.B. der Bilderkennung, sondern viele Probleme aus verschiedenen Bereichen, etwa auch der Spracherkennung und der Kommunikation mit Menschen lösen kann.

Was ist Reinforcement Learning:

Reinforcement Learning (dt. bestärkendes Lernen) gehört zu einer der drei Machine Learning Lernmethoden (Supervised Learning, Unsupervised Learning und Reinforcement Learning). Eine KI trainiert sich hierbei mit der trial-and-error Methode. Die KI bekommt eine Aufgabe gestellt und hat alle Freiheiten sie zu lösen. Beim Reinforcement Learning erhält die Künstliche Intelligenz Belohnungen für Versuche, die in die richtige Richtung gehen und wird bestraft, wenn sie am Ziel vorbeischießt. Ein Beispiel für eine KI, die via „learning by doing" Laufen gelernt hat, finden Sie im Reiter „Schatzkiste".

Reinforcement Learning ist besonders dann praktisch und notwendig, wenn der Mensch die Funktionsweise hinter etwas nicht versteht. Am genannten Beispiel „Laufen lernen" kann man das sehr gut nachvollziehen. Wir wissen, wie man läuft, können es jedoch nicht so einfach erklären und nur sehr schwer in einzelne Bewegungen runterbrechen – denn es gibt viele Variablen, die sich bei Steigungen oder dem Lauftempo verändern: In welchem Winkel müssen die Füße stehen, wie verlagert man das Gewicht, wie beschleunigt oder bremst man ohne hinzufallen, etc.

Wie funktioniert Reinforcement Learning:

Mit Reinforcement Learning kann eine KI komplizierte Aufgaben, bei denen die relevanten Parameter komplett unbekannt sind, Stück für Stück selbst lösen. Dieses Training wird mit Belohnungen durchgeführt. Wenn das Ziel „Laufen lernen" ist, gibt man der KI z.B. eine erste Belohnung, sobald sie verstanden hat, wie sie stehen bleiben kann. Danach erhält sie eine, wenn sie sich nach vorne bewegt, anschließend immer mehr Belohnungen, je weiter sie läuft. Diese Belohnungen bestehen schlicht und einfach aus „gut gemacht", Bestrafungen aus „mach das nochmal".

Das Problem bzw. die Herausforderung des Reinforcement Learning besteht in der fundamentalen Belohnungsmethode. Wenn man einer Künstlichen Intelligenz eine Aufgabe gibt, bei der der Mensch die „Kreativität" der KI nicht einschränken möchte, darf man ihr zwangsläufig nur am Ende (bei der richtigen Problemlösung) eine Belohnung geben. Die Künstliche Intelligenz probiert also so lange verschiedene Dinge aus, bis sie durch Zufall genau das tut, was der Mensch als Ergebnis erzielen wollte. Dabei hat sie jedoch viele unnötige Schritte dazwischen durchgeführt, welche nicht für die Erfüllung der Aufgabe notwendig waren. Die Künstliche Intelligenz muss, um die relevanten Aktionen zu filtern, reflektierend den vergangenen Prozess beurteilen und unnötige Aktionen streichen. Dieser Prozess ist beim Reinforcement Learning essenziell, sie gehört zum Lernen dazu. Während des Reinforcement Learning analysiert eine Künstliche Intelligenz also ihren Lösungsweg und versucht, diesen zu perfektionieren, wodurch teilweise ganz andere Lösungen für Probleme entstehen. Am Beispiel des „Laufen Lernens" könnte eine KI so z.B. das Galoppieren entwickeln und sich so schneller die Belohnung sichern.

Beispiele für Reinforcement Learning:

Reinforcement Learning findet man vor allem in der Optimierung von Steuerungen z.B. wird das unterstützende Lernen im Deep Learning bei selbstfahrenden Autos angewandt. Die KI kann so die sich verändernde Umgebung analysieren und Probleme (wie Zusammenstöße mit Passanten auf dem Zebrastreifen) aus dem Weg räumen.

Reinforcement Learning in der Zukunft:

Reinforcement Learning existiert bereits seit längerem. Aber erst durch die aktuelle Verfügbarkeit von Rechenleistung und großen Datenmengen (Big Data), kann Reinforcement Learning wirklich praktisch angewandt werden. Diese Lernmethode ist jedoch auch aktuell immer noch sehr zeitaufwändig, da die Künstliche Intelligenz komplexe Herausforderungen durch trial-and-error lösen muss. Durch den weiteren technischen Fortschritt wird Reinforcement Learning schneller werden und damit auch wichtiger, besonders im Bereich Deep Learning. Denn hier kann eine Künstliche Intelligenz komplexe Themen schneller erfassen als andere Lernmethoden, wie z.B. Schach oder Go spielen lernen. Reinforcement Learning gilt als Schlüssel zur sogenannten „allgemeinen Künstlichen Intelligenz (AKI)": Im Gegensatz zur sogenannten „engen KI", die für die Lösung eines spezifischen Problems entwickelt worden ist, ist die AKI in der Lage, für verschiedene Probleme gleichzeitig Lösungen zu finden.

SUPERVISED LEARNING

Supervised Learning auf einen Blick:

Beim Supervised Learning (dt. überwachtes Lernen) gibt man der KI die gewünschte Aufgabe mit Lösung vor. Z.B. einen Datensatz von Bildern und jedes Bild enthält eine Bezeichnung, ein Label davon, was es zeigt. Dann wird die KI gebeten, alle Bilder einer Katze herauszusuchen. Die KI entwickelt einen Algorithmus, der versucht, Katzen auf Bildern zu erkennen. Die Ergebnisse werden dann mit dem Überwachenden, einem Menschen geteilt. Dieser verhält sich dabei wie ein Lehrender und hilft der KI, besser zu werden. Sortiert also aus, welche Bilder der KI Katzen sind und welche nicht. Mit dieser Information optimiert die KI ihren Algorithmus. Ziel des konstanten Weiterentwickelns ist es dabei, die Genauigkeit der Ergebnisse immer weiter zu verbessern.

Was ist Supervised Learning:

Supervised Learning (dt. überwachtes Lernen) gehört zu einer der drei Machine Learning-Lernmethoden (Supervised Learning, Unsupervised Learning und Reinforcement Learning).

Bei dieser Lernmethode werden Ergebnisse oder Kategorien vorgegeben und die KI lernt mit vorgebebenen Parametern (z.B. Gewicht, Größe, Farbe, Proportion, ...) Daten einzuordnen. Beim Supervised Learning korrigiert jemand, der die richtigen Antworten kennt, die Lösungen einer KI und verbessert so die gemachten Fehler, damit sie dazulernt. Das ähnelt einem Lehrenden in der Schule, der Klausuren korrigiert und die SchülerInnen auf Fehler aufmerksam macht, damit sie diese in zukünftigen Tests nicht mehr machen. Beim Supervised Learning wird demnach eine Künstliche Intelligenz entwickelt, die nach einem vorgegebenen Modell (festen Algorithmen) versucht Antworten oder Klassifikationen zu finden und diesen dann mittels Hinweisen des Lehrenden und neuen Datensätzen weiter optimiert.

Wie funktioniert Supervised Learning:

Supervised Learning benötigt eine sehr große Menge an strukturierten Daten (bereits ausgewertete Datensätze), um daraus Schlussfolgerungen ziehen zu können. Sobald die Künstliche Intelligenz via Supervised Learning die strukturierten Daten analysiert und daraufhin ihren Algorithmus angepasst hat (also gelernt hat), testet sie das Gelernte mit einem neuen, unbekannten Datensatz. In unserem Schulbeispiel wären das beispielsweise zuerst Testaufgaben mit Lösungsblatt, damit die Methode gefestigt wird und um danach eine Klausur mit neuen Aufgaben und ohne Lösungsblatt, aber mit gleicher Methode zu lösen. – Das unterscheidet tatsächliches Lernen von Auswendiglernen.

Ein Beispiel für Supervised Learning ist die optische Unterscheidung von zwei Blumenarten, beispielsweise Bilder von Sonnenblumen und Tulpen. Man gibt dem Machine Learning-Algorithmus dafür einen strukturierten Datensatz mit den Beschriftungen: „das ist eine Sonnenblume", „das ist eine Tulpe". Nun wendet die Künstliche Intelligenz einen Anfangsalgorithmus an und „verinnerlicht" die Unterscheidungsfaktoren zwischen Tulpen und Sonnenblumen. Diese Unterscheidungsmerkmaldefinition wendet die KI im nächsten Schritt bei neuen, unstrukturierten Daten an. Falls die KI bei diesen unstrukturierten Daten Fehler macht (eine Sonnenblume als Tulpe klassifiziert), wird sie vom Menschen darauf hingewiesen und sie verbessert sich. Der Mensch verhält sich beim Supervised Learning also wie ein Lehrender und hilft der KI dabei, besser zu werden. Das Ziel des konstanten Weiterentwickelns ist es, die fehlerhaften Klassifizierungen auf ein Minimum zu senken und so die Genauigkeit der KI immer besser werden zu lassen. Der Nachteil von Supervised Learning ist auch ersichtlich, es benötigt immer einen Menschen, der die KI korrigiert und sie dadurch weiterentwickelt. Andere Lernmethoden, wie Unsupervised Learning oder Reinforcement Learning, eliminieren den Menschen als TrainerIn – das ermöglicht es der KI, sich autonom weiterzuentwickeln. Mit allen Vor- und Nachteilen, die diese Methode mit sich bringt.

Beispiele für Supervised Learning:
Das überwachte Lernen aus Daten befähigt beispielsweise einen Algorithmus dazu, Spam aus dem E-Mail-Postfach zu filtern. Hier wird mit Supervised Learning der KI erklärt, worauf sie bei ankommenden Mails achten soll und klassifiziert sie entsprechend.

Andere Beispiele sind im Bereich der Computer Vision: Das Erkennen von Mustern auf Bildern, etwa Tumorzellen auf Röntgenbildern, das Wiedererkennen von Menschen auf einem Foto bei z.B. Facebook, um nur einige zu nennen.

Supervised Learning in der Zukunft:

Supervised Learning stößt bei komplexeren Problemen an seine Grenzen, z.B. wenn zu viele Parameter mitspielen oder weil das manuelle Trainieren zu zeitaufwendig ist. Daher wird das überwachte Lernen durch andere Lernmethoden, wie dem Unsupervised Learning und Reinforcement Learning, zunehmend abgelöst.

UNSUPERVISED LEARNING

Unsupervised Learning auf einen Blick:

Mit Unsupervised Learning (dt. unüberwachtes Lernen) kann sich eine KI einen Sachverhalt selbst erarbeiten und dafür notwendige Parameter eigenständig definieren. Künstliche Intelligenz kann den eigenen Algorithmus zur Lösungsfindung selbständig an die gegebene Datenlage anpassen. Anders als beim sogenannten Supervised Learning sind die Beobachtungen im Datensatz nicht beschriftet und der Algorithmus lernt, die Struktur aus den Eingabedaten selbst zu erschließen und dafür notwendige Parameter eigenständig zu definieren. Diese Lernmethode kann länger dauern, aber auch genauer sein.

Was ist Unsupervised Learning:

Unsupervised Learning (dt. unüberwachtes Lernen) gehört zu einer der drei Machine Learning-Lernmethoden (Supervised Learning, Unsupervised Learning und Reinforcement Learning).

Sie ermöglicht es einer Künstlichen Intelligenz, eigenständig Muster in Daten zu finden und die dazu passenden Parameter selbst zu definieren – Im Vergleich dazu müssen beim Supervised Learning die Parameter (Größe, Farbe, Gewicht, ...) vorgegeben werden, damit die KI die gegebenen Daten auswerten kann. Da es bei komplexen Zusammenhängen viele Parameter gibt, stößt überwachtes Lernen in vielen Fällen an seine Grenze. Beim Unsupervised Learning hingegen entscheidet die KI eigenständig, welche Parameter für sie wichtig sind, um Unterscheidungen treffen zu können. Es kann also beispielweise sein, dass ein Mensch, der beim Supervised Learning unterstützt, die Größe von Objekten zur Unterscheidung berücksichtigen würde – aber eine KI ohne Supervision die Form der Objekte als aussagekräftiger wahrnimmt und diesen Parameter nun in den Algorithmus eigenständig einbaut. Ggf. ist tatsächlich die Form aussagekräftiger als die Größe. Im Unsupervised Learning kann dieses Ergebnis genutzt werden. Im Supervised Learning evtl. nicht oder erst später. Die Künstliche Intelligenz schreibt und optimiert den eigenen Algorithmus im Unsupervised Learning also weitestgehend selbst und kommt zu anderen (evtl. besseren) Ergebnissen als beim Supervised Learning - die Ergebnisfindung dauert aber evtl. auch länger.

Wie funktioniert Unsupervised Learning:

Die Lernmethode „Unsupervised Learning" stützt sich auf das Analysieren von Daten und die daraus folgende Mustererkennung. Eine KI bekommt beispielsweise unstrukturierte Daten mit Bildern von verschiedenen Blumen. Nun erkennt sie Gemeinsamkeiten und Unterschiede zwischen den Blumen und kann sie in verschiedene Cluster einordnen (nach z.B. Farbe, Form, Größe, etc.). Diese Einordnung wird als „Unsupervised Clustering" bezeichnet. Die KI erstellt zur Unterscheidung dann eigene messbare Parameter, wie die Blütenform, die sie in ihren Algorithmus einbaut („wenn Blütenform = X, dann Blume Y"). Dabei geht sie in zwei Lernschritten vor. Schritt eins ist die Vorhersage der KI auf Basis der ersten Daten, es gäbe drei Blumenarten. Der zweite Schritt bezeichnet den tatsächlichen Lernprozess, die KI aktualisiert ihre „Weltanschauung" basierend auf neuen Beobachtungen mittels neuer Daten. Sie findet z.B. neue Cluster und vermutet nun, dass es zehn Blumentypen gibt. Danach findet sie weitere Cluster und unterteilt Blumen nun in 21, 34, ... Arten.

Beispiele für Unsupervised Learning:

Unsupervised Learning findet beispielweise in der Analyse von Prozessen Anwendung. Eine KI, die mit der unüberwachten Lernmethode trainiert wurde, kann z.B. Zusammenhänge bei Käufen erkennen, die Menschen entgehen würden. Daher nutzt man Unsupervised Learning im Online Sales-Bereich, um potenzielle oder bestehende KundInnen zu clustern und so ihr Verhalten anhand von ähnlichen KundInnen und deren Aktionen zu prognostizieren oder mit passenden Angeboten zum Kauf zu überzeugen.

Unsupervised Learning in der Zukunft:

Unsupervised Learning gehört im Data Science zu einem der wichtigsten und potenzialreichsten Felder. Ihre Forschung und aktive Entwicklung wird daher stark vorangetrieben, so dass Unsupervised Learning Supervised Learning als Standard in der KI-Entwicklung ablösen wird. Eine Künstliche Intelligenz, die einen Sachverhalt betrachtet und daraus eigene Rückschlüsse ziehen kann, kann und wird in Zukunft in vielen Bereichen eingesetzt werden.

12. Weiterführende Tipps und Links

Falls Sie sich weiter einlesen, Cases tiefer verstehen oder einfach mit uns in Kontakt treten wollen, hier ein paar nützliche Tipps und Links für Sie:

Website china-impulse.de

Von Alexandra Stefanov. Hier veröffentlicht sie regelmäßig neue ExpertInnen-Interviews und präsentiert die aktuellen Entwicklungen der digitalen Transformation in China. Die neusten digitalen Trends und Innovationen werden analysiert und es werden Einblicke aus erster Hand in die komplexe chinesische Digitalwelt geboten. Die ExpertInnen-Interviews, regelmäßigen Newsletter und Workshops richten sich an ManagerInnen und UnternehmerInnen aus allen Branchen, die Praxistipps und Inspiration für die Planung ihrer Zukunftsstrategie suchen sowie an Wirtschaftsinteressierte, die sich auf die digitale Zukunft vorbereiten wollen.

Fachbeiträge und Keynote Speeches rund um China und die Digitalisierung

Alexandra Stefanov veröffentlicht regelmäßig Fachbeiträge, hält Vorträge und Keynote Speeches und nimmt an Podiumsdiskussionen teil zu den Themen China, die Digitalisierung und das chinesische digitale Mindset. Zudem präsentiert sie Key Learnings, die wir aus Chinas Digitalwelt für unsere eigene europäische Zukunftsstrategie und digitale Transformation nutzen können. Sie möchten mehr darüber erfahren? Schreiben Sie gerne an **info@china-impulse.de.**

Website kirevolution.com

Von Prof. Dr. Claudia Bünte, Till-Hendrik Schubert und Jan Donaj. Die KI-Wissensseite im deutschsprachigen Internet mit Fokus auf wirtschaftliche Anwendbarkeit. Best Practices für Wirtschaft, New Retail, New Marketing, Werbung, Newsletter, KI-Wissen und Whitepaper rund um KI.

Kaiserscholle GmbH – Center of Marketing Excellence

Geführt von Prof. Dr. Claudia Bünte. Strategische Beratung rund um KI und Digitalisierung für Marken in B2B und B2C. Mit Sitz in Berlin, international tätig, für Mittelstand, NGOs und Konzerne.

KI-Typomat: Sind Sie KI-OptimistIn oder KI-PessimistIn?

6 Fragen, 2 Minuten, anonyme, sofortige Auswertung. Kostenlos.

Wie KI-ready ist Ihr Marketingteam?

Schicken Sie gerne eine E-Mail an **KI@Kaiserscholle.com.** Wir helfen Ihnen, Betriebsrat-konform und anonymisiert für das gesamte Team eine Typomat-Auswertung durchzuführen. Für Ihre Strategieklausuren, Markentage, „all hands meetings" zu Beginn des Jahres oder weitere interne Strategieevents.

Interessiert an Best Practice-Tools zu KI im Marketing?

Das Team rund um Prof. Dr. Bünte konzipiert regelmäßig interne Workshops mit ausgewählten Tools, die nachweislich wirken. Auch hier einfach schreiben an **KI@Kaiserscholle.com.**

Key Note Speeches rund um KI in der Wirtschaft

Prof. Dr. Bünte nimmt ihre ZuhörerInnen online wie live kurzweilig und wirtschaftsrelevant auf die KI-Reise in die Zukunft. Wie wird KI die Wirtschaft verändern, was bedeutet New Retail, New Marketing, wie werden ManagerInnen in Zukunft arbeiten. U.a. für: Art Directors Club, AI Zürich, Marketing Club, CRM German CRM Forum, Marketing Centrum Münster, Deutscher Dialogmarketing Verband u.v.m.

Kontakt: **Onlineformat-Beispiel gefällig?**

Buch: Die chinesische KI-Revolution

Wie sich China mittels künstlicher Intelligenz an die wirtschaftliche Weltspitze setzt. Das Reich der Mitte investiert massiv in Künstliche Intelligenz und hat sich damit eine beindruckende Führungsrolle in der weltweiten Wirtschaft erarbeitet. Wer sich auf die Zukunft vorbereiten will, muss heute nach China schauen … oder in das neue Buch von Prof. Dr. Claudia Bünte.

Aus dem Inhalt:
- Warum China bei Künstlicher Intelligenz demnächst weltführend sein könnte
- Chinesisches und europäisches Datenschutzrecht im Vergleich
- Was die Plattformsysteme von Alibaba, Tencent und JD dem Marketeer bieten
- Warum Plattform-Ökosysteme und digitale Pay-Funktionen alles verändern

- Der neue Handel: Smart Retail und Online-merge-Offline
- Das neue Marketing: Verändertes Konsumentenverhalten treibt die
- Transformation
- Der mobile-only-Alltag in China
- 8 China-Expert*innen aus unterschiedlichen Branchen und ihre Einschätzungen
- Zu den Marketing- und Handels-Entwicklungen in China
  20 Praxistipps: So sollten wir uns im Westen auf die digitale Revolution vorbereiten

13. Infos zu den AutorInnen

Infos und Kontakt Autorin Alexandra Stefanov

Nach ihrem Studium der Sinologie und Transkulturellen Studien in Heidelberg, Tianjin und Shanghai wirkte Alexandra Stefanov an der Konzipierung und Weiterentwicklung einer Chinesisch-Lern-App mit und arbeitete als Projekt- und Eventmanagerin. In der Projektleiter-Rolle war sie für die Organisation und Umsetzung von Networking- und Recruiting-Events mit China-Fokus sowie von Veranstaltungsreihen für InformatikerInnen und IngenieurInnen zuständig. Seit über 10 Jahren widmet sie sich den Themen chinesische Innovationen, Digitalisierung, Internetkultur und Internetsprache.

Alexandra Stefanov ist Gründerin von China Impulse und hat die Vision, möglichst vielen Interessierten den Einstieg in die chinesische Digitalwelt zu erleichtern und ein besseres Verständnis für die chinesischen Technologien zu schaffen, die unsere digitale Zukunft bereits jetzt mitgestalten. Mit China Impulse geht sie den digitalen Trends und Innovationen aus China auf den Grund und gibt diese kompakt und leicht zugänglich wieder in Form von ExpertInnen-Interviews, Online-Events und regelmäßigen Newslettern.

Gleichzeitig nimmt Alexandra Stefanov an Podiumsdiskussionen teil, hält Vorträge und schreibt Beiträge zu Chinas Digitalwelt und Innovationslandschaft. Im Rahmen der Digitalisierungs-Initiative der Deutschen Wirtschaft fördert sie auch die Digitalisierung und Innovationen im deutschsprachigen Raum.

LinkedIn: https://www.linkedin.com/in/alexandrastefanov/

Infos und Kontakt Autorin Prof. Dr. Claudia Bünte

Prof. Dr. Claudia Bünte ist ausgewiesene Marketingexpertin mit langjähriger praktischer Erfahrung, auch in China.

Sie bekleidete leitende internationale Positionen bei weltweit führenden Unternehmen, u.a. als Associate Principal bei McKinsey & Company, Global Vice President Brand and Marketing Strategy bei Volkswagen AG, als Director Europe for Knowledge and Insights sowie Director Strategy and Planning Deutschland, Dänemark, Finnland, Island bei The Coca-Cola Company. Bei weiteren starken Marken wie Apple, NIVEA und Siemens war sie ebenfalls mit operativen Tätigkeiten betraut.

Prof. Claudia Bünte hat einen Dr. phil in Markenstrategie und lehrt Marketing an internationalen Hochschulen, hauptamtlich an der SRH Berlin University of Applied Sciences. Ihr Forschungsschwerpunkt liegt im Bereich Künstliche Intelligenz in der Wirtschaft, insbesondere im Marketing.

Parallel zu ihrer Lehrtätigkeit ist sie geschäftsführender Gesellschafter von Kaiserscholle - Center of Marketing Excellence, Berlin. Kaiserscholle ist eine Beratungsagentur mit Spezialisierung auf Markenführung, Marketing und Künstliche Intelligenz. Darüber hinaus ist sie Mitglied im Academic Advisory

Board der Analyx GmbH, einem Unternehmen, das Big Data Analytics in Software-Tools zur praktischen Unterstützung von Marketing-EntscheiderInnen umsetzt.

Sie trägt den Titel Vize-Marketingkopf 2020 der Fachzeitschrift OnetoOne und ist öffentlich bestellte und vereidigte Sachverständige.

In ihrem letzten Buch, „Die chinesische KI-Revolution" im Springer Gabler-Verlag befasste sie sich bereits intensiv mit der rasanten Entwicklung der KI in China. Zuletzt bereiste sie China im November 2019 und besuchte 40 Unternehmen, die ihre Geschäftsmodelle auf KI basieren.

LinkedIn: https://www.linkedin.com/in/claudiab2/

XING: https://www.xing.com/profile/Claudia_Buente/cv

Infos und Kontakt Autor Till-Hendrik Schubert

Till-Hendrik Schubert befasst sich mit Zukunftstrends und Innovation. Das Interesse zu diesen beiden Themen griff er in Praktika und Werkstudententätigkeiten in der Strategieberatung auf und entwickelt es kontinuierlich weiter. Dabei erarbeitete er u.a. Strategien und Markenmodelle mit internationalen KundInnen aus der Automobilbranche, Finanzbranche und dem Handelssektor.

Während seines Studiums der Betriebswirtschaftslehre mit Schwerpunkt Marketing an der SRH Berlin University of Applied Sciences hatte Till Hendrik Schubert bereits leitende Funktionen in Wirtschafts- und Börsenvereinen sowie der Studentenvertretung inne. Er unterstütze die ausgezeichnete Delegation seiner Hochschule bei Model United Nations in New York City 2019 und bereitete als Organisator die Delegation für Harvard Model United Nations in Tokio 2020 vor.

Gleichzeitig begann er 2019 mit der Forschung an Künstlicher Intelligenz. Seitdem arbeitet er zusammen mit Prof. Dr. Claudia Bünte an Trendforschung der Künstlichen Intelligenz im Marketing und in der Wirtschaft. Als laufendes Projekt kuratiert er Wissensbeiträge für die KI-thematisierte Webseite KIRevolution.com.

LinkedIn: https://www.linkedin.com/in/till-hendrikschubert/

14. Danke

Wir möchten uns bei ganz vielen tollen Menschen bedanken, die dieses Buch möglich gemacht haben. Allen voran danken wir

- unseren Expertinnen und Experten Till Ammelburg, Lei Cai, Wolfgang Hirn, Chien-Hao Hsu, Dr. Hannes Jedeck, Dr. Dennis-Kenji Kipker, Andreas Kleinn, Sascha Kurfiss, Damian Maib, Stefanie Liliane Meyer, Dr. Peter Petermann, Dr. Teo Pham, Yun Qiu, Christina Richter, Philipp Schaaf, Mareike Seeßelberg, Frank Sieren, Nick Sohnemann, Sven Spöde, Theresa Stewart, Dr. Manuel Vermeer und Thorsten Wilhelm. Ohne Euch/Sie wäre dieses Buch nicht entstanden

- Carina Schmidt und Oliver Oest von Tinkerbelle Werbeagentur für Titeldesign und Korrekturlesen

- Jan Donaj, der mit Prof. Dr. Bünte und Till Schubert die Wissensseite KIRevolution.com entwickelt hat und pflegt, für die Idee und Erlaubnis, die KI-Wissensinhalte für dieses Buch zu verwenden

- Sascha Stürze und das Team von Analyx GmbH für die Auswertung der KI-im-Marketing-Wellen, die Segmentierung und die Programmierung des KI-Typomaten

15. Literaturverzeichnis

Alsabah, N. (31. März 2017). *Peking will gläserne Unternehmen.* Abgerufen am 29. Juli 2019 von https://www.zeit.de/politik/ausland/2017-03/netzpolitik-china-cybersicherheit-zensur-internet

ARD & ZDF. (Oktober 2018). *Entwicklung der durchschnittlichen täglichen Nutzungsdauer des Internets in Deutschland in den Jahren 2000 bis 2018.* Abgerufen am 3. Januar 2021 von Statista: https://de.statista.com/statistik/daten/studie/1388/umfrage/taegliche-nutzung-des-internets-in-minuten/

ARD & ZDF. (8. Oktober 2020). *Anzahl der Internetnutzer in Deutschland in den Jahren 1997 bis 2020 (in Millionen).* Abgerufen am 3. Januar 2021 von Statista: https://de.statista.com/statistik/daten/studie/36146/umfrage/anzahl-der-internetnutzung

Bünte, C. (2018). *Künstliche Intelligenz - die Zukunft des Marketing.* Wiesbaden: Springer Gabler.

Bünte, C. (2020). *Die chinesische KI-Revolution: Konsumverhalten, Marketing und Handel: Wie China mit Künstlicher Intelligenz die Wirtschaftswelt verändert.* Wiesbaden: Springer Gabler.

Bünte, C. (April 2021). *Künstliche Intelligenz - die Zukunft des Marketings - Welle 3.* Von https://kaiserscholle.de/de/kuenstliche-intelligenz/ abgerufen

Ben-Aharon, A. B. (29. Oktober 2019). *Is AI doomed to be racist and sexist?* Abgerufen am 29. Januar 2021 von https://uxdesign.cc/is-ai-doomed-to-be-racist-and-sexist-97ee4024e39d

Bitcom. (19. Mai 2020). *Welche Nation ist Ihrer Meinung nach derzeit beim Thema Industrie 4.0 führend?* Abgerufen am 3. Januar 2021 von Statista: https://de.statista.com/statistik/daten/studie/830903/umfrage/fuehrende-nationen-beim-thema-industrie-40-in-deutschland/

Bocksch, R. (26. August 2020). *Das Zeitalter der Tech-Giganten.* Abgerufen am 27. August 2020 von https://de.statista.com/infografik/22707/unternehmen-mit-der-weltweit-groessten-marktkapitalisierung/?utm_campaign=90084a99ff-All_InfographTicker_daily_DE_AM_KW35_2020_Do_&utm_medium=email&utm_source=Statista%20Global&utm_term=0_afecd219f5-90084a99ff-3091

Brand, M. (13. Juni 2018). *Das Milliardengeschäft mit der künstlichen Intelligenz.* Abgerufen am 20. August 2020 von https://de.statista.com/infografik/14245/prognostizierter-umsatz-mit-ki-anwendungen-weltweit/

Briegleb, V. (3. August 2018). *KI schmeckt Bier.* Abgerufen am 26. Juli 2019 von https://www.heise.de/newsticker/meldung/KI-schmeckt-Bier-4129052.html

Bronstein, M. (8. Januar 2019). *Hey Google, what's new with the Assistant at CES this year?* Abgerufen am 24. Juli 2019 von https://blog.google/products/assistant/hey-google-whats-new-assistant-ces-year/

Bundesministerium für Wirtschaft. (13. November 2018). *Strategie Künstliche Intelligenz.* Abgerufen am 20. August 2020 von https://www.bundesfinanzministerium.de/Content/DE/Downloads/Digitalisieru ng/2018-11-15-Strategie-zur-Kuenstlichen-Intelligenz.pdf?__blob=publicationFile&v=2

Bundesregierung. (2011). *Regierungsprogramm Elektromobilität.* Abgerufen am 16. September 2020 von https://www.bmbf.de/files/programm_elektromobilitaet(1).pdf

Callaham, J. (27. November 2020). *What is Google Duplex and how do you use it?* Abgerufen am 1. Februar 2021 von https://www.androidauthority.com/what-is-google-duplex-869476/

Cebulla, C. (11. Februar 2019). *Niemand erkennt den Roboterjournalisten!* Abgerufen am 24. Juli 2019 von https://fussballlinguistik.de/2019/02/niemand-erkennt-den-roboterjournalisten/

China Intellecutal Property Blog. (8. Oktober 2020). *Civil Code of People´s Republic of China.* Abgerufen am 21. Februar 2021 von https://blog.chinabrand.de/2020/10/08/das-neue-zivilgesetzbuch-der-china-und-datenschutz/

CNBC. (12. November 2020). *Gross Merchandise Value (GMV) von Alibaba am Singles' Day weltweit in den Jahren 2017 bis 2020.* Abgerufen am 2. Januar 2021 von Statista: https://de.statista.com/statistik/daten/studie/942068/umfrage/gmv-von-alibaba-am-singles-day-weltweit/

Colvin, T., Liu, I., Babou, T., & Wong, G. (Februar 2020). *A Brief Examination of Chinese Government Expenditures on Artificial Intelligence R&D.* Abgerufen am 24. Januar 2021 von https://www.ida.org/-/media/feature/publications/a/ab/a-brief-examination-of-chinese-government-expenditures-on-artificial-intelligence-r-and-d/d-12068.ashx

Cuthbertson, A. (6. März 2019). *SELF-DRIVING CARS MORE LIKELY TO DRIVE INTO BLACK PEOPLE, STUDY CLAIMS.* Abgerufen am 29. Januar 2021 von https://www.independent.co.uk/life-style/gadgets-and-tech/news/self-driving-car-crash-racial-bias-black-people-study-a8810031.html

Cyberspace Administration of China. (3. Februar 2021). *Der 4z. statistische Bericht über den Entwicklungsstand des Internets in China.* Abgerufen am 21. Februar 2021 von http://www.cac.gov.cn/2021-02/03/c_1613923423079314.htm

Dabringhaus, S. (2011). Mitte der Welt. *Zeit Geschichte*(1), 84.

Deloitte, Alibaba Research. (Mai 2018). *Six Mayor Changes in Sciences and Technology Reshaping the Retail Industry.* Abgerufen am 20. September 2019 von https://alicloud-img.oss-ap-southeast-1.aliyuncs.com/Alibaba%20%20Retail%20Technology.pdf

Deutsches Patent- und Markenamt. (9. Februar 2021). *WIPO-Bericht für 2019.* Abgerufen am 21. Februar 2021 von https://www.dpma.de/dpma/veroeffentlichungen/hintergrund/wipo-berichtfuer2019/index.html

Die Bundesregierung. (28. August 2020). *Künstliche Intelligenz (KI) ist ein Schlüssel zur Welt von morgen.* Abgerufen am 28. August 2020 von https://www.ki-strategie-deutschland.de/home.html

Dorloff, A. (24. März 2019). *Auf dem Weg zur totalen Überwachung.* Abgerufen am 29. Juli 2019 von https://www.tagesschau.de/ausland/ueberwachung-china-101.html

Europäische Union. (27. April 2016). *Amtsblatt der Europäischen Union: VERORDNUNG (EU) 2016/679 DES EUROPÄISCHEN PARLAMENTS UND DES RATES vom 27. April 2016 zum Schutz natürlicher Personen bei der Verarbeitung personenbezogener Daten, zum freien Datenve.* Abgerufen am 3. September 2019 von https://eur-lex.europa.eu/legal-content/DE/TXT/PDF/?uri=CELEX:32016R0679&from=DE

Financial Times. (2018). *Financial Times.* Abgerufen am 27. August 2020 von http://media.ft.com/cms/7f24a88e-0faa-11dd-8871-0000779fd2ac.pdf

Folkerts, F., Schreck, V., Riazy, S., & Simbeck, K. (2019). *Analyzing Sentiments of German Job References.* Abgerufen am 29. Januar 2021 von https://iug.htw-berlin.de/wp-content/uploads/2019/09/AnalyzingSentimentsOfGermanJobReferences_copyright.pdf

Fung Business Intelligence. (Oktober 2018). *Spotlight on China Retail.* Abgerufen am 25. Februar 2020 von http://www.iberchina.org/files/2019/china_retail.pdf

Google. (2021). *Kann ein neuronales Netzwerk Zeichnungen erkennen?* Abgerufen am 9. März 2021 von https://quickdraw.withgoogle.com/

Google. (1. Februar 2021). *Zweisprachige Unterhaltung dolmetschen.* Abgerufen am 2. Februar 2021 von https://support.google.com/translate/answer/6142474?co=GENIE.Platform%3DAndroid&hl=de

Grubb, J. (8. Mai 2018). *Google Duplex: A.I. Assistant Calls Local Businesses To Make Appointments.* Abgerufen am 24. Juli 2019 von https://www.youtube.com/watch?v=D5VN56jQMWM

Handke, K. (6. Januar 2020). *Amazons kassenlose Go-Supermärkte könnten bald auch nach Deutschland kommen.* Abgerufen am 25. Febuar 2020 von https://www.businessinsider.de/wirtschaft/handel/amazons-kassenlose-go-supermaerkte-koennten-bald-auch-nach-deutschland-kommen/

Hilse, A. (28. Juni 2019). *Forschungsfeld KI – künstliche Intelligenz, Maschinelles Lernen, Deep Learning und KNN verständlich erklärt.* Abgerufen am 8. Februar 2021 von https://d25.io/forschungsfeld-ki-kunstliche-intelligenz-maschinelles-lernen-deep-learning-und-knn-verstandlich-erklart/

Huawei. (2016). *DEUTSCHLAND UND CHINA | WAHRNEHMUNG UND REALITÄT.* Abgerufen am 24. Januar 2021 von http://www.huawei-studie.de/downloads/Huawei-Studie-2016-DE.pdf

IMD. (2020). *The IMD World Digital Competitiveness Ranking 2020 results Now in its fourth year, the IMD World Digital Competitiveness Ranking measures the capacity and readiness of 63 economies to adopt and explore digital technologies as a key driver for economic tr.* Abgerufen am 24. Januar 2021 von https://www.imd.org/wcc/world-competitiveness-center-rankings/world-digital-competitiveness-rankings-2020/

Ingenieur.de. (2018). *Weltrekord: Shenzhen hat 16.359 Busse auf Elektroantrieb umgestellt.* Abgerufen am 16. September 2020 von https://www.ingenieur.de/technik/fachbereiche/e-mobilitaet/weltrekord-shenzhen-hat-16-359-busse-auf-elektroantrieb-umgestellt/

Inray Industrie Software. (18. August 2020). *Der Weg von Industrie 1.0 zu Industrie 4.0.* Abgerufen am 8. Februar 2021 von https://www.inray.de/aktuelles/der-weg-von-industrie-1-0-nach-industrie-4-0

International Monetary Fund. (April 2018). *World Economic and Financial Surveys.* Abgerufen am 2. Juli 2019 von https://www.imf.org/external/pubs/ft/weo/2018/01/weodata/index.aspx

Janson, M. (21. August 2020). *Digitalisierung: So weit sind die EU-Länder*. Abgerufen am 27. August 2020 von https://de.statista.com/infografik/18365/digitalisierungsgrad-der-eu-laender-nach-desi-index/?utm_source=Statista+Global&utm_campaign=6d5a39f04f-All_InfographTicker_daily_DE_AM_KW34_2020_Fr&utm_medium=email&utm_term=0_afecd219f5-6d5a39f04f-309170961

Kannan, P., & Karacan, M. (31. Oktober 2018). *Chatbot Champions: Wenn Chatbots menschliche Sinne nutzen.* Abgerufen am 26. Juli 2019 von https://www.marconomy.de/wenn-chatbots-menschliche-sinne-nutzen-a-770425/

KBA. (7. September 2020). *Anzahl der Neuzulassungen von Elektroautos in Deutschland von 2003 bis August 2020.* Abgerufen am 16. September 2020 von https://de.statista.com/statistik/daten/studie/244000/umfrage/neuzulassungen-von-elektroautos-in-deutsch

King & Wood Mallesons. (11. November 2020). *Personal Information Protection Law (Draft): A New Data Regime.* Abgerufen am 24. Januar 2021 von https://www.chinalawinsight.com/2020/11/articles/compliance/personal-information-protection-law-draft-a-new-data-regime/

Klebnikov, S. (11. November 2019). *Alibaba's 11/11 Singles' Day By The Numbers: A Record $38 Billion Haul.* Abgerufen am 16. September 2020 von https://www.forbes.com/sites/sergeiklebnikov/2019/11/11/alibabas-1111-singles-day-by-the-numbers-a-record-38-billion-haul/#6f601e732772

Koh, D. (11. April 2019). *Ping An Good Doctor launches One-Minute Clinic at Shanghai Jiao Tong University.* Abgerufen am 3. November 2020 von https://www.mobihealthnews.com/content/ping-good-doctor-launches-one-minute-clinic-shanghai-jiao-tong-university

Koniku. (1. Februar 2021). *TECHNOLOGYAPPLICATIONS CONTACT IT'S HERE K O N I K O R E ™ A living, breathing machine. Seamless harmony of synthetic biology + silicon. We'll take your order NOW!* Abgerufen am 1. Februar 2021 von https://koniku.com/

Kratsios, M., & Liddell, C. (26. August 2020). *The Trump Administration Is Investing $1 Billion in Research Institutes to Advance Industries of the Future.* Abgerufen am 24. Januar 2021 von https://researchdevelopment.vpr.virginia.edu/trumpadministration-investing-1-billion-research-institutes-advance-industries-future

Lee, K.-F. (2018). *AI Superpowers: China, Silicon Valley, and the new world order.* Boston: Houghton Mifflin Hartcourt Publishing Comany.

McKinsey & Company. (5. September 2018). *Künstliche Intelligenz: Größeres Potential als die Dampfmaschine.* Abgerufen am 20. August 2020 von https://www.mckinsey.de/news/presse/2018-09-05-ki-studie-mgi-dampfmaschine

McKinsey Global Institut. (21. - 23. Mai 2019). *Twenty-five years of digitization: Ten insights into how to play it right.* Abgerufen am 2. Januar 2021 von https://www.mckinsey.com/~/media/mckinsey/business%20functions/mckinsey%20digital/our%20insights/twenty-five%20years%20of%20digitization%20ten%20insights%20into%20how%20to%20play%20it%20right/mgi-briefing-note-twenty-five-years-of-digitization-may-2019.as

McKinsey Global Institute. (Juni 2017). *Artificial Intelligence: The next digital frontier?* Abgerufen am 19. August 2020 von https://www.mckinsey.com/~/media/McKinsey/Industries/Advanced%20Electronics/Our%20Insights/How%20artificial%20intelligence%20can%20deliver%20real%20value%20to%20companies/MGI-Artificial-Intelligence-Discussion-paper.ashx

McKinsey Global Institute. (September 2018). *Notes for thr frontier: Modeling the impact of AI on the world´s economy.* Abgerufen am 1. August 2019 von https://www.mckinsey.de/~/media/McKinsey/Locations/Europe%20and%20Middle%20East/Deutschland/News/Presse/2018/2018-09-05%20-%20MGI%20AI-Studie%20Dampfmaschine/MGI-Studie_Notes_from_the_Frontier_2018.ashx

Neuerer, D. (20. Februar 2018). *China investiert massiv in künstliche Intelligenz.* Abgerufen am 20. August 2020 von https://www.handelsblatt.com/politik/deutschland/deutsch-franzoesische-kooperation-china-investiert-massiv-in-kuenstliche-intelligenz/20982190-2.html?ticket=ST-67786-Pz5GLUDx0kMSwEbNJRK6-ap3

Nickel, O. (11. Oktober 2018). *Amazon verwirft sexistisches KI-Tool für Bewerber.* Abgerufen am 29. Januar 2021 von https://www.golem.de/news/machine-learning-amazon-verwirft-sexistisches-ki-tool-fuer-bewerber-1810-137060.html

Norris, M. (Januar 2019). *Copy Cat or Trailblazer: What´s "new" in China´s new retail?* Abgerufen am 2. Februar 2020 von https://agencychina.com/wp-content/uploads/2019/06/New-Retail-Keynote_Share-compressed.pdf

Postnord. (19. November 2020). *Welche der folgenden Zahlungsmöglichkeiten ziehen Sie bei einer Bestellung im Internet vor?* Abgerufen am 3. Januar 2021 von Statista: https://de.statista.com/statistik/daten/studie/319321/umfrage/beliebteste-methode-zur-zahlung-von-online-bestellungen-in-deutschland/

Prophoto. (2021). *Kamera denkt mit - Künstliche Intelligenz (KI) im Smartphone.* Abgerufen am 29. Januar 2021 von https://www.prophoto-online.de/fotopraxis/kamera-denkt-mit-ki-im-smartphone.html

PwC. (2017). *Sizing the prize What's the real value of AI for your business and how can you capitalise?* Abgerufen am 28. August 2020 von https://www.pwc.com/gx/en/issues/analytics/assets/pwc-ai-analysis-sizing-the-prize-report.pdf

PwC. (2017). *The Long View: How will the global economic order change by 2050?* Abgerufen am 16. September 2020 von https://www.pwc.com/gx/en/world-2050/assets/pwc-the-world-in-2050-full-report-feb-2017.pdf

Rosling, H. (2019). *Factfullness: Wie wir lernen, die Welt so zu sehen, wie sie wirklich ist.* Berlin: Ullstein.

Scheuer, S. (24. Juli 2019). *Dieser Wissenschaftler bringt Computern das Riechen bei.* Abgerufen am 26. Juli 2019 von https://www.handelsblatt.com/unternehmen/mittelstand/familienunternehmer/oshiorenoya-agabi-dieser-wissenschaftler-bringt-computern-das-riechen-bei/24694236.html

Schreiner, M. (25. April 2020). *KI im Alltag: 8 Dinge, in denen KI steckt.* Abgerufen am 29. Januar 2021 von https://mixed.de/ki-im-alltag-8-dinge-in-denen-ki-steckt/

Science@ORF.at. (19. Juni 2020). *Was Künstliche Intelligenz sexistisch macht.* Abgerufen am 29. Januar 2021 von https://science.orf.at/stories/3200979/

Shi-Kupfer, K., & Chen, G. (20. August 2017). *Massenhaft Nutzer – mangelhafter Datenschutz.* Abgerufen am 25. Februar 2020 von https://www.zeit.de/politik/ausland/2017-08/china-datenschutz-digitalisierung-gesetze

Slavik, A. (12. Juni 2020). *VW zieht Konsequenzen aus rassistischem Werbeclip.* Abgerufen am 6. März 2021 von https://www.sueddeutsche.de/wirtschaft/vw-werbung-1.4933230

Statista. (Oktober 2020). *Anzahl der Internetnutzer in Deutschland in den Jahren 1997 bis 2020.* Abgerufen am 2. Januar 2021 von https://de.statista.com/statistik/daten/studie/36146/umfrage/anzahl-der-internetnutzer-in-deutschland-seit-1997/

Tencent. (August 2020). *Tencent. (2020). Number of monthly active WeChat users from 2nd quarter 2011 to 2nd quarter 2020 (in millions).* Abgerufen am 16. September 2020 von https://www.statista.com/statistics/255778/number-of-active-wechat-messenger-accounts/

Traptic. (21. Februar 2021). *Feed the World with Farming Robots.* Abgerufen am 21. Febuar 2021 von https://www.traptic.com/

Urban, T. (22. Januar 2015). *The AI Revolution: The Road to Superintelligence.* Abgerufen am 8. Juli 2019 von https://waitbutwhy.com/2015/01/artificial-intelligence-revolution-1.html

Webster, G., & Creemers, R. (28. Mai 2020). *A Chinese Scholar Outlines Stakes for New 'Personal Information' and 'Data Security' Laws (Translation).* Abgerufen am 24. Januar 2021 von https://www.newamerica.org/cybersecurity-initiative/digichina/blog/chinese-scholar-outlines-stakes-new-personal-information-and-data-security-laws-translation/

Webster, G., Creemers, R., Triolo, P., & Kani, E. (1. August 2017). *Full Translation: China's 'New Generation Artificial Intelligence Development Plan'*. Abgerufen am 28. August 2020 von https://www.newamerica.org/cybersecurity-initiative/digichina/blog/full-translation-chinas-new-generation-artificial-intelligence-development-plan-2017/

Wiesner, M. (21. April 2020). *Wie eine künstliche Intelligenz Parfums entwickelt*. Abgerufen am 1. Februar 2021 von https://www.faz.net/aktuell/stil/leib-seele/wie-die-kuenstliche-intelligenz-philyra-parfums-entwickelt-16703950.html

Wolff, T., & Yogeshwar, R. (20. August 2019). *Der große Umbruch - Wie Künstliche Intelligenz unser Leben verändert*. Abgerufen am 1. September 2019 von https://www1.wdr.de/mediathek/video/sendungen/video-der-grosse-umbruch--wie-kuenstliche-intelligenz-unser-leben-veraendert-100.html

ZDF History. (Ohne Jahresangabe). *Die Geschichte der Menschheit (3) Krieger und Entdecker*. Abgerufen am 11. September 2019 von https://youtu.be/4jdMDl0tTe0